suhrkamp taschenbuch 545

Sam Keen, Professor in Harvard, wurde 1931 geboren. Seine Veröffentlichungen: *Gabriel Marcel; Apology for Wonder; To a Dancing God; Telling your Story* (mit Anne Valley Fox).

Sam Keen führte in den ersten siebziger Jahren Gespräche mit berühmten Zeitgenossen. Ziel und Ergebnis waren eine Übersicht der spirituellen, psychologischen, sozialen und politischen Bewegungen, der ›geistigen‹ Vorgänge auf der amerikanischen Szene.

Der klassische Philologe Norman O. Brown wendet sich der so lange vernachlässigten Frage nach dem Leib zu. – Herbert Marcuse wirkt in diesem Kreise als der humorvoll ernüchternde Kommentator des geistig Notwendigen und politisch Möglichen. – Der bekannte Religionswissenschaftler Joseph Campbell deutet die uralten und stets neuen Kriterien der Selbstverwirklichung im Symbol des Helden, der sich annimmt. – Der Neurophysiologe und Biophysiker John Cunningham Lilly versenkt sich ins Erleben der Delphine, setzt sich meditativen Unterwasser-Experimenten aus, versucht, moderne Technologien mit alten esoterischen Erleuchtungstechniken zu vermählen, um Satori als Dauerzustand für alle zu erschließen. – Weithin bekannt sind die erstaunlichen Berichte des Anthropologen Carlos Castaneda, der sich von einem alten Indianer namens don Juan in der Magie unterweisen ließ. – Aus dem Parapsychischen führt Oscar Ichazo, Guru der aus Chile in die Vereinigten Staaten übersiedelten Arcia-Meditations-Schulen, in metaphysische Erfahrungsbereiche. – Stanley Keleman, seines Zeichens Therapeut der bioenergetischen Bewegung, verbindet gleichfalls vielerlei Einflüsse in seinen psychosomatischen Methoden, im *Körper, der ich bin,* alle Dimensionen des Menschseins zur Entfaltung kommen zu lassen. – Erschütternd gibt einer der Heroen studentischer Revolte, Ernest Becker, kurz vor dem eigenen Krebstod seine Einsichten ins Sterbenlernen zu Protokoll. – Schließlich sucht Sam Keen im alten Europa Rat, beim Florentiner Altmeister der Psychosynthese Roberto Assagioli.

Stimmen und Visionen

Gespräche von Sam Keen mit
Norman O. Brown, Herbert Marcuse,
Joseph Campbell, John Lilly, Carlos Castaneda,
Oscar Ichazo, Stanley Keleman,
Ernest Becker, Roberto Assagioli

Aus dem Amerikanischen von Dora Fischer-Barnicol

Suhrkamp

Titel der amerikanischen Originalausgabe: *Voices and Visions. Conversations with Norman O. Brown, Herbert Marcuse, Joseph Campbell, John Lilly, Carlos Castaneda, Oscar Ichazo, Stanley Keleman, Ernest Becker, Roberto Assagioli.*

suhrkamp taschenbuch 545
Erste Auflage 1979

Druck: Nomos Verlagsgesellschaft, Baden-Baden
Printed in Germany
Umschlag nach Entwürfen
von Willy Fleckhaus und Rolf Staudt

Inhalt

Sam Keen
Einleitung

Die Herausgeber von *Psychology Today* erhielten vor einiger Zeit folgenden Brief:

Ihr lieben Leute,
ich habe einen Vorschlag: Sollte man den guten alten Sam Keen nicht dazu bewegen, eine Art Essay über das zu schreiben, was er von einigen der wirklich interessanten Leute gelernt hat, die er interviewte? Eigentlich interessiert es mich nicht sonderlich, darüber etwas zu hören. Ich möchte vielmehr wissen, ob er irgendwelche wahrhaft aufschlußreichen Erfahrungen gemacht hat. Nach Gesprächen mit Castaneda, Lilly und Ichazo müßte man, so meine ich, doch eigentlich den Lebensstil, das Denkmuster ändern. Ist es ihm gelungen, höhere Stufen der Wahrnehmung zu erreichen? Wenn ja, möchte ich darüber sehr gern etwas lesen. Er schreibt einen ausgeprägten Stil. Er kann zitieren. Er verfügt über Sachwissen. Aber die Frage ist doch: Geht es sein Herz an, fühlt er sein Wissen, hat er es erfahren? Darauf kommt es schließlich an. Als jemand, der es *nicht* fühlt, möchte ich hören, wie man über den Lese- und Zitierstatus hinauskommt und zur Erfahrung gelangt.

In diesem Sinne –
Elizabeth Louise Foxwell

Liebe Elizabeth Foxwell,
in jeder Unterhaltung bestimmt der Fragesteller den Verlauf des Dialogs. Sie tun gut daran, etwas über den Frager in Erfahrung bringen zu wollen. Mein Leben ist Suche gewesen. Solange ich zurückdenken kann, habe ich gefragt: »Was bedeutet es, Person zu sein?« und »Was geschieht im zwanzigsten Jahrhundert?« In der Annahme, etwas lernen zu können, habe ich mit jedem dieser Denker gesprochen. Also hat das Zuhören mich verändert. Die förmlichen Unterhaltungen sind die Spitze eines Eisbergs. Unter der Oberfläche philosophischer Fragen liegt das massive Faktum,

das Empfinden meines persönlichen Lebens, liegen die Strömungen der modernen Welt, die mein Zuhause gewesen ist. Ihnen meine Geschichte in allen Einzelheiten mitzuteilen, fehlt es hier an Zeit und Platz. Aber so viel möchte ich doch erzählen, daß einige Verbindungen zwischen meinem Kopf und meinem Herzen deutlich waren. Hier also der von Ihnen gewünschte Essay über das, was »es mir bedeutet«.

Herzlichst
Sam Keen

Hundertfaches Erzählen reicht nicht aus, um all das in den Griff zu bekommen, was eine Autobiographie ausmacht. In meinem Buch *To a Dancing God* (An einen tanzenden Gott) habe ich erzählt, wie ich in kleinen Städten des Südens aufwuchs; wie ich darum kämpfte, vom Fundamentalismus loszukommen. Ich berichtete von der erregenden Intellektualität Harvards, von den ersten Schritten auf dem Weg zur Entdeckung einer neuen, leidenschaftlicheren Lebensweise, die alles, was ich als junger Professor erlebt hatte, in den Schatten stellte. In einem künftigen Buch möchte ich über die Jahre nach 1969 schreiben, über die Zeit, in der ich nach Westen zog und in den Sog des kalifornischen Wirbels geriet. Es ist eine Geschichte von Liebe und Sex, von Heirat und Scheidung, Drogen und Politik und meinem geringfügigen Wissen um die Heiligkeit flüchtiger Dinge.

Ein Kapitel meiner Autobiographie müßte heißen: »Begegnungen mit berühmten Menschen«. Ich hörte auf, Kind zu sein, als ich lernte, Kierkegaard, Nietzsche und Freud zuzuhören. Und während meiner Zeit in Harvard lernte ich aus Gesprächen mit Paul Tillich, Gabriel Marcel und Howard Thurman. Als ich dem Stab von *Psychology Today* beitrat, führte ich formal und schriftlich lediglich das weiter, was ich privat schon jahrelang getan hatte – ich stellte Fragen, warf Probleme auf, redete, hörte zu. Die Gespräche, aus denen dieses Buch besteht, gehören genau so zu meiner Geschichte wie die berühmten Gummipistolen-Kriege von Maryville/Tennessee, oder meine Liebesaffäre in Istanbul.

Die siebziger Jahre begannen für mich mit einer Explosion. Ich näherte mich dem mythischen vierzigsten Lebensjahr. Und dem Archetypus gehorsam, verließ ich mein sicheres Zuhause und begab mich auf die Wanderschaft. Nach siebzehnjähriger Ehe folgte ich einem bezaubernden Zigeunermädchen tief in den Wald, und ehe ich es mich versah, war ich verloren. Das Wir, in dem mein Ich geborgen gewesen war, zerbrach. Scheidung. Und als meine unstete Zigeunerin mir schließlich entglitt, ergriff die Einsamkeit, vor der ich ein Leben lang davongelaufen war, endgültig Besitz von mir. Und das Antlitz des Todes erfüllte die leeren Nächte. (Man ist ein Vereinzelter und ganz allein und wird es immer bleiben.) Im Zuge der Scheidung und des Ortswechsels trennte ich mich vom akademischen Leben und meinen professoralen Tweedanzügen und wurde freier Schriftsteller, Vortragsredner und Gruppenleiter. Dann kamen die kahlen Appartements und die mühsamen Versuche, in einer neuen Stadt Wurzeln zu schlagen und zu lernen, meinen Kindern aus der Ferne Vater zu sein. So viel zu den nüchternen Tatsachen. Wer zwischen den Zeilen lesen möchte, kann die Geschichte der Wandlungen heraushören, welche meinen Geist allmählich besänftigten und meine Phantasie beflügelten.

In dieser Übergangszeit bewegten mich vor allem zwei Fragen. Die erste war: »Was geht überhaupt vor?« Ich befand mich mitten in aufeinander übergreifenden Revolutionen. In den späten sechziger und den frühen siebziger Jahren agierte die Neue Linke in den Universitäten und brachte die Politik wieder auf die Straßen zurück. Die latente humane Bewegung rührte jedes nur denkbare Gefühl auf. Die psychedelische Revolution durchbrach verstopfte Vorstellungen und öffnete alle Schleusen – sie war mehr als die Verrücktheit eines Augenblicks. Und überall prophezeiten die Vertreter eines neuen Bewußtseins die Morgenröte eines neuen Zeitalters. Wahrscheinlich handelte es sich bei dem Aufruhr lediglich um das Geburtstrauma des Wassermann-Zeitalters. Unsere nationale Neurose raste auf eine Krise zu, in der alle repressiven Strukturen wegfallen und wir zu demokratischer Mitbestimmung erwachen sollten, zu einem kosmischen Bewußtsein, einer post-technischen Gesellschaft, einer wieder stammesmäßig geordneten Welt, einer Transformation – dem Punkt Omega. Nach einem kurzen Todesschlaf (das Titelblatt von *Time* ist in gewissem Sinn eine Todesanzeige) erwachte Gott 1970 wieder zum Leben und leitete ein neues Utopia ein. Dies war zumindest die Hoffnung, die der Gegenkultur Auftrieb gab.

Für mich verband sich die Frage: »Was geht da überhaupt vor?« mit einer zweiten Frage: »Wer bin ich?« Wenn es eine Wiedergeburt unserer Kultur gab, konnte man wohl auch annehmen, daß es ein Leben über das vierzigste Lebensjahr hinaus gebe. Wenn allerdings kein neuer Geist durch die Geschichte wehte, schien mein Versuch, das Joch der herrschenden Rationalität abzuschütteln, wenig hoffnungsvoll. (Worte. Erklärungen. Warum? Warum? Warum? Wortgeräusch im Kopf. Denken.) Mein Schicksal und das meiner Kultur schienen aneinandergekettet zu sein. Beide waren sie von Intellekt, Berechnung, Wettbewerb und Leistung beherrscht und beide bemühten sich um einen intuitiveren, spontaneren und kooperativeren Lebensstil. Amerika und ich hatten von der Ethik des Marlboro-Mannes gelebt, und nun hatten wir die Pseudounabhängigkeit, die Arroganz, die alten Mannestugenden von strammem Leib, unerschrockenem Herzen und unbeugsamem Geist satt. Wie sollten wir verstehen, was uns da widerfuhr? War unsere Identitätskrise ein Zeichen von Verfall oder von Verwandlung? War unser Trauma Todesröcheln oder Geburtswehe? Befanden wir uns auf dem abschüssigen Pfad der Dekadenz oder am Beginn der Heldenfahrt? Geriet unser Geist aus den Fugen und suhlte sich im Okkulten, oder entdeckten wir die Poesie des Geistes? Dies waren die Fragen, die ich einigen Leuten stellen wollte, von denen ich mit Grund vermuten durfte, sie seien weise.

Ich fing bei Norman O. Brown an. Seine Bücher (*Life Against Death* (*Zukunft im Zeichen des Eros*) und *Love's Body*) hatte ich in meiner leiblosen Professorenzeit entdeckt. Wo er von der Arbeits- und Produktionsbesessenheit spricht, von dem enterotisierten und vom Kopf regierten Körper, erkannte ich mich wieder. Zum ersten Mal hatte ich damit einen psychologischen und soziologischen Lageplan, der es mir ermöglichte, die Natur meiner Selbstentfremdung zu verstehen. Als einem Abendländer war mir klar, daß ich Erbe einer Kulturtradition war, die einen Keil zwischen Geist und Körper, zwischen Selbst und Welt getrieben hatte. Und als Brown von einer Wiedervereinigung sprach, die zu einer Auferstehung des Leibes und zu einem dionysischen Bewußtsein führen würde, wurde mir eine ganzheitliche Vision zuteil, der ich in dem Buch *Apology for Wonder* (New York, Harper & Row, 1969) nachging. Aber Brown flößte mir Angst ein. Von meiner LSD-Erfahrung her wußte ich genug über den göttlichen Wahnsinn des Dionysos, um ermessen zu können, wieviel Angst und Schmerzen die Auflösung der starren apollinischen Strukturen der Seele mit sich bringt. Der süße Irrsinn von Zorba, dem Griechen, war wunderschön; die hemmungslose Wut und die Verwirrung allerdings, die mit der Auflösung von Grenzen einhergehen, waren schon etwas Erschreckenderes. Und Brown ließ die tödlichen Fallen des Unbewußten, in denen jeder Psychonaut sich verfängt, unerwähnt. In seinem Buch *Love's Body* entwickelten seine sorgfältig gegliederten Aphorismen sich mit poetischer Präzision, um einen wasserdichten Beweis gegen wasserdicht abgeschlossene Systeme zu führen. Die Logik, mit der er eine dionysische Vision von Welt herausarbeitete, nahm mir den Atem. Was aber meinte er mit Rückkehr zu einer Mystik des Leibes und zur polymorphen Perversität der Kindheit? War er, wie Fritz Perls, der Meinung, man solle endlich den Verstand verlieren und zu Sinnen kommen? Sollten wir Experten in sinnlicher Wahrnehmung werden? Ich fragte mich, ob Brown sich lediglich auf einem geistigen Trip befinde, oder ob er den Stil seines Denkens, Fühlens, Tastens, Riechens und Handelns geändert habe. War er, wie Moses, ein Prophet, der auf ein Gelobtes Land verwies, in dem er selber nicht leben konnte?

Die Gelegenheit zum Gespräch mit Brown ergab sich zufällig. Bei einer Wochenendbesprechung begegnete ich T. George Harris, dem Herausgeber von *Psychology Today,* und er entdeckte, daß ich mich mit Brown beschäftigte. *Psychology Today* hatte Warren Bennis beauftragt, Brown zu besuchen. Das Gespräch hatte bereits begonnen, als in der Universität politische Unruhen ausbrachen und er es nicht weiterführen konnte. Deshalb beauftragte man mich, Bennis' Aufgabe zu Ende zu führen.

Browns elegante Behausung am Rande eines Golfplatzes war reichlich sedat. Die weinumrankte Terrasse, Tee und Gebäck auf englische Art ließen den Verdacht in mir aufkommen, daß die bacchanalischen Orgien wohl nur in den Schlupfwinkeln der Brownschen Phantasie stattfänden. Ich fragte, ob er das, was er predige, praktiziere. Sei das dionysische Bewußtsein, für das er eintrete, lediglich eine Art Revolution innerhalb seines Vorstellungsgefüges, oder führe es zu politischem Handeln und zu einer grundlegenden Veränderung des Lebensstils? Browns Antwort unterhöhlte den Dualismus, der sich aus meiner Fragestellung ergab. Er verwies darauf, daß Poesie und Politik, Imagination und Empfindung, innere und äußere Welten, eins seien. »Der ewige

Leib des Menschen *ist* die Ein-Bildung«. Das Zitat stammte von Blake, aber es hätte ebensogut von Raquel Welch sein können. Sie soll gesagt haben, der Geist sei die erogenste Zone. Der gordische Knoten war zerschlagen, und ich sah einen Weg, der über die entfremdenden Dualismen, die mich umklammert hielten, hinausführte. Wenn es keine Scheidung zwischen Geist/Körper, Bedeutung/Faktum, Imagination/Aktion, Vision/Revolution gibt, kann ich durch bloße Gedankenentleerung des Geistes auch nicht mehr Sinnlichkeit und Wärme erfahren. Wenn ich also möchte, daß Eros mein Fleisch erwärmt, muß ich zulassen, daß er den Begriffen, mit denen ich Welt bisher dachte, die Schärfe nimmt. Der gehetzte Geist wird Zärtlichkeit lernen müssen. Anstatt die Gedanken im Gänsemarsch antreten zu lassen, muß ich ihnen erlauben, wie kleine Katzen übereinanderzupurzeln. Wie aber kann ich in einer Gesellschaft, die nur arbeitet, spielen? Und wie soll ich mich der Wonne hingeben, wenn ich den Schrecken und die Tragik in der Welt nicht übersehen kann? Vielleicht ist die Welt ohne einen neuen Traum nicht zu retten, aber keine Poesie kann dem Gemetzel in Vietnam Einhalt gebieten oder die Eiterbeule der Armut aufstechen. Die Transformation der Phantasie schien eine notwendige, aber nicht ausreichende Bedingung für jene Metamorphose zu sein, nach der Amerika und ich verlangten. Wir würden wohl unsere Denkweise *wie* unseren Lebensstil ändern müssen.

Mein nächster Gesprächspartner mußte also Herbert Marcuse sein. Marcuse hatte der Neuen Linken mit seiner Vision von einer stärker vom Eros bestimmten Gesellschaft Auftrieb gegeben: Da befreiten uns Maschinen von entmenschlichender Arbeit und gaben uns Zeit, den Weg in die Freiheit spielerisch zu beschreiten. Seine Vision war der Browns nicht unähnlich, aber er propagierte direkte politische und revolutionäre Mittel, um sie zu verwirklichen. Marcuse ersetzte Browns irischen Mystizismus durch deutsche Rigorosität. Er beschuldigte Brown, er trete allzu bereitwillig den Rückzug in die Poesie an und gehe den harten Realitäten wie Macht, Klassenkampf und tatsächlicher Revolution aus dem Weg. Erotische Imagination könne in einer Welt, in der Konfrontationen der Macht nötig seien, um Gerechtigkeit zu gewährleisten, sogar zum privaten Luxus werden. Für Marcuse kann »die wirkliche Emanzipation des Menschen nur in einer anderen Gesellschaft stattfinden, nach einem fundamentalen Wandel der Werte sowie der politischen und ökonomischen Strukturen«. Ehe Freiheit einsetzen kann, muß das Establishment abgeschafft werden. Und all das, was nicht an die totale Revolution heranreicht – mehr Entspannung in bezug auf Sexualität, Körper und Redefreiheit – ist womöglich nichts weiter als repressive Desublimation. Halbherzige Maßnahmen stärken die Macht des bestehenden Establishments.

Bei der Lektüre wie im Gespräch mit Marcuse spürte ich die Präsenz eines unbeugsamen Geistes, dessen Kriterien für eine annehmbare Welt so hoch gesteckt waren, daß ihnen nichts Vorhandenes standhielt. Entweder totale Zerstörung des Establishments (eine Entität, die dem Absoluten Geist bei Hegel nicht unähnlich ist) oder Fortdauer der Repression. Die Rede von der totalen Revolution hinterließ in mir das Gefühl von Impotenz, Angst und Verzweiflung. Mußten Amerika und ich erst restlos im apokalyptischen Feuer vernichtet und in jungfräulicher Reinheit wiedergeboren werden, ehe wir des authentischen Lebens teilhaftig werden konnten? Wenn dem so war, schien es keinerlei Hoffnung zu geben. Zornige Propheten und Prediger stellen unsere Verfehlungen an den Pranger, aber ich habe den Verdacht, daß sie nicht eben viel für unsere Veränderung tun. Innerhalb der Psyche muß zunächst einmal alles angenommen und wahrgenommen werden, ehe Veränderung stattfinden kann. Meine quälenden Vervollkommnungsversuche endeten immer mit Frustration. Als ich bemerkte, daß viele Mitglieder der Neuen Linken Ressentiments anheimfielen, konnte ich mich des Verdachts nicht erwehren, daß man wohl erst einmal die Tugenden des Kapitalismus preisen müsse, ehe der Staatskörper Laster wie Ausbeutung und Ungerechtigkeit würde ablegen können. Ein womöglich unerreichbares erotisches Utopia ist kaum ein lebensfähiger Ersatz für eine fehlerhafte Demokratie, die der Mehrzahl ihrer Bürger so viel zu essen und so viel Spielraum gegeben hat, daß der hohe Cholesterinspiegel und Schlankheitsdiäten zu einer nationalen Obsession geworden sind. Ich bin mir bewußt, daß meine Zurückweisung der totalen Revolution wahrscheinlich viel damit zu tun hat, daß ich ein WASP (*W*eißer *A*ngel-*S*ächsischer *P*rotestant) bin. Wenn ich am unteren statt am oberen Ende der Belohnungsskala stünde, fände ich womöglich weniger Bewundernswertes an jener fehlerhaften Demokratie, die wir zuwege gebracht haben. Aber selbst wenn ich Ersatz wüßte für meine Vorurteile, für meine ideologische Blindheit, könnte ich immer noch keine moderne, komplexe Industriegesellschaft ausfindig machen, die ohne eine machtvolle (und deshalb elitäre) Regierung auskäme. Man könnte ein Establishment gegen ein anderes, etwa das cubanische oder rotchinesische, eintauschen, aber das Ideal einer Gesellschaft ohne Repression war für mich – ähnlich wie das Ideal eines ganz und gar dionysischen Bewußtseins, das frei von Todesfurcht und irgendwelchen festen Eingrenzungen ist – zu radikal, als daß ich es hätte akzeptieren können. Marcuse und Brown hängen jedoch wie Kletten in meinem Bewußtsein. Im Rahmen abendländischer Poesie und politischer Philosophie erinnern mich beide an das östliche Ideal des Bodhisattva, desjenigen Menschen, der im Begriff ist, ins Nirwana einzugehen, aber in die Gesellschaft zurückkehrt und sich weiter abmüht, bis alle fühlenden Wesen des Glücks der Erleuchtung teilhaftig geworden sind. Da jedes individuelle Bewußtsein stets auf die Gesellschaft reagiert, die es umgibt, kann kein Mensch frei sein, solange noch ein anderer versklavt ist. Dieselben Nervenenden, durch die wir private Leidenschaften empfinden, registrieren unser Mitleiden für die Allgemeinheit außerhalb unserer Psyche. Ich und Wir sind eins. Physischer Körper und Staatskörper lassen sich nicht voneinander trennen. Da persönliche und allgemeine Befreiung miteinander zusammenhängen und da wir in den Tragödien der Geschichte und nicht in einem idealen Utopia leben, ist eine einseitige Befreiung das Höchste, was wir erhoffen können. Die höchste Erfüllung des Einzelnen besteht in der Verantwortung für seine eigene Verwandlung und für eine Handlungsweise, die es der Gesellschaft vielleicht ermöglicht, eine gerechtere und erotischere Richtung einzuschlagen. Das Böse weicht uns nie von der Seite; kein politisches Programm vermag, es auszuschalten. Hinter jedem utopischen Entwurf verbirgt sich ein Großinquisitor. Wir machen die Erde zur Hölle, wenn wir sie unbedingt zum Paradies machen wollen. Wir wissen nicht, wie das Böse zu eliminieren wäre, aber wir können, wie Camus sagt, ein paar Hungernden zu essen geben und ein paar Kranke heilen.

Deshalb interessierten mich Joseph Campbells Zurückweisung aller Utopien und seine Liebe zu der mit Makeln behafteten Existenz. Vollkommenheit ist ein unmögliches und zerstörerisches

Ideal. Wenn wir nicht in der Lage sind, das Leben mit all seinen Gebrechen zu lieben, versagen wir uns am Ende die Selbstbestätigung und verschieben die Freude auf irgendeinen zukünftigen Zeitpunkt, an dem wir die Welt unseren Träumen angepaßt haben werden. Für Campbell ist der verlorene Sohn der wahre Held. Er läßt die vertrauten Werte hinter sich, macht sich auf in ein fernes Land, wo ihn Befremdung und Wahnsinn erwarten, und hat dann den Mut, ins alltägliche Leben zurückzukehren und das Wunderbare an diesem Alltag zu bejahen. Wie Kierkegaards Ritter des Glaubens zeichnet den Helden eine ungewöhnliche Fähigkeit aus, sich für das Gewöhnliche zu begeistern. Ja, er sieht Joseph Campbell durchaus ein wenig ähnlich, der seit mehr als fünfzig Jahren ein leidenschaftliches Verhältnis zu Mythen und Geschichten unterhält und dabei ein glücklicher Intellektueller geblieben ist.

Ich entdeckte Campbells *Hero With A Thousand Faces* (*Der Heros in tausend Gestalten*) in meinem traumatischen vierzigsten Lebensjahr, als ich mich im Chaos befand. Der Ausgang einer psychologischen Krise wird wesentlich durch die Kategorien bestimmt, die man zu ihrer Interpretation heranzieht. War meine Angst, meine Verwirrung eine emotionale Störung? Eine Neurose? Eine Geisteskrankheit? Wenn dies der Fall war, dann mußte ich zu Recht beschämt sein über meine Versuche, eine leidenschaftlichere Lebensweise entdecken zu wollen. Dann mußte ich einen Arzt aufsuchen, der meine Geisteskrankheit heilte. Glücklicherweise zeigte Campbell mir ein anderes Modell zur Interpretation meiner Verstörung. Er ging dem Mythos vom Weg des Helden in verschiedenen Kulturen nach und zeigte, daß viele Menschen in der Mitte des Lebens eine radikale Übergangsphase durchmachen müssen, zu der ein Abstieg in die Hölle des psychologischen Chaos und eine Wiedergeburt gehören. Als ich Campbells *Heros* las, ließen zwar die Schmerzen des Übergangsritus, in dem ich mich befand, nicht nach, aber ich schämte mich nicht mehr. Campbells Wegkarte hatte mir gezeigt, daß viele vor mir die gleiche Reise unternommen hatten und daß sie durch Zerstückelung und Ich-Tod hindurch wieder in das Wunder des gewöhnlichen Lebens hineingeboren worden waren.

Campbell zeigte mir auch, wie die paradoxale Relation zwischen Individuum und Gesellschaft einen Sinn erhalten kann. Ich hatte meine Kindheit als Yankee im tiefen Süden der Vereinigten Staaten verbracht. Alle ein oder zwei Jahre zog meine Familie um. Mein Bruder und ich waren folglich immer Außenseiter. Wir waren die Fremden, die von vornherein feststehenden Feinde der alteingesessenen Banden. Darum spielten wir viel allein in den Wäldern. Deshalb ist jede Art von Mitgliedschaft immer schwer für mich gewesen, während mir die Tugenden und Laster des Individualismus leichtfallen. Campbell stellt fest, daß nur das schöpferische Individuum die Heldenreise unternimmt, derjenige, der sich von der Menge unterscheidet und an der Stelle den Wald betritt, wo es keinen Weg mehr gibt. Diese Verherrlichung des Individualismus ist Balsam für meinen Geist. Theoretisch sichert Amerika jedem Mann (inzwischen auch jeder Frau) das Recht zu, sich selber einen Namen zu geben. Der Mythos von der Einzigartigkeit und dem Wert jedes Individuums ist stets eines unserer höchsten Prinzipien gewesen. Aber unser Individualismus hat eine Gesellschaft von isolierten Menschen mit einem nur wenig entwickelten Sinn für Gemeinschaft hervorgebracht. Ich existiere, aber gehöre ich dazu? Ich bin, aber wer sind meine Angehörigen? Die Heldenreise verbindet den Einzelnen mit der Gemeinschaft. Folge dem einzigartigen Pfad, bestehe auf deiner Besonderheit, erzähle deine eigene Geschichte und du wirst in den Abgründen deiner Individualität paradoxerweise die Geschichte des Jedermann entdecken. Geh deinen eigenen Weg, und du findest die Gemeinschaft in dir selbst. Zurückgezogen auf dich selbst wirst du den Weg entdecken, den vor dir all die vielbesungenen und all die unbekannt gebliebenen Helden und Heldinnen gegangen sind. Keine Autobiographie ist einzigartig. Darum haben die Mythen uns auch immer noch etwas zu sagen. Auch heute noch wird das Leben des Einzelnen von archetypischen Mustern bestimmt. In unserem Zurückgezogensein auf uns selbst entdecken wir, wie »öffentlich« wir sind.

In bestimmten Menschen scheinen sich die Ängste und Hoffnungen einer Generation herauszukristallisieren. Charles Manson wurde zum Repräsentanten des Bösen der psychedelischen Revolution, und John Lilly verkörperte die Hoffnung, daß Mystik und Wissenschaft miteinander vereinbar seien. Wir wollen, daß unsere Wissenschaftler harte Daten sammeln und empirisch forschen, sich aber dennoch eine offene Haltung dem Kosmos gegenüber bewahren. Lillys Arbeit mit Delphinen, Isolationstanks und Zuständen von Bewußtseinsveränderung sowie sein Hinweis darauf, daß wissenschaftlicher Konsensus möglicherweise durch psychedelische Vision ergänzt werden müsse, ließen es auf beseligende Weise möglich erscheinen, daß wir unsere religiösen Bedürfnisse vielleicht doch nicht auf dem Altar der Wissenschaft würden opfern müssen.

Lillys Technik der Erforschung psychedelischer Räume besteht darin, innerhalb des Selbst ein Observatorium zu errichten, von dem aus die turbulentesten Phänomene ruhig beobachtet werden können. Er fordert dazu auf, in bezug auf die Innenerfahrung wahre Objektivität walten zu lassen. Diese wissenschaftliche Gelassenheit macht es dem Menschen möglich, forschend in jedes Reich des Geistes einzudringen. Diese Haltung führt zu einer Begegnung von Wissenschaft und Religion. Der leidenschaftslose Beobachter der Binnenwelt, der sich mit geistigen Phänomenen beschäftigende Wissenschaftler, entspricht dem unparteiischen Zeugen, dem Selbst, welches die Religionen des Ostens meditativ zu kultivieren suchen. Innerhalb des Geistes haben alle Gedanken die gleiche Daseinsberechtigung. Wissenschaftliche Objektivität ist lediglich wahre Demokratie oder wahre Liebe. Kein Gedanke, kein Bild kann verdrängt werden. Um einen Gedanken zu denken, braucht man weder Moral noch Sinn fürs Praktische, noch allgemeine Übereinstimmung.

John schockierte und fesselte mich. Er schien mit den Grenzen des Glaubens zu spielen, als bestünde dabei keinerlei Gefahr. Seine einzige Regel für die Erforschung des geistigen Innenbereichs lautete: Jeder Glaube stellt eine Begrenzung dar, die es zu erforschen und zu transzendieren gilt. Als ich diese Regel zum ersten Male vernahm, drehte sich mir alles im Kopf. Jeder Glaube? Gibt es denn nichts, woran ich mich halten kann? Kein ruhiges Fleckchen ohne Fragen? Als scheuem Entdecker psychedelischer Räume genügte es mir, die Grenzen meiner alten Glaubenssysteme zu untersuchen. So manche verbrauchte Hülle hatte ich zwar bereits abgeworfen (alte Schlange im Frühling). Aber ich gab mich doch der Hoffnung hin, die Mängel meiner Glaubensweisen aufdecken zu können, sie wieder etwas elastischer zu machen und dann mit einer Philosophie aufzuwarten, die genügend Wahrheit enthielte, um zu dauern. Nachdem ich ein halbes Leben lang stets Mieter auf Zeit gewesen war, wollte ich eine Hypothek auf mein begriffliches Zuhause aufnehmen. Aber Lilly erklärte, die Bilderstürmerei müsse immer weitergehen. Ich solle ewig weitermarschieren. An eine Grenze stoßen und sie überschreiten; wieder an eine Grenze stoßen und sie überschreiten, etc. Unsere einzige Sicherheit liege in der Fähigkeit zum Wandel. Diese radikale Perspektive führte mir mein Verlangen nach Sicherheit vor Augen, konfrontierte mich mit meinem Widerstand gegen ein Verwandeltwerden und ließ mich erkennen, daß ich wohl immer ein philosophierender Zigeuner bleiben werde. (Die Zigeunerin, in die ich mich verliebt hatte, war in mir selber!)

Nachdem ich einmal (tausendmal) auf meinen Widerstand gegenüber dem Unbekannten gestoßen war, verstand ich, wie recht John hatte, wenn er forderte, man müsse Entdecker, *homo viator,* bleiben. Aber erst als ich mich bei ihm im Isolationstank treiben ließ, verstand ich die Methode der Beobachtung ganz. Der westliche Mensch hat immer moralische Vorurteile gehabt. Aufrecht gehende Tiere, die wir sind, verwenden wir einen guten Teil unserer Energie darauf, nur ja den aufrechten Gang beizubehalten. Die vertikale Ausrichtung hat sich auch in das Verständnis unserer inneren Erfahrungen eingeschlichen. So unterscheiden wir zwischen »höheren« und »niedrigeren«, zwischen »seichten« und »tiefen« Erfahrungen. In bezug auf das moralische Leben kleben wir an der Vorstellung, man klettere von unten zu erhabeneren Daseinsstufen hinauf. Und Spiritualität wurde lediglich als besonderer Fall von Aufwärtsbewegung verstanden (man wird »high«). Horizontales Umhertreiben in einem Isolationstank erlöst den Körper – und damit die Vorstellung – von dem Zwang, sich aufrecht halten und Gedanken mit einer Außenwelt in Beziehung bringen zu müssen. Da gibt es keine Welt, keine Wechselbeziehung. Das Selbst wird vom Druck des Zusammenhangs befreit und hat nun, so entblößt, Gelegenheit, sich dem Wirken des Geistes zu stellen. Und innerhalb des Geistes gibt es kein »Besser« oder »Schlechter«, nicht Gut oder Böse. Alles Mögliche ist zugelassen. Die moralischen Welten des Hl. Franziskus und des Marquis de Sade existieren Seite an Seite, denn in unseren Träumen sind wir Heilige und Mörder. In der Isolation des Tanks – Geist ohne Kontext – entfällt der Zwang, Bewertungen durchzuführen oder zu handeln. Folglich gibt es auch keine höheren oder niedrigeren Bewußtseinszustände. Innere Freiheit heißt, alle Türen der Phantasie zu öffnen, so daß man sich in seinen eigenen Höllen und Himmeln frei bewegen kann. Ist diese Freiheit einmal erreicht, können wir jede menschliche Eigenschaft – Ekstase, Depression, Zufriedenheit, Zorn, Langeweile, Freude – innerhalb unserer eingeschränkten Lebenserfahrung lokalisieren. Und sobald wir erst einmal einen psychischen Raum ausfindig machen, können wir uns nach Belieben darin bewegen. Als ich da umhertrieb, tauchte eine Kindheitserinnerung wieder auf: Mit etwa acht Jahren machte ich die Erfahrung eines ekstatischen Mit-der-Welt-Verschmelzens. An einem Sommernachmittag lag ich am Flußufer und sah den Wolken nach, die in irgendein unbekanntes Jenseits zogen. Da löste ich mich auf und war im Einklang mit der Welt. Wenn ich heute nach Harmonie verlange, lasse ich das Bild jenes Augenblicks in meinem Inneren wieder auferstehen.

Dieses Wissen um die noch unerforschten Welten innerhalb des Selbst ist es, das einen zum philosophierenden Zigeuner werden läßt. Jeder Vorstoß in solch eine fremde Welt hat zum Ergebnis, daß ich die *Außenwelt* besser verstehe. Die spielerische Freiheit in den Gärten der Phantasie und das Wahrnehmen der äußeren »Wirklichkeit« gehen Hand in Hand. Vielleicht gibt es das Einhorn in Iowa oder Geistwesen aus anderen Galaxien, vielleicht aber auch nicht. Ihr Vorhandensein oder Nichtvorhandensein kann ich mit Sicherheit nie verifizieren, wenn ich das Einhorn und die Engel, die in meinem Kopf herumspuken, nicht zulasse. Im Bereich des Geistes sind dem, was man unterhält, und dem, was unterhält, keine Grenzen gesetzt.

Wenn John Lilly den Archetypus des Mystikers im weißen Kittel heraufbeschwört, dann beschwört Carlos Castaneda den romantischen Mythos vom weisen und edlen Indianer. Eine Generation von Vorstadtkindern, die mit Tipis und Perlen spielten, und Kommunen, die der mikrobiologischen Lebensweise verpflichtet sind, machten Castaneda und seinen Guru Don Juan zu ihren Helden. Wenn Analyse und Technologie nichts Besseres als ferngesteuerte Raketen und Ausflüge nach dem Mond zu bieten haben, sollte man vielleicht nach anderen Wegen der Erkenntnis und des Handelns suchen. Dann kommt die Zeit für Magie und Zauberei, für die Erforschung von Wirklichkeiten, die eher Zaubersprüchen als Elektronenmikroskopen gehorchen. Für die Gegenkultur ist Carlos das, was Neil Armstrong für das Establishment ist: Reisender zu einem Planeten, der sich außerhalb unserer irdischen Vorstellungen von Zeit und Raum befindet.

Wenn der Name »Carlos Castaneda« im Gespräch auftaucht, erscheinen Fragezeichen über Fragezeichen. Gibt es ihn wirklich? Hat er Don Juan erfunden? Führt er die Leute an der Nase herum? In regelmäßigen Zeitabständen kursieren Gerüchte, Carlos sei in ein Irrenhaus eingeliefert worden oder von der Bildfläche verschwunden, habe Selbstmord begangen. Als Carlos und ich uns miteinander verabredet hatten, fragte ich mich, ob er überhaupt auftauchen werden – vielleicht mit einem Staubteufel an seiner Seite. Ich hätte mir die Angst sparen können, wenn mir damals G. K. Chestertons Worte eingefallen wären, daß Außergewöhnliches nur gewöhnlichen Menschen zustoßen könne. Carlos traf pünktlich auf die Minute mit einem konventionellen Transportmittel (VW-Bus) ein, trug Schuhe mit Schnürsenkeln und wurde von einer bezaubernden Völkerkundlerin begleitet. In unseren Gesprächen erschien er weitgehend so wie in seinen Büchern: Zauberlehrling mit großen Augen und analytischer Collegeprofessor. Carlos fasziniert als Künstler wie als Persönlichkeit. Er spinnt ein zauberisches Gewebe aus Worten, so daß seine Zuhörer schließlich alles für möglich halten. Zauberei ist für ihn etwas so Natürliches wie Charme. Ich war einfach hingerissen von seiner Arbeit und seiner Gegenwart. Seine Vorstellungen von persönlichem Machtzuwachs und von der Ausbildung zum Krieger wappneten mich mit einem unerhörten Stoizismus. Erst Monate später kam ich dahinter, daß ich philosophisch gegen die von ihm propagierte Art der Welt-Anschauung eigentlich eine ganze Menge einzuwenden hatte.

Die magische Welt Castanedas fasziniert mich. Sie für bare Münze zu nehmen bereitet mir allerdings ebensoviel Unbehagen wie der christliche Fundamentalismus meiner frühen Jahre. Die mir bekannten Dämonen und bösen Geister hausen in den Komplexen meiner Psyche oder meiner Kultur: im Minderwertigkeitskomplex oder im militärisch-industriellen Komplex. Carlos' Streifzüge durch die Berge Mexikos erinnerten mich an jene Zeiten, in denen ich mich als Kind nachts bei Mondschein auf den Friedhof schlich, um das Fürchten vor Gespenstern zu lernen, von denen ich wußte, daß es sie gar nicht gab. Ich weiß nicht, ob es Hexen oder Geistwesen gibt, die astrale Dimensionen bevölkern. Beweis für das Vorhandensein solcher Wesen sind die spinnwebdünnen Fäden im Altweibersommer. Ich ziehe eine Weltsicht vor, die so viele außerirdische Geister wie möglich eliminiert – Hexen, Gespenster, Engel, Dämonen, Götter aus dem Weltraum. Die Wälder sind auch ohne Elfen und Gnome zauberhaft genug. (Haben Sie schon einmal einen Kolibri mit rubinrotem Kehlchen gesehen?) Im Alltäglichen sind der Wunder genug. Man braucht gar nicht erst auf die Suche nach Mirakeln zu gehen. Die Welt von Carlos und Don Juan ist derartig mit gefährlichen Wesenheiten bevölkert, daß sie gezwungenermaßen »Verbündete« rekrutieren müssen, die ihnen helfen, die übelwollenden Kräfte zu vernichten. Dieser Personalaufwand – die Hierarchien der Dämonen und Engel – schafft die Verantwortung des Menschen ab. Die Autoritäten und Mächte stehen außerhalb von uns, und wir müssen zu okkulten Mitteln greifen, um ihrer Herr zu werden.

Auch die Metaphern, die in Castanedas Vision vorherrschen – Wissen, Macht, Krieg, Schauen – bereiten mir Unbehagen, falls sie Definition des wirklichen Lebens sein sollen. Für Carlos ist der gelungene Mensch ein immer mächtiger werdender Krieger oder ein Wissender, welcher der Welt Einhalt zu gebieten und zu erkennen vermag. Seit Plato haben die Philosophen sich darüber gestritten, ob das Wissen oder die Liebe das höhere Ideal sei. Diejenigen, die dem Wissen den Vorrang geben, glauben (mit Bacon), daß »Wissen Macht ist«. Diejenigen, welche die höchste Bestimmung des Menschen darin sehen, daß er zum Liebenden wird, behaupten, daß man in dem Maße, in dem man sich der Liebe nähere, auf Machtgelüste verzichten müsse. Fast ein ganzes Leben lang war ich auf der Flucht vor dem Gefühl von Ohnmacht und suchte nach Wissen und persönlicher Macht. Nun, da ich beides ermessen kann, entdecke ich, daß der einzige wesentliche Weg derjenige ist, der das Herz zum beherrschenden Organ der Persönlichkeit macht. Für mich ist nicht der Krieger das meistversprechende und zugleich gefährlichste Modell, sondern der Liebende. Ich halte es mit Milton Mayeroff (*On Caring*): »Wenn man von einem Menschen überhaupt sagen kann, er sei in der Welt zu Hause, so ist er nicht heimisch durch Beherrschen, Erklären oder Anerkennen, sondern dadurch, daß er umsorgt und umsorgt wird . . .« Für mich besteht das große Abenteuer in dem Risiko, über eine Feindrelation hinaus zu anderen Männern und Frauen zu gelangen, über den subtilen metaphysischen Wahnsinn hinaus, der mich unausgesetzt arbeiten, handeln, etwas versuchen, Macht und persönliche Sicherheit zusammenraffen hieß. Der Krieger sieht in der Welt Gefahr und Konflikt. Deshalb muß er sich Rüstung und Macht zulegen. Er muß stark genug sein, das Schwert führen zu können. Wieviel schwerer ist es, den Mut aufzubringen, das Schwert sinken zu lassen.

Ich verdanke es Oscar Ichazo, daß er eines meiner sorgsam gehüteten Vorurteile gegenüber der östlichen Spiritualität entkräftete. Als Abendländer habe ich die Welt stets als Schlachtfeld von Gut und Böse betrachtet, als eine Art von kosmischem *High Noon.* Diese Betrachtungsweise hat mich geprägt. Leben ist Kampf mit dem Tod, konfliktbeladen und tragisch. Ich hegte also den Verdacht, die Religion des Ostens verheiße den Rückzug aus der Geschichte. Ich habe oft beobachtet, daß Menschen, die meditieren, nicht mehr zu Zorn und Mitleid fähig sind. Indem man sich von der Welt zurückzieht, die Strudel des Geistes beruhigt, kann man geistigen Frieden erlangen. Aber wieviel innerer Frieden ist eigentlich in einer Welt angebracht, in der es ein Attica, ein Vietnam, Johannesburg, Biafra, Pakistan und eine Sahelzone gibt? Ich habe den meditativen Weg ausgeschlagen, weil ich der Ansicht gewesen bin, er gestatte einer elitären Klasse den Luxus, spirituelle Ziele zu verfolgen und dabei den Kampf um eine gerechtere Gesellschaftsordnung zu vergessen. So nährte ich in meinem Inneren stets Aufruhr und Schmerz. Die lange Freundschaft zu Michael Murphy, der jahrelang meditiert hatte, besänftigte meinen Widerstand. In den Begegnungen mit John Lilly und Oscar fiel der Groschen, und ich erkannte, daß ich nicht unbedingt Schlachten in meinem Bewußtsein toben lassen müsse, um aktiv Anteil an den tragischen Konflikten der Welt von heute zu nehmen. Als ich anfing zu meditieren, entdeckte ich eine Kraft des Sich-selbst-Transzendierens, eine Fähigkeit, mich über die Stimmungen, die Gefühle und die besitzergreifenden Gedanken zu erheben und fortan aus der Entfernung zu betrachten, was meine Aufmerksamkeit mit Beschlag belegt und mich selber gequält hatte. Es ist eine ungeheure Erleichterung, in mir einen Beobachtungsort zu entdecken, eine ruhige und freundliche Perspektive, die mir gestattet, gewaltlos mit meiner Gewaltsamkeit umzugehen, spontan meine Besessenheit zu beobachten, voll Hoffnung angesichts meiner Depressionen, furchtlos angesichts meiner Ängste zu sein und Komik mitten in meiner tragischen

Ernsthaftigkeit zu empfinden. Ich glaube, jeder Mensch braucht zwei Gesichter wie der Gott Janus. Wenn wir nach innen blicken, müssen wir das Liebenswerte wie das Böse akzeptieren und dürfen nur leise Veränderungen bewirken. Alles in der Psyche, was häßlich und entstellt ist, muß zunächst einmal verstanden und angenommen werden, ehe es verändert wird. Das Gesicht aber, das nach außen, auf die Welt, blickt, kann nicht so duldsam sein. Angesichts von Brutalität, Ungerechtigkeit und Ausbeutung zwingt uns Mitleid zu handeln. Bloßes Verständnis der politischen Wirklichkeit, die unsere Ökologie zerstört, Napalmbomben auf Dörfer wirft oder Millionen von Menschen in der Sahelzone Afrikas verhungern läßt, reicht einfach nicht. Wir müssen handeln, um etwas zu ändern.

Oscar Ichazos Methode, Mystik und aktive Veränderung der Gesellschaft miteinander zu verbinden, interessiert und beunruhigt mich zugleich. Mit dem Arica-Institut hat er eine Organisation ins Leben gerufen, die vieles von dem lehren soll, was Carlos von don Juan gelernt hat: Techniken der Ich-Reduktion, Techniken um den Lauf der Welt anzuhalten und dem Leib wieder zum Bewußtsein zu verhelfen. Aber in diesem Falle kam der Prophet zum Berg. Aus der Wüste Chiles begab Oscar sich in die Canyons von New York und verpackte seine Lehren so, daß sie für amerikanische Anhänger genießbar wurden. Ich kenne viele Menschen, die sich durch die Arica-Gemeinschaft von Grund auf geändert haben. Sie sind kräftiger, hoffnungsvoller und glücklicher geworden. Der Konformismus, die Starrheit und der Zwang, die Arica mitunter hervorruft, beunruhigen mich allerdings. Disziplinen und Techniken werden leicht zum Selbstzweck, und zuweilen hat man den Eindruck, als habe Arica einzelnen Neurotikern die gesellschaftliche Genehmigung erteilt, sich eine Gruppenneurose zuzulegen. Private Obsession wird durch öffentliche Rituale und alles einebnende geistige Disziplinen ersetzt, die kaum Raum für Spontaneität lassen. Arica stellt bestenfalls eine große Auswahl bewußtseinsverändernder Techniken zur Verfügung, die fernöstlichen und westlichen Religionen und Weisheitsschulen entnommen sind. Im schlimmsten Falle ruft es eine antiseptische spirituelle Form von Besessenheit hervor, die die gefahrvollen Freuden alltäglichen Lebens durch ein fortwährendes Herumlaborieren am jeweiligen Seelenzustand ersetzt. Mich freut es, daß Aricas, Esalens, Transzendentale Meditation, Zen-Akademien und alle möglichen Arten von neuen Weisheitsschulen aus dem Boden schießen. Es war höchste Zeit, daß unser Interesse an der Ausbildung des Geistes und an der Integration von Körper und Geist, von Sexualität und Religion, von Psyche und Kosmos erwachte. Aber mir geht die Warnung des Hl. Paulus nicht aus dem Sinn: »Die Gerechtigkeit der Werke ersetzt die Gnade nicht.« Disziplin, Ritual, Sündlosigkeit, Dauerbeschäftigung mit der eigenen Psyche können, ebenso wie der Anspruch der Orthodoxie auf den richtigen Glauben an Jesus, leicht jene unmerkliche Einwilligung in die unvollkommene Wirklichkeit des Lebens vernichten, die das Wesen der Gnade ausmacht. Es bedarf einer Mischung aus unbekümmerter Sorglosigkeit und Nachlässigkeit, um dem Zugriff der Dämonen der Ernsthaftigkeit zu entgehen. (Und das meine ich ernst.)

Stanley Keleman behauptet mit Nachdruck, daß vitale Sexualität und religiöse Mystik sich nicht voneinander trennen lassen. Dies war es, was mich zuerst für ihn einnahm. Solange der Kopf den Körper regiert, geben wir uns der Illusion hin, Kontrolle sei möglich. Wir glauben, unsere Worte, Gedanken und Erklärungen enthielten Wirklichkeit. Auch ich war solch ein kopflastiger Erwachsener gewesen, vollgestopft mit Gedanken, moralischen Zwängen und Visionen. Nichtsdestoweniger ließ die Stimme meines Körpers sich deutlich vernehmen. Denn solange ich denken kann, wollte ich aus den losen Fäden meines Lebens ein erdhaft-mystisches Geflecht weben. Immer habe ich nach einem Weg gesucht, auf dem die Imperative von Denken und Empfinden, von Kultur und Natur miteinander zu vereinen wären. In der Kindheit wurde das Heilige in den Kirchenliedern laut: »Du unser Gott, durch alle Zeit trau'n wir auf Dich.« Aber die Kiefernwälder, die Feldlerchen und die fliegenden Eichhörnchen bewegten mich weit mehr als irgendwelche frommen Worte. Schon früh wußte ich, daß das Heilige in der unberührten Natur ist, an Orten, die nicht der Willkür des Menschen ausgesetzt sind. Und später, als die schlummernde Sexualität erwachte und mir wie in Schauern das Rückgrat hinaufjagte, wurde die Gewißheit noch größer, daß man dem Heiligen an jenen ungezählten Orten begegnet, an denen die Anwesenheit eines Geheimnisses uns erzittern läßt. Norman O. Brown vermittelte mir die Vision einer Körpermystik, die Eros und Geist wieder vereinen sollte. Aber er zeigte keinen gangbaren Weg. Stan Keleman ist ein Therapeut, der bio-energetische Techniken verwendet, um den Körper zu revitalisieren. Während meines ziellosen Umherschweifens, immer wenn ich mich blockiert, abgestumpft oder wund fühlte, arbeitete ich mit Stan. Ich lernte, daß Deprimiertsein zu flachem Atem und zu Muskelverkrampfungen in Brust und Rücken führt. Ich lernte, aus voller Kraft zu treten und zu schreien und »nein« zu sagen. Und hatte ich Rebellion und Zorn erst einmal herausgelassen, breiteten sich Kummer, Sorge und Enttäuschung in meiner hohlen Brust aus. Und Weinen. Allmählich löste sich die Starre meines Körpers, er überließ sich der pulsierenden Wärme. Und ich merkte, wie Kopf, Herz und Genitalien immer stärker miteinander kommunizierten. Die Arbeit mit Stan lehrte mich, meine Körperhaftigkeit – heftig, eindringlich, tonisch, überintensiv – zu erkennen und langsam die weicheren, »weiblicheren« Seiten in mir zu erschließen. Heute fällt es mir leichter, Zeiten der Zufriedenheit zu ertragen, Nahrung anzunehmen, mich dem süßen und schrecklichen Wissen zu überlassen, das sich im Geist ausbreitet, wenn die Kontrolleure, die Richter, die Vermesser der Persönlichkeit schlafen.

Das Apollinische in mir, das klare Bereiche, scharfe Definitionen und alles Historische und Eingegrenzte liebt, fand einen Verbündeten in Ernest Becker. Es tut gut, wenn man im psychedelischen Disneyland des Dionysos spielen kann, wenn man die eigene Geschichte auslöschen und sich in die kosmischen Räume der Phantasie erheben kann – aber welch eine Erleichterung, wieder nach Hause, in die Grenzen des Historischen zurückzukommen. Ich bin jedermann, unbegrenzt und universal. Zugleich aber bin ich nur Sam Keen. Becker führt die Tradition von Denkern wie Kierkegaard, Wilhelm Reich und Otto Rank fort. Diese Tradition betont die Erfahrung von Eingegrenztsein und Geschichtlichkeit. Die Konfrontation mit dem Tod ist hier der Schlüssel zum wirklichen Leben, ist der Tod doch die endgültige und unauslöschliche Grenze. Ganz gleich, wie lang der Satz auch sein mag, er muß mit einem Punkt aufhören.

Ich habe immer das Gefühl gehabt, als sei die Art und Weise, wie Mystiker östlicher Provenienz mit dem Tod umgehen, unehrlich. Wenn sie »Tod« sagen, so meinen sie lediglich den Tod des Ego. Immer wenn ich im Leben vor der Notwendigkeit einer radikalen Veränderung stehe, taucht das Gespenst des Todes vor mir auf. Die Angst, Veränderung bedeute Tod, lauert unter der Oberfläche des Bewußtseins und bewacht die Festung des Konservativismus. Wenn ich jedoch die Todesschicht und die Angst vor Veränderung durchdringe und mich dem Neuen, das in mir zum Vorschein kommen will, anheimgebe, schwindet die Angst vor dem Tod. Das Ego muß tausendmal sterben, ehe das Selbst geboren wird, und jeder kleine Tod ist Übergang in ein größeres Leben. Ich kann den Ego-Vernichtern durchaus beipflichten, die im Tod des Ich eine rituelle Beförderung, ein Vorspiel zur Auferstehung sehen. *Aber dies löst das Problem des Todes nicht.* Es gibt den Tod, der *finis* hinschreibt, der uns alles, was wir lieben, nimmt, der früher oder später zuschlägt, als wir erwarten, der uns fürchten läßt, die Lebensgeschichte des Jedermann müsse als Tragödie geschrieben werden. Der Ich-Tod läßt sich leicht feiern, wenn er einmal stattgefunden hat. Der Tod, der mit Verbrennung oder Beerdigung endet, läßt sich schwerer bejahen. Der tatsächliche Tod kann Übergang zu einer höheren Daseinsstufe sein. Aber die Tatsache bleibt bestehen, daß wir darüber keine Gewißheit haben. Wir haben vielmehr Angst, Tod sei Ende und nicht Anfang. Jede Philosophie, die sich nicht mit der Angst vor dem Ausgelöschtwerden befaßt, scheint inadäquat. Vielleicht dreht der Kosmos sich ewig weiter und erneuert sich aus sich selbst. Das Schicksal des Menschen hat jedoch etwas Lineares und tödlich Abruptes.

Beckers *Denial Of Death* (*Dynamik des Todes. Die Überwindung der Todesfurcht. Ursprung der Kultur*.) demonstriert unsere Abwehrhaltung vor dem entsetzlichen Wissen um die Unausweichlichkeit des Todes. Man könnte seine Arbeit für morbide halten, wäre da nicht jenes Paradox: Je mehr wir uns der Angst vor dem Tod stellen, desto freier können wir uns dem Leben hingeben.

Ich habe viel über den Tod nachgedacht und bin ihm mehr als einmal begegnet. Aber nichts in Theorie oder Praxis kommt der Begegnung und den Gesprächen mit Becker gleich, als er, krebskrank, seinen letzten Kampf kämpfte. Im Grunde genommen ist Tod nur ein Wort für TOD. Dieses Phänomon ist wie das Angesicht Gottes, von einem undurchdringlichen Geheimnis umgeben. Ich empfand Scheu und war zugleich geehrt, Ernests Sterben beiwohnen zu dürfen. Nur einen Tag verbrachte ich bei ihm. Wie schnell wurden wir Freunde und für welch kurze Zeit. Dennoch werde ich mein Leben lang die Bilder jenes Tages in mir tragen: seinen Mut, die geistige Klarheit um den Preis von Schmerzen, den Triumph des Vertrauens in einer Zeit verzweiflungsvoller Energielosigkeit. Es ist eine Auszeichnung, Zeuge eines heldenhaften Todes gewesen zu sein.

Wenn die Mitte des Lebens überschritten ist, reizt uns die Suche nach Weisheit. Don Juan hat gesagt, man müsse in jedem beliebigen Augenblick des Lebens in der Lage sein, Fazit zu ziehen. Roberto Assagioli interessierte mich, weil er zu einer Synthese von Techniken und Betrachtungsweisen gekommen ist, die angeblich zur Weisheit führen soll: Psychosynthesis verspricht Harmonie. Und einen solchen Handel kann wohl niemand ausschlagen. Oder doch? Theoretisch habe ich als Philosoph nach Weisheit gesucht. Manchmal aber habe ich den Verdacht, daß ich sie gar nicht finden möchte. Ich scheine Leidenschaft, Verrücktheit und reizvolle Fehler der Ruhe, Harmonie und Weisheit vorzuziehen. Mein perverses Verhältnis zur Weisheit ist frühen Datums. Meine philosophische Neigung und meine presbyterianischen Eltern hießen mich vorzeitig, auf die Suche zu gehen. Als ich mich über Jesus und die Heiligen bis zum Existenzialismus und zur Psychoanalyse vorgearbeitet hatte, kam mir der Verdacht, all der Scharfsinn und die Vielwisserei hätten bei mir wohl eher zu Bedenken und Zwängen als in die Freiheit geführt. Viele denkende Menschen in unserer Kultur leiden unter der nämlichen unsinnigen Verwendung ihres Verstandes. Eine Generation bedächtiger, »ewiger« Studenten hat Mäßigung geübt, wo Exzess angebracht gewesen wäre. Und viele unter uns, die sich jetzt der zweiten Lebenshälfte nähern, haben durchaus das Bedürfnis nach Weisheit, zögern allerdings, die bescheidenen Exzesse, die wir uns durch »Identitätskrisen« und andere kleinkarätige Verrücktheiten zugelegt haben, preiszugeben. Ich gestehe also, daß ich mich Assagioli teils hoffnungsvoll, teils neidvoll näherte.

Immerhin bin ich in der glücklichen Lage, daß ich eine Versöhnung der Gegensätze – von Verstand und Gefühl, von Pflicht und Verlangen, von Geist und Körper – für möglich halte. Ich habe den Kampf satt. Eine Versöhnung der Widersprüche – Psychosynthesis – ergibt jedoch nur dann einen Sinn, wenn man die Widersprüche erfahren hat. Haß, Grausamkeit, Verwirrung, Verzweiflung und Verrücktheit müssen zunächst einmal ins Bewußtsein eingelassen werden, ehe sie integriert werden können. Ehe mein Zorn und meine Furcht sich gesittet aufführen, muß ich ihnen Reverenz erweisen. Ich bin in diesen Übergangsjahren kein netter Mensch gewesen. Unterdrückte Gefühle und unterdrückte Klassen erheben sich nicht in höflicher Form. Auch wenn ich die Verheißung von Synthese und Harmonie sehnsuchtsvoll betrachte, bestand die schöpferische Disziplin der hinter mir liegenden Jahre wesentlich darin, Desintegration zuzulassen. Der Weg des Helden kennt eine Zeit des Chaos, in der Gefühle hervorbrechen und widersprüchliche Leidenschaften sich austoben.

Aber die Energie muß auch gehütet werden. Darum brauchen jeder Mensch und jede Kultur eine Zeit der Synthese. Vielleicht fügt sich alles wieder zusammen, was unsere Kultur auseinandergerissen hat. Wir geben analytischen und zergliedernden Erkenntnisweisen den Vorzug. Zur Einheit führende Wege, wie Gefühl und Intuition, haben wir vernachlässigt. Unser Wissen hat uns Macht verliehen, aber diese Macht hat uns korrumpiert. Deshalb müssen wir uns jetzt endlich auf eine moderne Synthese hin bewegen, welche Maschine und Erde, Analyse und Intuition, Forschen und Mitleiden, den kühlen Kopf und das heiße Herz wieder vereint. Ich erwarte nicht, daß die Synthese ein Utopia oder eine endgültige Lösung beschert. Das lebendige Leben wird stets zwischen Chaos und Ordnung pendeln, zwischen Abenteuer und Sicherheit. Immer wird das Selbst des Menschen zwischen desintegrierenden und integrierenden Tendenzen schwanken. Ähnlich dem verlorenen Sohn ist der Abendländer in ein fernes Land verschlagen worden, und nun ist es für ihn Zeit, die Heimreise anzutreten. Es ist Zeit, daß Wissenschaftler und Mystiker einander die Hand reichen, daß Mechaniker und Visionäre sich verschwören. Dieser Prozeß setzt meiner Meinung nach gerade ein.

Propheten und Visionäre, ob echt oder falsch, wecken den Hoffnungsinstinkt, aber sie lassen uns im dunkeln darüber, wie die Zukunft aussieht. Wenn das Morgen kommt, wird es so voller Ungewißheiten und auswegloser tragischer Situationen sein wie das Heute? Oder dürfen wir eine Zeit der Erfüllung, eine Heimkehr in Zeit erwarten? Was können wir nach dieser Krisenzeit erhoffen?

Das Höchste, was ich für mich und für Amerika erhoffe, ist eine zunehmende Desillusionierung, die sich eines Tages zu einem Zustand der Reife vertieft. Vietnam, Watergate und das Schlachtfeld unserer Ökologie sollten uns die Illusionen von Unschuld und von rechtschaffenem Handeln genommen haben. Wir haben einen Krieg verloren und haben gesehen, daß aus Tugenden wie Wettbewerb und Tüchtigkeit Laster geworden sind. Wir befinden uns in der *midlife crisis*. Wir können es uns nicht mehr leisten, unsere Energien für Abenteuer in fernen Dschungeln oder für Landungen auf dem Mond zu vergeuden. Wir müssen endlich lernen, unsere Rohstoffe sorgsam zu verwalten. Die nächste Generation steht vor der nahezu unermeßlichen Aufgabe:

- den Profit zu beschränken;
- freiwillig auf Machtpolitik zu verzichten;
- dem krebsartigen Anwachsen von nationalen Zuwachsraten Einhalt zu gebieten;
- von einer Konsumwirtschaft zu einer Erhaltungswirtschaft zu kommen;
- Gemeinschaften zu planen, ohne sich dem Großinquisitor auszuliefern;
- den Körper von der Über-Zivilisation zurückzufordern.

Es ist wieder an der Zeit, die Sicht der Antike von dem tragischen Sinn des Lebens aufzugreifen, einen Weg zu suchen, der zeigt, wie man in den Grenzen unserer Sterblichkeit freudig leben kann. Wir haben gelebt, als könnten wir ewig konsumieren, ewig wachsen, unaufhaltsam Fortschritt machen. Mit einem Male stehen wir vor der dem Leben innewohnenden Begrenztheit. Für all dies sind weder Zeit noch Energie vorhanden. Der Planet ist nicht reich genug, daß alle Menschen unaufhörlich wie Amerikaner leben könnten. Reife heißt, Grenzen freudig zu akzeptieren. Sie setzt nur dann ein, wenn wir die Illusion von der Unerschöpflichkeit verloren haben.
Von Menschentränen ungetrübte Alabasterstädte wird es wohl nicht geben. (Ich weiß noch nicht einmal, ob ich in einer solchen Stadt leben möchte.) Visionen von einem Utopia sind gefährlich, weil sie so leicht die Fähigkeit zerstören, sich mit der begrenzten Wirklichkeit des Alltags zufrieden zu geben. Der Kampf um Brot, um Gerechtigkeit und um ein Quentchen Schönheit wird so lange weitergehen, wie es Geschichte gibt. Ganz gleich, wieviel unsere

Maschinen auch vollbringen, die Schaffung eines liebevollen Gemeinwesens wird Herz und Hände der Menschen immer bis aufs äußerste in Anspruch nehmen. Stahl und Computer können, wenn sie weise gehandhabt werden, vielleicht gerade das Überleben garantieren; den Eros können sie nicht produzieren. Unsere ganze Hoffnung besteht also darin, daß jede zukünftige Generation die hohe und zerbrechliche Berufung am Leben erhält, für eine menschlichere Welt zu kämpfen.

Der Leib bei Norman O. Brown

Ein Gespräch mit Norman O. Brown

Nachdruck aus der Zeitschrift *PSYCHOLOGY TODAY*
August 1970

Brown, Prof. Norman Oliver, geb. am 25. Sept. 1913 in El Oro, Mexico. *Klassische Philologie, Geschichte,* B. A. Oxford 1936; 1942 Ph. D. Univ. Wisconsin; 1942–43 Prof. Wesleyan Univ., Nebraska; 1946–52 o. Prof. Wesleyan Univ.; 1962–68 Prof. für Klassische Philologie und Vergleichende Literaturwissenschaften, Univ. Rochester; American Philol. Association, Classical Association, New Engl. Mythology.

Autor von: *Hermes the Thief* (Hermes der Dieb), *Life Against Death* (*Zukunft im Zeichen des Eros,* Neske 1962), *Love's Body* (*Love's Body,* Hanser 1977).

Adresse: Cowell College, Univ. of California, Santa Cruz, 95060 Calif. U.S.A.

Heute Prof. Humanities, Cowell College, Univ. of California, Santa Cruz.

Norman O. Brown gilt manchen als Schöpfer eines neuen Menschenbildes. Andere sehen in ihm einen Schamanen oder einen Rattenfänger, der die Jugend Amerikas in die Irre führt. Seine eifrigen Bewunderer, zu denen ich zähle, halten ihn für einen jener fruchtbaren Denker, welche die vorherrschenden Annahmen eines Zeitalters von Grund auf in Frage stellen. Obwohl seiner Ausbildung nach klassischer Philologe, der erst spät an Freud und noch später an die Mystik geriet, hat er in der theoretischen Psychologie bereits eine Revolution hervorgerufen. Von seiner bewaldeten Klause in den Bergen von Santa Cruz aus, hoch über dem Pazifik, verkündet er mit sanfter Stimme die nahende Apokalypse: »Permanente Revolution also und nicht permanente (materiell-sichtbare) Strukturen, welche sich aus ichverhafteten Verträgen, Verpflichtungen, Versprechungen, Willen oder Willenskraft ableiten. Nicht Voluntarismus, sondern Spontaneität oder Gnade; nicht das Ich, sondern das Es.«

Es überrascht nicht, daß herkömmliche Psychologen und Pädagogen ihre Begeisterung für Brown zu zügeln wußten. Die Jungen aber haben Brown zu einem Helden der neuen Ordnung gemacht, wie im Falle Herbert Marcuses. Für sie enthält die Botschaft vom Ende der Welt die Hoffnung auf weniger Unterdrükkung.

Browns Buch *Life Against Death* (*Zukunft im Zeichen des Eros*) fängt mit jenem Rätsel an, das alle Romantiker bewegt: Warum schafft der Mensch, der doch in einen Garten unschuldigen Entzückens hineingeboren wurde, sich eine Kultur, die ihn sich selber, seinen Mitmenschen und der Natur entfremdet? Warum anstelle des Paradieses Zivilisation und die daraus erwachsende Unzufriedenheit? Brown, der in der Nachfolge von Nietzsche und Freud steht, betrachtet den Menschen als krankes Tier. Kultur entsteht, wenn erotische Energie sublimiert und zur Herstellung von Gegenständen, Charakterstrukturen und politischen Organisationen, die alle wenig Vergnügen bereiten, verwendet wird. Von allen Tieren ist es allein der Mensch, der sein wahres Verlangen unterdrückt, der sich ständig in Konflikt und Schuld verstrickt und sich eine Gemeinschaftsneurose zulegt, die er Zivilisation nennt.

Um das Rätsel des ewig unglücklichen Bewußtseins des Menschen zu lösen, wendet Brown sich dem Gedanken vom Konflikt zwischen Eros und Thanatos, zwischen Lebenstrieb und Todestrieb bei Freud zu. Neurose entsteht aus der Unfähigkeit, sterben zu können, aus einer Deformation des Todestriebs. Diese Verzerrung findet sich ebenso in der Entwicklung von Kleinkindern wie in kulturellen Institutionen. Das Kind begreift die Trennung von der Mutter als böswilliges Verlassen, als Tod, und weist deshalb schon die bloße Möglichkeit einer Trennung von sich. Damit aber verweigert es gleichzeitig seine potentielle Individualität. Individualisierung, Sterblichkeit und Körperhaftigkeit stehen in einem unlösbaren Zusammenhang. So bringt die Unfähigkeit, den Tod zu bejahen, die Unfähigkeit mit sich, ins Leben einzusteigen.

Wenn der Vorsatz, dem Tod aus dem Weg zu gehen, erst einmal gefaßt ist, verwendet der Mensch seine Energie weitgehend darauf, materiell sichtbare Persönlichkeitsstrukturen und politische Strukturen zu schaffen, die der Illusion Nahrung geben, die Menschen seien immun gegen Veränderung und Tod. Kultur besteht aus einer langen Reihe von Denkmälern, welche die Inschrift tragen: »Der Tod ist machtlos«. Aber der Tod, dieser schwarzgekleidete Vietcong-Krieger, läßt sich seinen Nährboden nicht entziehen. Je mehr er verleugnet und verdrängt wird, desto mehr bemächtigt er sich unserer Lebensenergien. Am Ende ist der Eros zerstört, und wir erstarren im Frondienst an der Persönlichkeit, an den Abwehrmechanismen und den politischen Institutionen, die wir uns zugelegt haben, um unseren Feind in die Flucht zu schlagen.

Brown sieht einen Weg jenseits von Verdrängung und Schuld. Hierin weicht er von Freud ab. Freud sah nicht, wie der Kampf zwischen Eros und Thanatos je an ein Ende gelangen könnte. So vermochte er nur einen traurigen Ausweg anzubieten – ein Bündnis zwischen Ich und Realitätsprinzip angesichts der instinkthaften Forderungen des Es. Brown hingegen schlägt vor, Ich und Es gegen das Realitätsprinzip miteinander zu verbünden. Er möchte einen neuen, dionysischen Menschen schaffen – erotisch, verspielt, poetisch und polymorph pervers, wie Freud es nennen würde. Dieser neue Mensch wäre in der Lage, sich restlos jener leibhaften Erotik hinzugeben, die, den beschränkten Maßstäben der Genitalsexualität bei Erwachsenen zufolge, als pervers gilt, in der Kindheit jedoch natürlich ist. Er wäre stark genug, den Körper aus der tödlichen Erstarrung, welche die Kultur ihm aufgezwungen hat, wieder zum Leben zu erwecken. Frei von Repression oder Schuld könnte er den Tod dann als Abschluß eines reifen sterblichen Lebens betrachten. Mit diesem verwegenen Vorschlag schließt Browns Buch *Zukunft im Zeichen des Eros*.

Nach der Niederschrift von *Zukunft im Zeichen des Eros* ging etwas mit Brown vor. Die Ereignisse spiegeln sich in seiner Phi-Beta-Kappa-Rede »Die Apokalypse – Ort des Geheimnisses im Leben des Geistes« (Harper's Magazine, Mai 1961), in der er ein Loblied auf den Enthusiasmus und den göttlichen Wahnsinn singt. Das volle Ausmaß seiner Bekehrung wird deutlich, wenn man das Buch *Love's Body* aufschlägt. Der alte Stil ist dahin. Dahin sind die rationalen Argumente, die für ein Aufhören mit dem Argumentieren plädieren, dahin die Verteidigung der Poesie durch die Prosa, der Ruf der Vernunft nach Ekstase. Statt dessen Aphorismen, Poesie, freie Assoziation. Spielerisch und voll Übertreibung zeichnet Brown das Bild eines göttlich inspirierten Schizophrenen. Dieser Mensch verändert die Welt durch seine poetische Vorstellungskraft und durch die Weigerung, jene Grenzen zu akzeptieren, die den normalen (oder durchschnittlichen) Sinn für Realität definieren.

Man kann Brown nicht einfach als einen aus dem Gleichgewicht geratenen Visionär abtun. Er selber sagt Schlimmeres von sich: Er sei der erste, der die Torheit seines Vorhabens eingestehe. Ja, am Anfang von *Zukunft im Zeichen des Eros* macht er darauf aufmerksam, daß sein Versuch, das Denken in bezug auf die Natur und das Schicksal des Menschen zu erneuern, wohl kaum »richtig« sei und mit Sicherheit gegen den *common sense* verstoße. Dennoch bleibt die Frage bestehen, ob uns etwas Geringeres als die von Brown besungene Tollheit vor dem sicheren Verderben retten kann, in das die rationale Geisteskrankheit unserer technischen Kultur führt. Vielleicht bedarf ein Land, das jährlich Killionen* von Dollars Tribut an das Königreich des Todes entrichtet, der Triumphgesänge des Dionysos. Die richtige Art von Torheit könnte uns davor bewahren, in Vergessenheit zu geraten.

* Killion – Geldeinheit zur Bemessung von »Verteidigungsausgaben«.

WARREN BENNIS*: Zu Beginn möchte ich versuchen, Zusammenhänge zwischen Ihrer Phantasie und Ihrer Erfahrung aufzuspüren. Wie war es möglich, daß ein Altphilologe zum Baumeister eines neuen, dionyschen Menschenbildes und zu einem der umstrittensten Theoretiker heutiger Psychologie wurde? Aus was für einem Schmelztiegel von Erfahrungen sind Ihre Gedanken hervorgegangen?

NORMAN BROWN: Immer schon hat die Mythologie mich interessiert. In *Hermes the Thief* ist mir eine recht gute, weitgehend auf Marx aufbauende, soziologische Interpretation gelungen. Und eigentlich wollte ich bei derartigen soziologischen Interpretationen der Mythologie bleiben. Aber auf einmal stand ich innerhalb meiner Wissenschaft vor einer Barriere und in der Politik vor der Katastrophe. Ich merkte, daß ich dem Mythos mit soziologischen Kategorien nicht beikommen konnte. Dies führte bei mir in den frühen fünfziger Jahren zu der schockartigen und erregenden Entdeckung Freuds. Sie sehen, das Dilemma meiner Generation widerfuhr mir erst spät. Andere, wie Leslie Fiedler, hatten Marx und Freud seit den späten dreißiger Jahren ganz selbstverständlich zu sich genommen, sozusagen mit der Luft, die sie atmeten. Meine intensive Beschäftigung mit Freud in *Zukunft im Zeichen des Eros* spiegelt die Überraschung des Nachzüglers wider. Viele Leute haben all dies schon längst gewußt. Und ich fürchte, dies trifft auch für die zweite Umwälzung zu, die in meinem Denken stattfand, den Weg von der Psychoanalyse in eine mystischere Richtung, zwischen meinen beiden Büchern *Zukunft im Zeichen des Eros* und *Love's Body*. Und wieder entdeckte ich da etwas, das andere Zeitgenossen, wie John Cage, bereits zwanzig Jahre früher entdeckt hatten. Ich bin einer, der langsam lernt, wie Augustin, der in den *Confessiones* sagt: »Spät lernte ich dich lieben, o Schönheit, die du so alt bist wie du neu bist; spät lernte ich dich lieben.«

BENNIS: Beim schöpferischen Menschen scheint es häufig Umwälzungen zu geben. Es besteht da wohl eine gewisse Verwandtschaft zu der Identitätskrise bei Erik Erikson. Es ist etwas, das erst später im Leben auftaucht, nicht so sehr in der Zeit des Heranwachsens. Ich nenne es die Krise der Bestimmung. Augustin,

* In der Einführung wurde bereits darauf hingewiesen, daß dieses Gespräch gemeinsam von Warren Bennis und Sam Keen geführt wurde. Der Klarheit zuliebe erscheint es hier unter dem Namen von Bennis.

Freud, Shaw und Gandhi machten ungefähr im Alter von vierzig Jahren eine Art Umkehr durch. Wie war es als Sie vierzig waren? Sie haben vorhin von politischen Umwälzungen gesprochen. Meinten Sie damit die Henry-Wallace-Kampagne?

BROWN: Ja. Emotional und ideologisch teilte ich die Hoffnungen und Träume der Linken während der ganzen Wahlkampagne von Henry Wallace, also das ganze Jahr 1948 über. Bis dahin hatte ich die aufklärerische Haltung vertreten, der Mensch könne sich in unbegrenztem Maße vervollkommnen, indem er seine Umwelt manipuliere. Die Wahl desillusionierte mich, und ich folgerte, daß mit meinen bisherigen Prämissen und mit meinem Verständnis von der menschlichen Natur und der Gesellschaft irgendetwas von Grund auf nicht stimme.

Damals begann für mich der langwierige Prozeß der Zuwendung zu den unwandelbaren Aspekten der menschlichen Natur, zu der Dunkelheit, die ein dauerhafter Bestand der menschlichen Daseinsbedingung ist. Dieser Prozeß kulminierte in meinem Buch *Love's Body*. In *Love's Body* heißt es, es herrsche immer Morgendämmerung, nicht die Helligkeit des Mittags, wie manche Sozialwissenschaftler und der Aufklärung verpflichtete Denker behaupten. Für mich hieß dies völliger Rückzug – von jeglicher politischen Beteiligung. Um zu dem mir notwendig erscheinenden Denken zu kommen, mußte ich ein Unbeteiligter sein. In dieser langen, qualvollen Krise, die immer noch andauert, habe ich mich viel mit der Frage beschäftigt, was an meinem jugendlichen Denken wohl falsch war. Sie sehen, ich bin ein Spätentwickler, dessen Leitmotiv eine Palinodie, ein Widerruf ist, der besagt: »Ich habe mich geirrt.«

BENNIS: Dr. Brown, ich wüßte gern mehr über Ihre Jugend und Ihren familiären Hintergrund. Ihr Buch geht über diesen Punkt schnell hinweg, ja, es ist beinahe stumm: »Norman O. Brown wurde 1913 in Mexiko, wo sein Vater als Bergwerksingenieur arbeitete, geboren. Er studierte in Oxford und an den Universitäten von Chicago und Wiconsin und promovierte 1942 . . .«

BROWN: O.K., den Rest können Sie sich schenken. Das verdanke ich den idiotischen Public-Relation-Leuten; die wollten mich geheimnisvoll haben. Wie so oft bei derartigen Zufällen kommt es aber einem gewissen Hang zur Anonymität bei mir entgegen. Ich will versuchen, mich darüber hinwegzusetzen. Der biblische Archetypus von Exodus und Exil ist wohl für mein Leben bestimmend gewesen. Durch eine unwahrscheinliche Verkettung von Zufällen bin ich in Mexico zur Welt gekommen. Mein Vater, ein mittelloser jüngerer Sohn, zog nach Mexico, um dort als Bergwerksingenieur sein Glück zu machen. Auf dem Schiff begegnete er meiner Mutter, die zu einer Hälfte Deutsche, zu einem Viertel Spanierin und zu einem Viertel peruanische Indianerin war. Sie war in Deutschland aufgewachsen und befand sich auf dem Weg zu einem Verwandtenbesuch nach Havanna. Ihre Mutmaßungen hinsichtlich der Psychodynamismen dieser Verbindung sind wohl ebenso zutreffend wie meine eigenen. Mir erscheint das Ganze wie eine sonderbare Tollheit unter dem karibischen Mond. Jedenfalls kehrte die Familie bald wieder nach England zurück, damit meine Schwester und ich dort zur Schule gehen konnten. Die folgenschwerste Geste meines Lebens war dann 1936 meine Flucht aus England in die Vereinigten Staaten. Ich verließ mein Heimatland, verließ Vater und Mutter und sah sie über fünfundzwanzig Jahre lang nicht wieder. Es hatte keinen Streit oder Bruch gegeben, aber eine tiefgehende und dauerhafte Trennung.

Dieses Exil erscheint mir als echte Metapher für die Art und Weise, in der ich lebe. Ich verliebte mich in mein neuentdecktes Land – Amerika. Ich glaube, in England wäre ich kulturell und intellektuell erstickt. Und ich glaube wirklich weit mehr an die Zukunft Amerikas als an die Zukunft Europas. Amerika verheißt mir die Möglichkeit des offenen Raumes, die Möglichkeit, mit dem Gerümpel der Vergangenheit aufzuräumen. Aber vermutlich widerspreche ich mir selber, wenn ich mich im Exil wähne. Ich bin verliebt in dieses Land, gleichzeitig befinde ich mich aber überall, wo ich bin, im Exil. Amerika symbolisiert für mich in geistiger und kultureller Hinsicht zuweilen ein Klima, das das Nachdenken darüber gestattet, was wohl wäre, wenn man den Alptraum, der da Geschichte heißt, beenden könnte.

BENNIS: Ihre Sehnsucht nach einer post-historischen Gemeinschaft wird in *Zukunft im Zeichen des Eros* besonders dort deutlich, wo Sie zugunsten des Lustsprinzips auf das Realitätsprinzip verzichten. In der Beschreibung des neuen, nicht mehr von Hemmungen bestimmten Menschen sagen Sie, dieser Mensch habe ein dionysisches Bewußtsein und genieße seinen lebensvollen Körper, anders als der apollinische Mensch negiere er weder Grenzen noch respektiere er sie. Könnte man sagen, daß Sie mit

Love's Body eine konkrete Verfassung – in poetischer Form – für eine nicht unterdrückte, paradiesische Kommunität aufgestellt haben? Manche Studenten haben in *Love's Body* ein Handbuch für die Revolution, eine Art Reiseführer zum Neuen Jerusalem gesehen.

BROWN: Hätte ich die Verantwortung für die möglichen Interpretationen meiner Arbeit übernommen, so hätte mich dies gelähmt. Als ich *Love's Body* schrieb, fühlte ich mich verpflichtet, das ungeschehen zu machen, was ich in *Zukunft im Zeichen des Eros* angerichtet hatte. Ich wollte etwaige Anhänger, die ich mir erworben hatte, wieder auf freien Fuß setzen oder wenigstens verwirren. Wenn *Zukunft im Zeichen des Eros* eine Art Anführer aus mir gemacht hatte, dann wollte ich von der Bildfläche verschwinden. Ich will nämlich kein Anführer sein. Lassen Sie es mich mit einem Gleichnis sagen: Shelleys Gedicht »Die Wolke« handelt von der Metamorphose einer Wolke. »Ich bring frisch Sprühn für verdurstendes Blühn ...« Mit den letzten Zeilen dieses Gedichts aber identifiziere ich mich: »Stumm lach ich im Duft meiner Scheintodgruft,/Und tief aus den Höhlen der Trauf,/Ein Kind neugeboren, ein Geist unverloren./Ich ersteh und brechs wieder auf.« (Deutsch v. Rudolf Borchardt). Ich mache mich über mein eigenes Ehrengrab lustig. Das vorletzte Buch ist ein Zenotaph. Es ist mein Grab, denn ich bin ja gar nicht mehr da. Das Grab ist leer, denn wie der Geist in »Hamlet« reise ich gern unterirdisch und erscheine dann an irgendeinem anderen Ort. Ich schrieb *Love's Body* aus einer Art existenziellem Zwang, ich wollte *Zukunft im Zeichen des Eros* damit torpedieren, es als Position zerstören. Ich wollte in einem gewissen Sinn damit aufdekken, daß ich mir selber widerspreche, daß ich ein wankelmütiger Mensch bin, dem nicht zu trauen ist. Ich wollte die Studenten von einer Position befreien, die womöglich einen bindenden Anspruch erhebt.

BENNIS: Ich verstehe nicht, inwiefern *Love's Body* Ihre Haltung in *Zukunft im Zeichen des Eros* torpediert. Ich finde wenig Widersprüchliches in den beiden Büchern. Im Gegenteil, es kommt mir vor, als seien Sie einige Zeit nach *Zukunft im Zeichen des Eros* durch Ihre eigene Botschaft bekehrt worden und hätten sich daraufhin den poetischen, aphoristischen Stil zu eigen gemacht, der das angemessene Ausdrucksmittel für einen dionysischen Denker ist.

BROWN: Wenn man einmal so weit geht, muß man auch noch weiter gehen. *Love's Body* erklärt, was »Auferstehung des Leibes« bedeutet. In *Zukunft im Zeichen des Eros* erscheint dieser Begriff als abstrakter Slogan. Aber es zeigte sich, daß die Deutung des Liebesleibes sich von derjenigen unterschied, die der Autor von *Zukunft im Zeichen des Eros* früher gegeben hatte – sie war viel poetischer, viel weniger politisch.

BENNIS: Ich habe mich gefragt, ob Sie vor den Folgerungen, die sich aus Ihrer Vision von einem dionysischen Lebensstil ergeben, zurückschrecken. Sie schlagen vor, man solle die verhemmte, geschlechtlich ausgerichtete Persönlichkeit, die den westlichen Menschen charakterisiert, beseitigen und dem Leib als ganzem ein erotisches Bewußtsein zurückerstatten. Dann kommen Sie zu einer Schlußfolgerung, die mich seltsam anmutet: Sie definieren Poesie – Wortspiel – als den der polymorph perversen oder dionysischen Lebensweise angemessensten Ausdruck. Warum nicht den wirklichen fleischlichen Körper sensibilisieren und erotisieren? Würde die Wiedererziehung zu Berührung, Geschmack, Geruch und Gehör nicht schneller zu einer erotischen Betrachtung von Wirklichkeit führen als das Spiel mit Worten?

BROWN: Der Punkt, an dem *Love's Body* aufhört, ist der, wo Tat und Wort, Wort und Fleisch identisch sind; wo die ursprüngliche Bedeutung von Poesie wieder eingeholt wird, die in dem eigentlichen Machen oder Tun liegt, einer leiblichen Gebärde. Das ist poetisch, nicht wahr? Mit anderen Worten, die Unterscheidung zwischen Poesie und fleischlichem Körper, zwischen Vorstellung und Empfindung, die Ihrer Frage zugrunde liegt, ist wahrscheinlich genau das, was es zu überwinden gilt.

BENNIS: Ich stelle Ihnen jetzt vielleicht eine unfaire Frage, aber ich stelle sie, weil sie auch Ihre Leser immer wieder bewegt. In welchem Maße sind Sie fähig, die Vision, die Sie in *Love's Body* zum Ausdruck bringen, zu leben? Sind Sie polymorph pervers?

BROWN: Man hat mir berichtet, daß Studenten, die mir im Vorlesungsraum begegnen, oft fragen: »Warum lebt er nicht, was er predigt?« Ich empfinde die Kluft zwischen Erkennen und Dasein in meinem Fall als notwendig. Wenn ich Wort und Tat miteinander hätte verbinden müssen, hätte ich manches nicht sagen können. So wie es ist, kann ich meine Worte losschicken und unmögliche Dinge zusammenfügen lassen – Dinge, die ich unmöglich tun kann. Auch dies ist eine Weise, für das Verlautbaren und Erkennen von etwas zu bezahlen. Sie erinnern sich, ich entdeckte all diese Dinge erst als Nachzügler. Polymorphe Perversität im wörtlichen, physischen Sinn ist nicht die Frage, um die es geht. Mir mißfällt die Andeutung, polymorphe Perversität der Phantasie sei, gemessen an der eigentlichen polymorphen Perversität, zweitrangig. Wie Sie wissen, gibt es einen Ausspruch von William Blake, den ich mindestens dreimal in *Love's Body* verwendet habe. Er lautet: »Der ewige Leib des Menschen *ist* die Phantasie.« Das worum es vor allem geht, oder, wenn Blake recht hat, das worum es überhaupt geht, liegt in der Phantasie. Es zeigt sich, daß man die polymorphe Perversität mehr in poetischem als in wortwörtlichem Sinne zu verstehen hat. Wie in *Finnegans Wake* handelt es sich um eine Form mentaler Spielerei, um eine veränderte Weise des Schauens, die ich in alles, was ich erkenne, hineintragen möchte.

BENNIS: Würden Sie sagen, daß die heutige Generation durch den weitverbreiteten Gebrauch von LSD und anderen halluzinogenen Drogen in einer bisher nicht dagewesenen Weise Bekanntschaft mit dem dionysischen Lebensstil gemacht hat? Einige Leute haben behauptet, daß LSD sofort zu polymorpher Perversität führe.

BROWN: Ich akzeptiere die übliche Verwendung des Wortes »halluzinogen« nicht. Ich verabscheue Halluzinationen verursachende Dinge, wie die Massenmedien mit ihrer Reklame und ihren politischen Kampagnen, mit ihrem gelenkten und künstlich fabrizierten Nachrichtenwesen. Ich nehme keine Drogen. Es liegt jedoch auf der Hand, daß wir zu einer visionären Wirklichkeit, zu einer poetischen Vision durchbrechen müssen. Die apokalyptische Zeit, in der Ihre jungen Leute Visionen haben werden, steht mit Sicherheit bevor.

BENNIS: Wenn wir schon bei persönlichen Fragen sind, möchte ich Sie nach Ihren psychoanalytischen Erfahrungen fragen. Ich bin neugierig. Sind Sie jemals analysiert worden?

BROWN: Da ich versuche, meine Zurückhaltung und die gewisse Mühe, die ich mit autobiographischen Enthüllungen habe, zu überwinden, muß ich wohl eingestehen, daß ich nie eine Analyse gemacht habe. *Zukunft im Zeichen des Eros* ist deswegen eine Attacke gegen meinen Vater Freud, der behauptet hat, niemand außer ihm selber könne ohne Analyse auskommen. Mir ist dies durch eine Art protestantischer oder prometheischer Arroganz gelungen. Neuerdings – Leben und Alter hinterlassen ihre Spuren – merke ich, daß man auch für diesen Weg bezahlen muß. Daß ich mich auf meine Weise, allein, durch die Psychoanalyse hindurchgearbeitet habe, hat mir nicht gerade das eingebracht, was man als Seelenfrieden bezeichnen könnte. Tatsache ist – meinetwegen noch eine Enthüllung für Sie –, daß ich darüber schlaflos geworden bin. Bis zur Niederschrift von *Zukunft im Zeichen des Eros* schlief ich ausgezeichnet. Als ich jedoch lernte, meine Träume zu deuten, verlor ich die Kraft, zu träumen und zu schlafen. Freud hat gesagt, er sei gekommen, den Schlaf der Welt zu stören. In meinem Falle ist ihm das gelungen.

BENNIS: Wie Freud sind Sie kraft Ihrer intellektuellen Fähigkeiten zum Unbewußten vorgestoßen – jenem Schrecken, der sich einstellt, wenn Verdrängung aufgehoben wird. Sie sind mehr oder weniger von rückwärts dazu gekommen, in dem Sie Mythen und Träume interpretiert haben.

BROWN: Nun, man läßt sich eben verführen. Wenn man vorher gewußt hätte, was man sich da einhandelt, hätte man wahrscheinlich die Finger davon gelassen. Zurückblickend beeindruckt es mich immer noch, daß ich *Zukunft im Zeichen des Eros* in einem Geist nahezu absurder Gedankenspielerei begonnen habe, so als könne man diese Gedanken erforschen, ohne durch das bloße Spiel bereits verletzt zu werden. Ich wurde jedoch in solchem Maße beeindruckt, daß meine eigenen Urteile mich verurteilten. Erst geht man bestimmten Dingen spielerisch nach, und auf einmal erwachsen einem Bindungen, mit denen man leben muß. Ich habe tiefen Respekt vor der dämonischen Kraft des Wortes bekommen. Worte sind nicht müßig. Sie haben Konsequenzen.

BENNIS: Lassen Sie uns kurz eine andere Richtung einschlagen. Viele revolutionäre Studenten fühlen sich in die Enge getrieben: Da ist auf der einen Seite der Impuls, politisch aktiv zu werden, wie er von Marcuse genährt wird, und auf der anderen Seite ein metapolitischer Lebensstil, der in *Love's Body* scheinbar anempfohlen wird. In *Commentary* fand 1967 eine Auseinandersetzung zwischen Ihnen und Marcuse statt. Darin beschuldigt Marcuse Sie der Mystifikation und der Weigerung, sich mit konkreten politischen Strategien zu beschäftigen, die zu einer weniger repressiven Gesellschaft führen würden. Sie antworteten, »man müsse die nächste Generation darauf hinweisen, daß der wirkliche Kampf kein politischer Kampf sei, sondern darin bestehe, der Politik ein

Ende zu setzen. Von der Politik zur Metapolitik. Von der Politik zur Poesie.« Würden Sie die Punkte kommentieren, die Sie von Marcuse trennen? Oder, anders gefragt, was ist an Poesie revolutionär?

BROWN: Ich habe versucht, diese Frage in meiner Atherton-Vorlesung in Harvard »Von der Politik zur Metapolitik« (veröffentlicht in *Caterpillar* No. 1) zu beantworten, in der ich den Gedanken einer visionären, poetischen und metapolitischen Revolution darlegte. Politik ist Brudermord oder Selbstmord. Damit beschäftigt sich das erste Kapitel von *Love's Body;* es ist dies unsere jetzige Situation, die Situation, der wir zu entkommen versuchen. Politische Spaltungen und Grenzen verhindern eine Einung des Staatskörpers. Mehr noch, es ist das Realitätsprinzip, das dem im Wege steht, die Grenze zwischen dem Selbst und dem Anderen, die aufspaltende Logik, die von den meisten Menschen für die Vernunft oder die Rationalität selber gehalten wird. Poesie und dialektisches Denken werfen das Realitätsprinzip über den Haufen, vereinen die Gegensätze und verwandeln die Welt in einem tieferen Sinne.

Diese Vorlesung befriedigt mich übrigens nicht besonders. Meine Generation ist von der Rätselfrage umgetrieben worden, wann eine Revolution keine Revolution mehr sei. Ernsthaftes Nachdenken über die Beziehung von Poesie und Revolution würde uns tiefe Einsichten in die Natur der russischen Revolution und der Konterrevolution Maos bescheren.

BENNIS: Würden Sie Wissenschaft und Politik ein Ende setzen? Oder kann die Wissenschaft auch poetisch werden?

BROWN: Ich bin kein Wissenschaftler, aber ich werde den Verdacht nicht los, daß die Wissenschaftler die Wissenschaft mißverstanden haben. Ich tröste mich mit T. S. Kuhns *The Structure of Scientific Revolutions* (Die Struktur Wissenschaftlicher Revolutionen). Die wirklich schöpferischen Wissenschaftler sind sowohl revolutionär wie poetisch. Die anderen, die lediglich kodifizieren und anwenden, schwimmen nur im Kielwasser der Durchbrüche, die gemacht werden, und halten sie in Lehrbüchern fest. Wissenschaft steht nicht im Gegensatz zur Poesie.

BENNIS: Jeder große Durchbruch in der Wissenschaft, jede wissenschaftliche Revolution ist auch eine poetische Revolution gewesen, weil sie ein neues Paradigma des Denkens hervorgebracht hat.

BROWN: Ja, der Durchbruch hängt von der Erkenntnis irgendeiner neuen, ordnenden Metapher ab.

BENNIS: Und von der Entbürokratisierung der Phantasie. Der Durchbruch ersetzt also die Metapher und eröffnet den Weg zu einer Neugliederung. Freud ist wohl das beste Beispiel dafür.

BROWN: Das Wort »Entbürokratisierung« ist vielleicht nicht deutlich genug. Was Freud und andere schöpferische Wissenschaftler tun, ist durchaus etwas Gewaltsames, und ich bin mir gar nicht sicher, ob es so etwas wie einen friedlichen Übergang zur Entbürokratisierung gibt. Eine bestimmte Art von Aufruhr ist wohl unvermeidlich. Die Wissenschaft wie die Poesie sollten sich deshalb in irgendeiner Weise im Zustand permanenter Revolution befinden.

BENNIS: Richtig, aber wo ist die Poesie heute? Wie kommt man innerhalb der verschiedenen Disziplinen zur Poesie?

BROWN: Meine Bemühungen in jüngster Zeit, seit ich *Love's Body* geschrieben habe, haben mich ermutigt. Ich versuche, Clio wieder zu einer Muse, die Geschichte wieder poetisch zu machen. Meiner Meinung nach gibt es selbst in der Universität große Möglichkeiten, die Wildnis der Sozialwissenschaften zum Blühen zu bringen, Poesie in ihnen anzusiedeln. Die bedeutendste Poesie kann in der Universität in jenen Bereichen des Denkens entstehen, die in so unfruchtbarer Weise prosaisch sind. Und die Dichterlesung am Sonntagnachmittag schafft keine Abhilfe für die Abscheulichkeit einer ganzen Woche.

BENNIS: Das erinnert mich an die Ankündigungen von Vorlesungen über den Menschen, die immer im Studentenverein aushängen. Der Mensch wird aus dem Vorlesungssaal verbannt und auf den Sonntagabend »verlegt«.

BROWN: Ich glaube, zwischen Poesie und Freiheit besteht eine innige Verbindung. Das psychoanalytische Prinzip der freien Assoziation machte mich auf die Beziehung zwischen Wortspiel und Freiheit aufmerksam. Ich glaube, man kann in dem Augenblick von Poesie im Vorlesungssaal sprechen, wenn Poesie aus Freiheit und freier Assoziation entsteht. Ich merke, wie meine eigenen Vorlesungen immer mehr zu einer Art von Collage werden, an der die Studenten oder Hörer mitarbeiten.

BENNIS: Die Vorlesung könnte also so etwas wie eine Gruppen-Collage von Gedanken werden.

BROWN: Ja. Und wenn dies Verlust von gedanklichem Privateigentum heißt, um so besser.

BENNIS: Echte Wissenschaft sollte ohnehin keine Besitzansprüche erheben.

BROWN: Das meine ich auch. Wenn man an die Allgegenwart der schöpferischen Kraft glaubt – und das muß man, wenn man Freud oder Blake folgt –, stößt man überall, wo Menschen beisammen sind, auf ungehobene Schätze.

BENNIS: Wie sieht es mit der Zukunft aus? Wohin gehen Sie von hier aus? Wie sieht der nach-apokalyptische Norman Brown aus, der Norman Brown nach *Love's Body?*

BROWN: Ich habe ein Vorwort zu *Love's Body* geschrieben, in dem es dreimal kurz nacheinander heißt: »Dies ist das Ende.« Ich weiß nicht so recht, was das bedeutet. Ich glaube, es soll heißen: keine metaphysischen Aufklärungsflüge mehr. In gewissem Sinn bin ich auf der Erde gelandet, und von jetzt an möchte ich mich mit konkreten Einzelheiten innerhalb meiner Arbeit befassen. Auch dies ist für mich Poesie. Poesie entsteht aus Einzelheiten, nicht aus Abstraktionen. Ich versuche, in meiner Arbeit von Abstraktionen wegzukommen und Einzelbereiche zu poetisieren. »Daphne oder die Metamorphose«, ein Aufsatz von mir, der in der von Joseph Campbell herausgegebenen Zeitschrift *Myths, Dreams, and Religion* erschienen ist, gefällt mir recht gut. Auch wendet meine Arbeit sich wieder der Politik zu. Ich möchte eine Poesie der Politik schreiben, eine poetische Betrachtung der Struktur von Zivilisation. Aber immer wieder bricht etwas Unvorhersehbares ein. Gott sei Dank! Wirkliche Entdeckungen kommen immer überraschend. Vielleicht werde ich doch – wieder einmal – überrascht.

Zivilisation und Eros
Ein Gespräch mit Herbert Marcuse

Nachdruck aus der Zeitschrift *PSYCHOLOGY TODAY*
Februar 1971

»Mar-cu-se, Mar-cu-se«

Die Aula ist vollgepropft mit Studenten. Andere stehen draußen um die Lautsprecher herum. Eine Gruppe hämmert gegen die Türen und ruft im Chor: »Mar-cu-se, Mar-cu-se, Mar-cu-se.« Ein hochgewachsener Mann lehnt über das Pult gebeugt und wartet, daß der Tumult abebbt. Er sieht nicht wie ein feuriger Prophet aus und schon gar nicht wie ein wilder Revolutionär. Seine Erscheinung ist vom Alter gezeichnet, seine Augen blicken müde. Aber dann ertönt seine volle Stimme, und sein Charisma wird spürbar. Er erzählt von Freiheit, Arbeit und Liebe, davon, wie die Arbeitskultur die Kunst, die Sexualität, ja, die Vernunft selbst versklave. Er zeichnet eine erotische Welt aus Spiel und Freude, in der Mensch, Natur und Musik einst spontan und frei sein werden. Er verdammt »die progressive Verdummung der Menschheit«, und Applaus donnert los. Dies ist in vielen Ländern eine vertraute Szene. Zu seinem eigenen Erstaunen und Entzükken sieht der zweiundsiebzigjährige Prophet aus Berlin sich von einer suchenden, militanten Jugend geehrt.

Herbert Marcuse hat ein volles Leben hinter sich. Sohn einer wohlhabenden jüdischen Familie, widmete er sich in seiner Jugend dem Studium der Literatur. Nach einer Zeit des aktiven Armeedienstes wandte er sich, enttäuscht von der deutschen Revolution, dem Studium der Philosophie zu. 1922 promovierte er in Freiburg. Später fesselte ihn das unorthodoxe Denken des jungen Wilhelm Reich, und er trat auf Einladung von T. W. Adorno und Max Horkheimer in das Institut für Sozialforschung in Genf ein, als er Deutschland 1933 verlassen mußte. Ein Jahr später ging er in die Vereinigten Staaten und lehrte an der Columbia Universität. 1940 erhielt er die amerikanische Staatsbürgerschaft. Im Zweiten Weltkrieg arbeitete er zunächst für das Office of Strategic Services und danach für das State Department. 1951 nahm er seine Lehrtätigkeit an der Columbia, in Harvard und Brandeis wieder auf. 1965 ging er nach San Diego an die Universität von Kalifornien.

Heute lebt er mit seiner Frau Inge in einem geräumigen Haus am Rande des Campus der Universität, an der er Philosophie lehrt. Ein heiterer alter Mann, der seine Zigarren pafft, die Sonne von La Jolla genießt und fasziniert den nicht abreißenden Strom von Drohungen und Beleidigungen registriert.

Das *New York Time Magazine* hat ihm ein zweifaches Etikett verpaßt, indem es ihn als den »Engel der Apokalypse« und als den »bedeutendsten lebenden Philosophen« bezeichnete. Seine Schriften, die um die beiden Themen Vernunft und Eros kreisen, machen deutlich, weshalb dies so ist. In *Vernunft und Revolution* (1941) erklärt er die Position Hegels mit der entscheidenden historischen Wende, die mit der französischen Revolution einsetzte. Damals habe der moderne Mensch zum ersten Mal entdeckt, daß er kraft der Vernunft die bestehende Gesellschaft herausfordern könne. In *Eros und Zivilisation* (1955) wendet er sich gegen Freud, der behauptet, der ganze Körper des Kleinkindes sei zwar erotisch, biologische Entwicklung und Sozialisierung indessen würden notwendigerweise die Erotik auf die genitale Sexualität hin verengen, damit der übrige Körper für die unpersönliche Zivilisationsarbeit freigesetzt werde. Wenngleich dies ein historischer Sachverhalt sei, müsse dies nicht immer der Fall sein, behauptet Marcuse, denn eine sorgsame Anwendung der Technik könne den Menschen von Knappheit und stumpfsinniger Arbeit befreien. Wie Marx ist er davon überzeugt, daß der so befreite Mensch ein neues Empfindungsvermögen entwickeln könne. Er könne zu einem sanftmütigen und verspielten, in allen Dimensionen erotischen Menschen werden, dem der Sinn nicht mehr nach Eroberung, Abenteuer und Macht stehe. In dem Buch *Der Sowjetische Marxismus* (1958) beschreibt Marcuse die stalinistisch-sowjetische Wirklichkeit als eine brutale Bürokratisierung der humanistischen Vision von Marx.

In *Der Eindimensionale Mensch* (1964), seiner bekanntesten Arbeit, schwört er den technischen Zuständen von heute ab, weil der alles verschlingende Überfluß das Empfindungsvermögen abstumpfen lasse und die vielgepriesene neue Sexualität bestenfalls ein an den Kräften zehrender Umweg sei, schlimmstenfalls aber Profitgier und Manipulation auf den Plan rufe. Er gerät in Verzweiflung über das Ausmaß, in dem alle Aspekte der Existenz von der repressiven bürokratischen Ethik mit Beschlag belegt werden. Selbst Freizeit, Kunst und Spiel werden für die Wiedergewinnung von Energie zugunsten der enervierenden Arbeit im Dienst an der Technokultur nutzbar gemacht. Wie läßt sich diese Situation ändern? In einem Aufsatz, der den traditionellen Liberalen zu schaffen macht, gibt er einige Hinweise (*Repressive Tole-*

ranz, 1965). Er modifiziert dort die Behauptung John Stuart Mills, Veränderungen von gesellschaftlichen Strukturen und Werten dürften nur dann zugelassen werden, wenn sie vorher auf dem gedanklichen Marktplatz diskutiert worden seien. Marcuse folgert, dies sei nur dann sinnvoll, wenn alle Diskussionsteilnehmer rationale, informierte und von Indoktrinierung freie Menschen seien. Diese Voraussetzung sei nicht gegeben, denn radikale Meinungsverschiedenheiten würden überall eingeebnet oder unterdrückt. Um einen Ausgleich herbeizuführen, sollte denjenigen, die Rassismus, Haß und Intoleranz predigen, ebenfalls Zwang auferlegt werden. Schließlich vertritt er in *Ein Essay über die Befreiung* (1969) – bei weitem seine hoffnungsvollste Aussage – die Meinung, einige der jugendlichen und alienierten Mitglieder der Gesellschaft, militante Studenten und Schwarze, trügen den Keim einer neuen Sensibilität in sich, aus dem vielleicht einmal ein nicht repressives Utopia würde erblühen können.

Derartige Gedanken haben einen gewaltigen Aufruhr hervorgerufen. Marcuse ist in der *National Review* als »Apostel des Chaos« bezeichnet worden, und Arthur Schlesinger hat ihn für schuldig befunden, primitive Emotionen über Zucht und Verstand zu stellen. Die amerikanische Legion verlangt seine Entlassung. Briefe mit der Unterschrift »K.K.K.« (KuKluxKlan) drohen ihm mit dem Tod. Die *Prawda* verdammt ihn als »falschen Propheten« und »Werwolf«. Sidney Hook spottet, Marcuse werde all diejenigen ruchlos unterdrücken, die seine Sicht von der Befreiung des Menschen und der Gesellschaft nicht teilten. Erich Fromm schreibt: Marcuse scheint sagen zu wollen, daß Perversionen wie Sadismus und Koprophilie »freier« seien, als die Genitalsexualität, gerade weil sie nicht zeugungsfähig sind. *Fortune* beklagt seinen »üppigen kosmischen Romantizismus«, der »unheilvoll in den Korridoren unserer Zeit widerhalle«.

Dies paßt ins Bild. Ungeachtet ihres Marxismus und Humanismus rütteln Kritiker wie Hook und Fromm nicht wirklich an den fundamentalen Voraussetzungen des bestehenden Moralgefüges. Marcuse tut dies. Sein utopisches Denken entwirft mit kühnen Strichen eine Vision von den erotischen Möglichkeiten im menschlichen Leben, ähnlich wie Picasso in seinen späten Zeichnungen. Er begreift den Menschen als ein verspieltes Tier, das sich danach sehnt, seine sinnliche Natur zu entfalten. Dieses

Menschenbild ist nicht dazu angetan, die *Prawda*, den K.K.K. oder totalitäre Moralisten jeglicher Prägung in Entzücken zu versetzen. Zumal die Jugend in Marcuse einen beredten Sprecher für ihre instinktive Verachtung der leistungsorientierten Kultur gefunden hat. So sieht die beunruhigte ältere Generation in Marcuse, wie einst in Sokrates, einen Verderber der Jugend. Und in der Tat, seine Schriften können Ansporn zum Handeln sein. Indem er die Gefühle derer bestätigt, deren Illusionen bereits verloren gingen, weil die Industriegesellschaft versagt hat und keine Freiheit gewährt, liefert er die ideologische Genese für eine Entwicklung alternativer Lebensweisen. Im Grunde aber ergibt sich der Widerstand gegen Marcuse nicht so sehr aus seinen Schriften, sondern aus seinen radikalen politischen Haltungen. Er verteidigt militante Studenten gegen das Establishment. Er bringt die Nixon-Administration wegen »zunehmender repressiver Maßnahmen« in Verruf. Er weigert sich, seine frühere Schülerin Angela Davis im Stich zu lassen. Sein beharrliches Eintreten für radikales Handeln ist ein Angriff auf die Liberalen, die mehr für eine vernünftige Abstufung und Modifizierung als für die Ausrottung der politischen Kultur sind. Er verwirft sogar das Dreifachbewußtsein von Charles Reich.

Nähern wir uns diesem Mann noch ein wenig mehr und folgen wir seinem täglichen Rhythmus. Da hören wir, wie er einen Freund wegen seines Motorrades ermahnt, denn es sei »eine faschistische Erfindung, die Geschwindigkeit und Motorenstärke mit Männlichkeit gleichsetze, und außerdem fürchterlichen Lärm und Luftverschmutzung verursache«. Da entdecken wir ihn in einem Friedensmarsch; er protestiert, ohne Beifall zu ernten. Dann, in seinem häßlichen Büro in einem Eisenbetonbau, das Surren der Klimaanlage, das zusammen mit dem Getöse von Düsenflugzeugen seine Stimme übertönt, als er sagt: »Wir müssen von unseren jetzigen Städten wegkommen.« Wir beobachten das Wechselspiel zwischen seinem kraftvollen, disziplinierten Geist und den tastenden Versuchen seiner Studenten, denen er neue Dimensionen des Gewahrwerdens erschließt. Wir entdecken ihn, wie er Hand in Hand mit seiner Frau unterhalb der Klippen von Torrey Pine am Strand spazieren geht. Wir sehen ihn galant mit den Sekretärinnen scherzen. Sie sind es, die ihn vor einer stets neugierigen und oft feindlichen Öffentlichkeit abschirmen. Er schäumt über von fröhlicher Lebenskraft, von Eros.

Eros ist der Schlüssel zu seinem Denken. Sein Werk steht auf den Freudschen Begriffen von Eros und Thanatos – Lebenstrieb und Verführung zu friedlichem Tod. Aber Freud war besessen von der zivilisatorischen Unterdrückung des Lebenstriebs; Marcuse träumt von einem Wunder der Vernunft und der Phantasie, das den Menschen aus der Knechtschaft eines Daseins als Arbeitstier erlösen und den Weg ins Utopia ausfindig machen könnte. Hegel stand Pate bei seiner rückhaltlosen Auslieferung an die Vernunft – in Gestalt des *logos*. Die Vernunft ist es, die zwischen Eros und Thanatos schlichtet. Die Vernunft kann den Todestrieb sublimieren und dem Leben dienstbar machen.

Durch Vernunft können die Menschen lernen, die Ketten der Unterdrückung abzuschütteln. Und die Vernunft macht es dem befreiten Menschen möglich, Wissenschaft und Kunst dafür einzusetzen, eine Gesellschaft ins Leben zu rufen, in der die Erotik sein ganzes Dasein durchdringt und seine Beziehung zur Natur und zu seinen Mitmenschen erfüllt. Diese Erotik aber ist nicht die von Freud beschriebene blindwütig sich selbst suchende Sexualität und auch nicht die metaphorische Vereinigung von allem, wie Norman Brown sie sieht. Sie ist vielmehr von der Vernunft in Zucht genommene, leidenschaftlich angereicherte und von Freude durchströmte »schöpferische menschliche Existenz«. Wenn der Mensch über die repressiven und alienierenden Gesellschaften hinausgelange, könne er sein Empfindungsvermögen weiter entfalten und in all seinen Dimensionen erblühen. Sein Leib könne zu einem Instrument des Vergnügens werden; sein Geist könne sich auf höhere Ebenen des Bewußtseins erstrecken: Psyche und *logos* stünden in Blüte.

In mancher Hinsicht unterscheiden Marcuses Visionen von Revolution und Utopia sich nur wenig von den fundamentalistischen Träumen von Erlösung und Himmel. Er ist ein Philosoph der europäisch-romantischen Tradition, und sein Denken ist kaum durch Naturwissenschaftler und Behavioristen, wie Charles Darwin oder Loren Eiseley, beeinflußt worden. Sie haben begonnen, die zuweilen brutalen evolutionären Triebkräfte zu erforschen, die das Leben immer mehr Komplexität, immer neue Grenzen des Bewußtseins suchen lassen. Marcuses Utopia reflektiert auch nicht den immer deutlicher werdenden Nachweis dafür, daß Liebe und Aggression keine wirklichen Gegensätze, sondern zutiefst mit der Gesellschaft, mit der Psyche, ja sogar mit der Chemie des Körpers verflochten sind. Marcuse berühren diese neuen Visionen der Lebensdynamik nicht. Er beschränkt sich auf Marx' »Ende der Geschichte« und auf Freuds »infantile Sexualität«. Es hat beinahe den Anschein, als wolle er eine Welt, in welcher der Mensch nicht freudig auf Herausforderung, Risiko und Gefahr antwortet. Kann er sich wirklich eine natürliche Ordnung vorstellen, in der »die Tiere einander nicht auffressen«? Wenn ja, träumt er dann nicht doch von einem endgültigen Himmel und von einem Ende des kämpferischen Suchens der Evolution? Dreht sein Erotizismus sich im Kreise, ist er der Immanenz in die Falle gegangen, tritt er auf der Stelle? Und wer sagt uns, daß die einmal entfesselten erotischen Triebe des Menschen nicht wild wuchern?

Je tiefer man gemeinsam mit ihm solche Fragen bedenkt, desto mehr beflügelt er die Phantasie. Seine Vision mag beschränkt sein, sie besitzt jedoch Leuchtkraft und Beständigkeit. Es ist die Vision eines Menschen, der endlich seine ungeheuren Fähigkeiten und Fertigkeiten dazu verwendet, die Freude des Menschen zu mehren. Und »ohne Vision«, so ein früherer Prophet, »gehen die Menschen zugrunde«.

John Raser
Professor für politische Philosophie
Claremont Graduate School

HERBERT MARCUSE: Ich hoffe, daß Sie nicht beabsichtigen, mich über meine Theorien oder meine Schriften zu befragen. Es ist sinnlos, das, was ich geschrieben habe, zu erläutern. Wenn ich mich klarer hätte ausdrücken können, dann hätte ich dies getan; immerhin versuche ich es ja noch. Ich glaube auch nicht, daß es von Interesse wäre, über meine private Psyche zu reden. Ich habe mich nie analysieren lassen. Dies war offensichtlich nicht nötig. Psychologisch gesehen bin ich hoffentlich überhaupt nicht interessant. Ich bin recht normal.

SAM KEEN: Als ein öffentliches Phänomen scheinen Sie in voller Lebensgröße dem Kopf des Zeus entsprungen zu sein. Plötzlich haben überall auf der Welt die Studenten Herbert Marcuse als Verbündeten und als *den* Propheten des von ihnen herbeigesehnten neuen Zeitalters für sich beansprucht. Was hat zu Ihrem leidenschaftlichen Einsatz für eine revolutionäre Analyse der modernen Welt geführt?

MARCUSE: Dies ist offensichtlich nicht dem Kopf des Zeus entsprungen, wenn es auch so scheinen mag, weil meine Bücher erst unlängst hier und in Europa bekannt geworden sind. Als junger Student habe ich Marx und die damalige avantgardistische Literatur gelesen.

KEEN: Erinnern Sie sich an eine Zeit, in der Sie nicht intensiv politisch und philosophisch gelebt haben? Was hat Ihre Leidenschaft geweckt?

MARCUSE: Meine Leidenschaft wurde durch die persönliche Erfahrung des Verrats und der Vereitelung der deutschen Revolution und der Organisation der faschistischen Konterrevolution hervorgerufen, die schließlich Hitler an die Macht brachte. Ich war zwanzig, als die deutsche Revolution ausbrach, und absolvierte das letzte halbe Jahr meines Militärdienstes in Berlin. Meine erste revolutionäre Erfahrung machte ich als Mitglied eines Soldatenrates, aber es war eine kurze Erfahrung, denn die Revolution wurde schnell verraten.

Ich glaube, 1919 verließ ich Berlin und ging nach Freiburg. Dort widmete ich mich meinen Studien in vergleichender Literaturwissenschaft, Philosophie und Volkswirtschaft. Vierzehn Jahre lang war ich politisch relativ untätig, nämlich bis 1933. Damals verließ ich Deutschland und trat in das Institut für Sozialforschung in Genf ein. Unter dem Einfluß meiner Kollegen Max Horkheimer und T. W. Adorno erwachte in dem Jahr, das ich in diesem Institut zubrachte, meine politische Leidenschaft wieder zum Leben. Nach meiner Auswanderung nach Amerika, 1934, war der Einfluß dieser Männer mit dem Hegels, Marx' und Freuds weiterhin bestimmend für mein Denken. Erst kürzlich ist es zwischen Horkheimer und mir zu Differenzen gekommen.

KEEN: Zu welchen Differenzen?

MARCUSE: Wir beurteilen die weltweite Studentenbewegung und den Charakter der amerikanischen Außenpolitik verschieden. Ich sehe in der Studentenbewegung eine vitale gesellschaftliche Kraft; meine Freunde sträuben sich dagegen. Sie sehen in Amerika, verglichen mit der Sowjetunion, eine fortschrittliche, ja sogar liberale Gesellschaft. Zwar stimme ich ihrer Verurteilung des Sowjetregimes zu und bin ebenfalls der Meinung, daß in der U.S.-Gesellschaft noch fortschrittliche und liberale Kräfte aktiv sind, doch sehe ich in der Politik der U.S.A. innenpolitisch wie außenpolitisch eine systematische Unterdrückung menschlicher Freiheit.

JOHN RASER: Wir wissen, daß die Antithese zwischen Repression und Freiheit einer der Eckpfeiler Ihres Denkens ist und daß Sie glauben, die Gesellschaft müsse von Grund auf neu strukturiert werden, wenn der Repression ein Ende gesetzt und die menschliche Psyche befreit werden solle. Aber von dieser utopischen Neugliederung der Gesellschaft einmal abgesehen glauben Sie, daß die Psychotherapie in irgendeiner Weise daran beteiligt ist, die Saat der Befreiung auszusäen? Oder glauben Sie, daß Therapie, wie sie gemeinhin verstanden und praktiziert wird, letzten Endes konformistisch, privatistisch und antirevolutionär ist?

MARCUSE: Wenn die Psychiatrie lediglich dazu beiträgt, den Patienten an eine kranke Gesellschaft anzupassen, damit er in dieser Gesellschaft wieder funktionsfähig wird, dann verfrachtet sie ihn von einer Krankheit in die andere. Selbst Freud hat dies eingestanden, aber er hat die Überlegung zurückgewiesen, daß Psychoanalytiker aus ihren Patienten Revolutionäre oder Rebellen gegen ihre Gesellschaft machen sollten. Als Mensch mag Freud bürgerlich und konservativ gewesen sein. Dennoch sind in seiner Theorie transzendierende, radikale Elemente enthalten. Man kann also nicht sagen, Theorie und Praxis bei Freud seien konformistisch oder nonkonformistisch. Sie sind beides, und ich glaube – obwohl Freud dies zurückweisen würde –, daß die entscheidenden Begriffe bei ihm revolutionär sind.

KEEN: Ich glaube, ähnlich wie Melville verfolgten Freud Träume von der wohligen Freiheit der Südsee und von dem chaotischen Terror der Bauernrevolution.

RASER: Vielleicht leidet die herkömmliche amerikanische Psychiatrie an demselben Defekt wie Freud, wenn sie die politischen Implikationen ihrer Theorie fast völlig ignoriert. Nur Sie, Norman O. Brown und vielleicht noch Erik Erikson sind bereit gewesen, sich ernsthaft mit den politisch relevanten Momenten von Freuds Analyse der unterdrückten und der befreiten Seele auseinanderzusetzen.

MARCUSE: Aber hier taucht ein Problem auf. Die amerikanische Gesellschaft erzeugt eine Fülle von Pathologien bei ihren einzelnen Mitgliedern. Sie verursacht eine Fülle von psychischen Todesfällen. Darum haben die amerikanischen Psychiater sich gezwungen gesehen, Patienten zu behandeln, die einfach nicht funktionsfähig sind. Wenn ein Mensch nicht verdauen kann, wenn er nicht essen kann, dann müssen diese Funktionen erst einmal wiederhergestellt werden. Politik und gesellschaftliches Bewußtsein müssen in diesen Fällen beiseite gelassen werden, es sei denn, sie würden wesentlich für die Therapie. Bei einer Lungenentzündung erkundigt ein Arzt sich auch nicht nach den moralischen oder politischen Ansichten seines Patienten, und ein Psychiater braucht für gewöhnlich auch nicht die spezifischen politischen Haltungen eines Patienten zu behandeln, wenn er ihn von irgendeiner psychosomatischen Krankheit kurieren möchte. Man kann einfach nicht so verallgemeinernd sagen, Psychiatrie sei politisch reaktionär oder konformistisch.

RASER: Sie meinen, in der Theorie. Was die Praxis anlangt, kann man dies, glaube ich, sehr wohl.

MARCUSE: In welchem Sinne?

RASER: In bezug auf ihre Gebührenordnung, ihren Privatismus, ihre Betonung, es gelte Pathologien zu korrigieren und komme nicht so sehr darauf an, Wachstum zu fördern, ihren üblichen Versuch, die Menschen an die bestehende Welt aus Arbeit und sozialer Ungerechtigkeit anzupassen. Ich meine, das Schicksal von Wilhelm Reich ist bezeichnend für die apolitische Haltung amerikanischer Therapeuten. Reich wollte Freud und Marx miteinander verbinden, den Einzelkörper mit dem Staatskörper. Die amerikanischen Reichianer haben indessen alle die politischen Einsichten von Reich ignoriert und lediglich seine Analyse der physischen Dynamismen von charakterlichen Strukturen für sich in Anspruch genommen.

KEEN: Sie sehen das vielleicht ein wenig zu pessimistisch. Ich glaube, daß es in Richtung auf die Gruppentherapie einige revolutionäre Momente gibt. In einem positiven Sinn wird Psychologie immer populärer und gewöhnlicher, meinen Sie nicht auch?

MARCUSE: Ich muß Ihnen sagen, daß es unverschämt ist, wenn ich über Gruppentherapie überhaupt etwas von mir gebe, denn ich habe mich nicht damit beschäftigt. Ich weiß von Begegnungs- und Gestaltgruppen nur aus Berichten. Ich lese die Kataloge der Esalen-Institute. Das reicht, um in Angst und Schrecken zu geraten. Mir wird speiübel bei dieser Verwaltung des Glücks. Sie bringen den Leuten bei, wie man einander berührt und Händchen hält! Wenn man das nicht von alleine lernt, durch Versuche und Irrtümer, kann man es ebensogut sein lassen.

RASER: Aber es ist doch eine Tatsache, daß viele Menschen in unserer Gesellschaft Angst davor haben, die Hand auszustrecken und andere zu berühren. Sie bleiben isoliert, einsam und empfindungslos.

MARCUSE: Man hilft ihnen nicht, wenn man ihnen diese Dinge durch irgendwelche Kunstgriffe und auf mechanische Weise beibringt. Man darf sie nicht organisieren. Sie müssen als eigene Initiative von einem Mann oder einer Frau ausgehen.

RASER: Es gibt noch eine andere Perspektive hinsichtlich der Bedeutung solcher Sensitivitäts- und Begegnungsgruppen. Das Argument ähnelt dem mancher Befürworter von LSD. Wenn ein Mensch in einer Gesellschaft aufgewachsen ist, die seine Phantasie und seine Empfindungen von der frühesten Kindheit an erstickt hat, weiß er vielleicht gar nicht, welche Formen von Phantasie und Intimität möglich sind. Einige Leute haben behauptet, die halluzinogenen Drogen würden den Vorhang wegschieben, der eine Welt üppiger Phantasie abschirme. In vergleichbarer Weise können Menschen in solchen Gruppen lernen, die Hand auszustrecken und andere zu berühren.

MARCUSE: Aber man wird doch heutzutage andauernd berührt. Immerzu klopft einem jemand auf die Schulter und dergleichen, ob man will oder nicht.

KEEN: Aber wenn eine Leistungsgesellschaft Zärtlichkeit und Intimität zerstört, dann müssen wir vielleicht künstliche Mittel anwenden, um sie wieder zum Leben zu erwecken.

MARCUSE: Mag sein, daß ich ganz und gar unrecht habe, aber für mein Gefühl muß der Mensch einige Dinge von selber lernen. Wenn jemand erst ein Lehrbuch über Sexualverhalten durcharbeiten muß, um herauszukriegen, wie er seine Frau oder sein Mädchen lieben soll, dann stimmt bei ihm etwas nicht.

KEEN: Die Analyse der Scham, die Sie in *Ein Essay über die Befreiung* anstellen, scheint auf dieses Thema Bezug zu nehmen. Sie behaupten, daß eine kapitalistische Gesellschaft die ödipale Situation durch autoritäre politische und ökonomische Strukturen ersetze und so, durch psychologische und politische Verdrängung zutiefst verschämte und schuldbeladene Persönlichkeiten schaffe. Wenn Scham und Schuld uns den Zugang zu den Empfindungen versperren, müßte dann eine revolutionäre Form der Therapie nicht den Einzelnen von Scham befreien?

Wie sollte dieser Prozeß des »Ent-schämens« Ihrer Meinung

nach aussehen?

MARCUSE: Ich glaube, Sie haben den entscheidenden Punkt zur Sprache gebracht. Ich möchte sagen, Scham ist etwas Positives und Authentisches. Es gibt Eigenschaften und Dimensionen des Menschen, die sein ureigener Besitz sind – und nicht in ausbeuterischer und gewinnsüchtiger Weise. Sie sind ihm eigen, und er teilt sie nur mit denjenigen, die er sich aussucht. Sie gehören nicht der Gemeinschaft und sind nicht Sache der Öffentlichkeit.

KEEN: Soll das heißen, daß nur die Scham die Privatsphäre hütet? Ein Mensch kann doch auch ohne die Scham eine Privatsphäre haben.

MARCUSE: Ich sehe nicht, wie. Wenn man zum Beispiel von Ihnen verlangen würde, Sie sollten vor den Augen der Gruppe den Geschlechtsakt vorführen, dann wäre dies eine regressive und repressive Entwicklung. Dies gilt selbst für etwas weniger Schwerwiegendes wie Händchenhalten. Wenn so etwas in einer Gruppe geübt werden muß, dann ist das authentische erotische Element dahin.

RASER: Auf Grund meiner eigenen Erfahrung mit solchen Gruppen möchte ich mich noch ein bißchen mit Ihnen streiten. Die Art von Leistungsgesellschaft, in der wir leben, erschwert es einem Mann zum Beispiel, das Gefühl von Wärme und Nähe zu einem anderen Mann zuzulassen.

MARCUSE: Ja, das stimmt.

RASER: Fast alle Beziehungen zwischen Männern sind feindseliger oder distanzierter Natur, oder sie arten in ein oberflächliches Freundschaftsgetue, eben jenes Schultergeklopfe, aus. Bei D. H. Lawrence heißt es, Männer wüßten nicht, wie sie miteinander befreundet sein sollten, ohne gleich in homosexuelle Panik zu geraten. Nun, ich habe innerhalb solcher Gruppen anhand kleiner, wohldurchdachter Übungen gelernt, mich zu warmen, erotischen Gefühlen für andere Männer zu bekennen.

MARCUSE: Meinen Sie jetzt nur andere Männer? Oder gilt dies auch für die Beziehung zwischen Mann und Frau und zwischen zwei Frauen?

RASER: Gewiß. Ich habe die Erfahrung gemacht, daß einige dieser neuen therapeutischen Techniken das erotische Moment in *allen* Beziehungen stärken und daß sie zu jener neuen Sensibilität beitragen, von der Sie so beredt sprechen. Es gibt eine geschützte

Umgebung, die es einem erlaubt, mit neuen Weisen des Erkennens und des Daseins zu experimentieren. Wenn man dazu bereit ist, dann hat man das Fenster zu neuen Empfindungen aufgestoßen.

MARCUSE: Ja, aber nur, wenn man sie bereits in sich hat.

RASER: Ich glaube, daß die Menschen sie in sich tragen, aber die Gesellschaft zwingt uns, sie zu unterdrücken. Ich spreche nicht davon, daß Emotionen erzeugt werden sollen, sondern davon, daß seit langem geleugnete und verbogene Gefühle freigesetzt werden. Ich glaube, gerade in diesem Punkt habe ich viel aus Ihren Schriften gelernt.

KEEN: So gesehen ist der Therapeut wie der Zen-Meister eine Art Schelm, der sagt: »Ich erlaube dir etwas, wozu du eigentlich gar keine Erlaubnis brauchst.«

MARCUSE: Ja, Sie haben ganz recht. Ich habe ja schon zu Beginn gesagt, es wäre anmaßend von mir, über derartige Dinge reden zu wollen. Um aber aus meinem Herzen keine Mördergrube zu machen, muß ich noch einmal auf das vorhin Gesagte zurückkommen. In alledem gibt es für mich etwas zu Didaktisches. Da sagt der Lehrer: »Sei echt, sei natürlich, empfinde mehr.« Sie wissen, ich bin sehr fürs Lernen. Manche Leute behaupten, wahrscheinlich zu Recht, ich sei sehr autoritär. Aber es gibt doch einige Dimensionen des menschlichen Daseins, auf die das Konzept organisierten Lehrens und Lernens sich wohl nicht anwenden läßt. Nun, ich möchte wirklich nicht urteilen. Ich habe hier ein Vorurteil. Ich halte es für ein Vorurteil. Vielleicht haben die Gruppen recht, und ich habe unrecht. Ich weiß es nicht.

RASER: Wenn wir sagen, psychische Gesundheit habe zur Folge, daß unterdrückte Empfindungen freigesetzt werden, die unter Umständen die gesellschaftlichen Normen bedrohen, dann stellen wir damit die Frage, was wir unter psychischer Gesundheit verstehen. In der Therapie betont man unterdessen den positiven Wert von Irrsinn – man sieht in Minipsychosen Durchbruchserfahrungen, welche die Reintegration der Psyche auf einer höheren Ebene zulassen. Für manche Leute besteht heute das Kriterium darin, wie verrückt und selbständig – wie unabhängig von den üblichen gesellschaftlichen Mächten – der Patient in der Therapie wird. R. D. Laing zum Beispiel hält die Anpassung an die Gesellschaft für krank. Sie halten dies sicherlich für eine radikale Einstellung der Therapie gegenüber.

MARCUSE: Nun, ich bin Laing begegnet, aber wir scheinen nicht in der Lage zu sein, einen gemeinsamen Grund zu finden. Es stimmt, daß ich jede Richtung ablehne, die Verrückte nur deswegen glorifiziert, weil sie verrückt sind. Gewiß hilft man der Gesellschaft nicht, wenn man die Leute verrückter macht, als sie schon sind. Dabei kommt eine Gesellschaft heraus, in der Verrücktheit gegen Verrücktheit steht. Es gibt eine Art von unerläßlicher Verrücktheit, wenn man in revolutionärer Weise in einer repressiven Gesellschaft arbeiten will und nicht von ihr zerquetscht werden möchte. Aber diese Form von Wahnsinn kann die Psychiatrie nicht produzieren. Es ist eine Verrücktheit des *logos,* und die ist höchst rational. Sie führt zur Einsicht in die Grundübel der Gesellschaft und zur Analyse der Mittel und Wege, die einem bei der Veränderung der Dinge zur Verfügung stehen. Ich sehe also nicht ein, weshalb man Menschen verrückt machen muß, um sie zu Rebellen gegen die Gesellschaft zu machen. Im Gegenteil, jeder Mensch mit seinen gesunden fünf Sinnen und mit einem mehr oder weniger entwickelten Bewußtsein sollte ohne die geringste psychiatrische Hilfe zum Rebellen werden können.

KEEN: In *Ein Essay über die Befreiung* sprechen Sie von der Notwendigkeit einer neuen Sensibilität und Rationalität. Würde der neuen Sensibilität nicht ein tieferes Verständnis für die unbewußten, spielerischen und irrationalen Dimensionen des Geistes innewohnen? Dies könnte eine motivierende Kraft entbinden, eine Fröhlichkeit, wenn Sie so wollen, die vielleicht nicht charakteristisch wäre für die reine Rationalität und Analyse, in denen Sie die hervorstechenden Fähigkeiten des Rebellen sehen.

MARCUSE: Ja, aber die Entwicklung des neuen Bewußtseins und der neuen Sensibilität ist in sich ein rationaler Prozeß, der sich nicht künstlich oder synthetisch erreichen läßt. Befreiung, zum Beispiel, läßt sich nicht durch Drogen erreichen. Im Einzelfall können sie vielleicht den Boden dafür bereiten, den anfänglichen Schock versetzen, aber die Wirkung kann nur dann aufrechterhalten werden, wenn die chemische Reaktion in politische Verpflichtung umgesetzt wird. Die echte Emanzipation des Menschen kann nur in einer anderen Gesellschaft stattfinden, nach einem fundamentalen Wandel der Werte und der politischen und ökonomischen Strukturen. Nun, dies ist ein Paradox, denn ich habe immer darauf bestanden, daß die neue Rationalität und die neue Sensibilität *vor* jenem Wandel in Erscheinung treten müßten. Sie sind notwendig zur Herbeiführung des Wandels. Wir können nicht erwarten, daß Menschen, die entstellt und verstümmelt wurden, weil sie in diese Gesellschaft hineingeboren worden sind und in ihr leben, neue, wirklich befreiende und zur Emanzipation verhelfende Institutionen und Beziehungen aufbauen. Mit anderen Worten – und vielleicht mildert dies das Paradox – es müssen zumindest einige Menschen mit neuen Werten und neuen Zielsetzungen *vor* jener mächtigen Veränderung, welche die allgemeine Befreiung möglich macht, da sein und ihre Arbeit tun.

RASER: Das klingt sehr nach dem alten Problem von der Henne und dem Ei. Woher nehmen wir ein derartig jungfräuliches Bewußtsein in dieser befleckten Gesellschaft?

MARCUSE: Was soll das heißen – »woher nehmen wir diese neuen Menschen?« Sie sind doch schon da. Ich sehe doch, wie dieser neue Typ in der Jugend zum Vorschein kommt, besonders bei den Studenten. Die militanten jungen Leute haben diese Umwertung der Werte vollzogen. Sie akzeptieren die etablierten Werte der Gesellschaft nicht. Sie sind, soweit ich sie kenne, in ihren Trieben überhaupt nicht gewalttätig und aggressiv. Sie haben das Gefühl, daß man mit den zur Verfügung stehenden Mitteln beinahe von einem Tag auf den anderen eine anständige Gesellschaft ins Leben rufen könnte, wenn dem nicht die überwältigende Macht des Establishment im Wege stünde.

RASER: Ihrer Meinung nach sind also nicht die Drogen verantwortlich für diese neue Sensibilität auf Seiten der Jungen. Was dann?

MARCUSE: Wir wissen ziemlich gut, was in diesem Lande zum Ausdruck gekommen ist. Diese neue Haltung entstand in den frühen sechziger Jahren, als viele dieser jungen Leute in den Süden zogen und zum ersten Mal sahen, wie amerikanische Demokratie und Gleichberechtigung in Wirklichkeit funktionierten. Das war ein traumatischer Schock für sie. Dann kam als zweiter traumatischer Schock der Krieg in Südostasien. Inzwischen hat die Nixon-Administration daheim und im Ausland die Repression zementiert. Ich glaube also nicht, daß Sie nach irgendwelchen künstlichen oder geheimnisvollen Erklärungen für den neuen Kampfgeist suchen müssen. Genau dies muß man von jungen Menschen, die nicht in diese Gesellschaft integriert sind, die sich nicht am Ausverkauf beteiligen wollen, erwarten. Man behauptet immer wieder, bei den militanten Studenten handele es sich um eine verwöhnte, privilegierte Mittelstandselite. Dies stimmt nur in sehr begrenztem Ausmaß. Und insoweit es zutrifft, diese privilegierte Position ermöglicht ihnen ja gerade ein Sichdistanzieren, ein Abrücken von der Gesellschaft. Diese Gesellschaft absorbiert sie keineswegs, sondern peinigt sie.

KEEN: Welche Rolle spielt Ihrer Meinung nach die atomare Bedrohung bei dieser Enttäuschung über die alten Werte? Hat sie die Suche nach neuen Werten in Gang gesetzt?

RASER: Ein junges Mädchen hat neulich zu mir gesagt: »Die Bombe ist schon längst gefallen; wir sind die Mutationen.«

MARCUSE: Ausgezeichnet. Sie hat völlig recht. Ich glaube jedoch keineswegs, daß der drohende atomare Krieg das Schlimmste ist, was uns bevorsteht. Es ist durchaus möglich, daß die Supermächte sich aus eigenem Interesse einigen, keine Atomwaffen einzusetzen. Die eigentliche Katastrophe liegt in der bevorstehenden totalen Verblödung, Entmenschlichung und Manipulation des Menschen.

KEEN: Die heutige Generation befindet sich in merkwürdiger Weise post mortem. Man hat es für möglich gehalten, daß die ganze Zivilisation vom Untergang bedroht sei. Dies hat zu einer gewissen Lustigkeit oder Nachlässigkeit geführt, zu einer Haltung, die besagt: »Was gibt es schon zu verlieren?«

MARCUSE: Tag für Tag haben sie schmerzlich mitansehen müssen, was tatsächlich mit den verfügbaren Mitteln der menschlichen Gemeinschaft angefangen wird und was man mit ihnen anfangen könnte. Angesichts all der Barbarei, Unterdrückung, Ausbeutung und Ungerechtigkeit haben sie die Illusion, sie lebten in einer zivilisierten Gesellschaft, verloren. Also, noch einmal, ich sehe keinerlei Notwendigkeit, nach verborgenen oder geheimnisvollen Motiven zu suchen, die das Auftauchen einer militanten Jugend erklären sollen.

RASER: Bei Ihrer Bemerkung über eine mögliche Einigung der Supermächte stellt sich mir eine Frage. Anatol Rapoport hat darauf hingewiesen, daß die Hauptakteure im Drama menschlicher Konflikte nicht mehr Einzelne, sondern Systeme, Superorganismen seien, in denen Menschen ungefähr dieselbe Rolle spielten wie die Zellen innerhalb des Körpers. Er nennt diese Organismen *Stati Belligerentes* – kriegführende Staaten. Die fortgeschrittensten Staaten dieser Art sind Rußland und die Vereinigten Staaten. Es sind riesige bürokratische Komplexe mit eigenen Informationsrezeptoren, Datenverarbeitungszentren, Entscheidungsregeln, Kommunikationsnetzen, Speicher- und Auswertungssystemen. Für diese mechanischen Ungetüme sind menschliche Leidenschaften völlig irrelevant.

MARCUSE: Wenn er nicht zwischen diesen Bürokratien unterscheidet, dann macht er sich einer Generalisierung schuldig, gegen die ich Einspruch erheben muß. Zunächst einmal wissen wir nicht, welche Richtung China einschlagen wird. Und die westliche Welt, der Kapitalismus, und der sowjetische Sozialismus können wirklich nicht in einen Topf geworfen werden, weil ihre *potentielle* Entwicklung jeweils verschieden ist.

RASER: Aber wie verhält es sich mit der bescheideneren Aussage, daß da eine Art wachsender Superorganismus sei, der dem Einzelnen keine Antwort gebe?

MARCUSE: Ja, aber warum sollte man so etwas Organismus nennen? Ich kann der Meinung, unsere gesellschaftlichen Konflikte seien als Schlachten zwischen dem Individuum und jenem Superungeheuer zu verstehen, nicht beipflichten. Meiner Meinung nach gibt es eine viel einfachere Formulierung – die etablierten Mächte führen einen konzertierten und organisierten Kampf gegen jeden Revolutionsversuch von unten. Und solche Revolutionen sind gewöhnlich Leistung einer Klasse oder einer Gruppe und nicht so sehr die Leistung Einzelner.

KEEN: Damit stellt sich die Frage nach dem Individuum. Einige Radikale halten es für notwendig, über die Vorstellung eines individuellen Bewußtseins hinauszugehen und zu einer neuen Form von Stammes- oder Gemeinschaftsbewußtsein zu kommen. Würden Sie sagen, der Begriff Individuum sei veraltet?

MARCUSE: Ich würde nicht sagen, der Begriff Individuum sei veraltet. Er ist verfrüht. Das eigentliche menschliche Individuum existiert noch nicht. Was wir da haben, ist ein fragwürdiges bourgeoises Individuum, dessen Identität sich aus dem Wettbewerb mit allen anderen »Individuen« ergibt.

KEEN: Wenn die Psyche des Quasi-Individuums von heute sich um Leistungs- und Wettbewerbsprinzipien ordnet, was wären dann die Ordnungsprinzipien des neuen, revolutionären Menschen? Wie sähen Sensibilität und Rationalität bei ihm aus?

MARCUSE: Lassen Sie es mich erst einmal negativ formulieren, denn das Negative enthält das Positive. Es wäre eine Psyche, ein

Geist, eine Triebstruktur, die Aggression, Herrschaft, Ausbeutung, Häßlichkeit, Heuchelei oder entmenschlichende Routineleistung nicht mehr tolerieren könnten. Positiv kann man es als ein Anwachsen der ästhetischen und erotischen Komponenten innerhalb der triebhaften und geistigen Strukturen sehen. Für mich zeigt es sich heute in dem Protest gegen die kommerzielle Vergewaltigung der Natur, gegen die Schönheit aus Kunststoff und gegen wirkliche Häßlichkeit, gegen Pseudomännlichkeit und brutales Heldentum.

RASER: Sie sprechen von der triebhaften Struktur des neuen Menschen. Meinen Sie damit die Rückkehr zu einem natürlicheren Zustand? Ist dies eine Art Neo-Romantizismus?

MARCUSE: Bestimmt nicht. Man hat mir vorgehalten, ich sei gegen Wissenschaft und Technik. Das ist barer Unsinn. Eine anständige menschliche Gesellschaft läßt sich nur auf den Errungenschaften von Wissenschaft und Technik aufbauen. Die bloße Tatsache, daß in einer freien Gesellschaft alle selbstentfremdende Arbeit auf ein Minimum reduziert werden muß, setzt ein hohes Maß an wissenschaftlichem und technischem Fortschritt voraus. Die Möglichkeit zu einer ästhetischen und freudvollen Transformation der Umwelt hängt ab von dem unaufhörlichen Vormarsch der Technik. Wie können Sie von Rückkehr sprechen? Diese Vision antizipiert die Zukunft, sie sehnt sich nicht nach der Vergangenheit.

RASER: Nun, bei manchen jungen Leuten gibt es heute ein echtes Heimweh nach dem Einfachen, dem Primitiven, nach Wildnissen und Tieren. Offensichtlich erwächst es aus einem Haß auf die Technik in all ihren Erscheinungsformen.

MARCUSE: Ich würde sagen, es ist ein Haß auf den *Mißbrauch* von Technik. Ich sehe nicht, was an diesem Haß falsch wäre; er hängt nicht der Vorstellung vom edlen Wilden nach. An einer Libido-Beziehung zur Natur ist absolut nichts Falsches; ja, ich halte sie sogar für einen Bestandteil der Befreiung des Menschen. Aber auf der gesellschaftlichen Stufenleiter kann nie ein früheres Stadium wiederkehren, das nur in Mythologie und Poesie existiert hat.

KEEN: Ein Freund von Ihnen hat mir erzählt, wie er Sie mit dem Versprechen, er werde Ihnen wilde Bergschafe zeigen, zu einer Vorlesung nach Montana gelockt hat. Ich nehme an, daß es innerhalb Ihrer Vision auch irgendwo ein Stück Wildnis geben muß?

MARCUSE: Ja, aber keine zu wilde Wildnis. Wir wollen doch keine Tiere, die sich gegenseitig auffressen und die Menschen fressen. Freilich darf man nicht vergessen, daß die Natur keineswegs sanft ist. Sie ist genau so grausam wie die menschliche Wirklichkeit. Deshalb bleibe ich dabei, Befreiung des Menschen heißt auch Befreiung und Versöhnung der Natur.

RASER: »Da wird der Wolf zu Gast sein bei dem Lamme und der Panther bei dem Böcklein lagern. Kalb und Jungleu weiden beeinander . . .«

MARCUSE: Meine Allergie gegen die Heilige Schrift ist nicht so stark, daß ich von vornherein behaupten müßte, jede Kleinigkeit darin sei reaktionär und repressiv.

KEEN: Wie sähe dann die Versöhnung von Mensch und Natur aus?

MARCUSE: Negativ formuliert hieße dies, der ruchlosen Vergewaltigung und Zerstörung der Natur ein Ende zu setzen. Die ökologische Bewegung ist dabei herauszufinden, wie dies zu bewerkstelligen wäre. Man ist sich bereits im klaren darüber, welchen Schaden diese Verschmutzung der Natur dem Menschen zufügt. Aber die ökologische Bewegung darf nicht nur die Verschönerung des Establishment im Sinn haben, sondern muß auf einen radikalen Wandel der Institutionen und Unternehmen hinarbeiten, die unsere Rohstoffe vergeuden und die Erde verschmutzen. Sie müssen abgeschafft und durch andere ersetzt werden, welche die Verschmutzung auf ein absolutes Minimum reduzieren.

RASER: Dann glauben Sie also, daß eine gewisse Umweltverschmutzung unvermeidlich ist?

MARCUSE: Ich weiß es nicht. Die Beantwortung dieser Frage bleibt den ehrlichen Wissenschaftlern und Technologen überlassen. Aber ich möchte erklären, was ich unter Aufhebung der Vergewaltigung von Natur verstehe. Man stimmt allgemein darin überein, daß die erforderliche Transformation der Umwelt und die Humanisierung des Lebens eine Auflösung unserer heutigen Städte nach sich ziehen würden; daß dieser Prozeß nach einer Architektur verlangt, welche die Harmonie zwischen menschlichem Lebensraum und natürlicher Umgebung wiederherstellt, wie dies in den mittelalterlichen Städten Europas der Fall war, wo man immer noch das Gefühl von einer Symbiose zwischen Mensch und Natur hat. Ich sehe nicht, weshalb heute auf einer viel höheren

Stufe solch ein Ziel nicht zu erreichen sein sollte. Mit Sicherheit müßte man andere Hauptverkehrsmittel als das Automobil finden; der Lärm müßte abgeschafft, die Ballungszentren müßten entflochten, das Bevölkerungswachstum müßte verringert werden. Anstatt Bäume auszureißen und Landschaften einzuebnen, könnten die Bulldozer den Linien der Hügel und Täler folgen und die vorhandene Vegetation respektieren. Es geht dabei also nicht um einen Verzicht auf Maschinen, sondern um deren sinnvolleren Einsatz.

RASER: All dies erinnert mich an den Gedanken bei Norman O. Brown, man solle das rationale Denken und die Technologie in den Untergrund verlegen und Poesie und Wahnsinn an der Oberfläche spielen lassen. Es hört sich so an, als sei Ihnen diese Vorstellung sympathisch.

MARCUSE: Das stimmt. Aber spielen sie denn nicht schon an der Oberfläche? Mein Freund Norman Brown ist mir zu mystisch, zu weltfremd, besonders in seinem letzten Buch *Love's Body*. Er möchte Dinge abschaffen, an deren Erhaltung mir sehr viel liegt. Wenn ich seinen Mystizismus richtig verstehe, möchte er zum Beispiel die Unterscheidung zwischen männlich und weiblich abschaffen und zu einem androgynen Wesen kommen. Er sieht in dieser Unterscheidung offensichtlich ein Produkt der Unterdrükkung. Ich nicht. Dies ist der letzte Unterschied, den ich abgeschafft wissen möchte.

KEEN: Aber Browns Sprache ist so metaphorisch, daß man nicht genau weiß, ob er für ein Ende der Genitalsexualität eintritt oder lediglich für ein Ende des von der Genitalsexualität Besessenseins. Was Sie über die neue Sensibilität sagen, scheint mir große Ähnlichkeit mit seiner Überlegung zu haben, daß das erotische Bewußtsein kraft der Poesie die Begrenzungen der Welt aufhebe – zum Beispiel die Grenzen zwischen menschlichem Leib und politischer Körperschaft.

MARCUSE: Aber ich habe hauptsächlich aus politischen Gründen etwas dagegen einzuwenden. Ich möchte meinen Sensibilitätsbegriff als einen revolutionären Begriff verstanden wissen; *Love's Body* hingegen lebt und sucht Zuflucht in einem mystischen Universum.

KEEN: Ich sehe den Unterschied zwischen Ihnen und Brown folgendermaßen: Wenn er von einer Erotisierung des Körpers spricht, plädiert er für Wortspiel und poetische Vision. Deshalb verwendet er das Wort »Körper« metaphorisch. Wenn Sie von neuer Sensibilität sprechen, meinen Sie damit eine neue Beziehung zwischen tatsächlichem Körper und politischer Körperschaft.

Marcuse: Das ist richtig. Der erotisierte Körper würde gegen Ausbeutung, Wettbewerb, falsche Männlichkeit, Weltraumeroberung und Vergewaltigung von Natur rebellieren – gegen alle etablierten Verhältnisse. Und in diesem Zusammenhang kann man sagen, der Keim zur Revolution liege in der Emanzipation der Sinne – jedoch nur dann, wenn die Sinne zu praktischen, produktiven Kräften werden, indem sie die Welt verändern.

Keen: Dann sind also die eigentlichen Begrenzungen für die Entwicklung von Sensibilität zunächst in der Gemeinschaft und dann erst in der Psyche zu suchen?

Marcuse: Nein. Meiner Meinung nach müßte man es genau umgekehrt beschreiben. Es kann nur dann echte Gemeinschaft geben, wenn sie sich aus Menschen zusammensetzt, die diese neue Sensibilität haben.

Raser: Laufen wir da nicht im Kreise?

Marcuse: Wieso?

Raser: Wenn die Struktur unserer Psyche, jene Form unseres Bewußtseins, so festgelegt ist durch die Gesellschaft, in der wir leben, dann kann ich nicht verstehen, wie Sie den Einzelnen transformieren können, ohne die Gesellschaft zu transformieren, und umgekehrt.

Marcuse: Das kann ich auch nicht so recht sehen. Wie wir vorhin bereits gesagt haben, kann man jedoch durch seine Gemeinschaft determiniert sein, und diese Determination kann *negativ* sein.

Keen: Es ist einem also womöglich bestimmt, das zu bekämpfen, was einen bestimmt.

Marcuse: Ja.

Raser: Wenn wir schon von Menschen sprechen, deren Bestimmung es zu sein scheint, sich den Verhältnissen zu widersetzen, die ihnen Gewalt antun, möchten Sie etwas zu Angela Davis sagen?

Marcuse: Nun, ich kann nur wiederholen, was ich früher schon gesagt habe. Angela war meine beste Studentin, jedenfalls eine der drei oder vier besten. Es steht außer Zweifel, daß sie nicht nur ein hochintelligentes, sondern auch ein höchst sensibles menschliches Wesen ist. Und wenn Sie fragen, wie sie in die Entführung und Tötung von Soledad hineingeraten ist, so würde ich zuerst einmal folgendermaßen reagieren: Meines Wissens lautet das höchste Prinzip des angelsächsischen Rechts, jemanden so lange für unschuldig zu halten, bis seine oder ihre Schuld von einem Gericht bewiesen worden ist. Ein solcher Beweis ist nicht erbracht worden. Was wissen wir denn tatsächlich über ihre Rolle in dieser Affäre? Ich nehme an, man weiß, daß zwei oder drei oder vier Gewehre unter ihrem Namen gekauft und registriert worden sind. Genügt dies, um ein Urteil zu fällen? Angeblich sind diese Gewehre bei der Entführung verwendet worden. Wissen wir, ob sie überhaupt etwas davon wußte? Wissen wir, wie und zu welchem Zweck sie die Gewehre weitergegeben hat, falls sie sie weitergegeben hat? Wir wissen nichts darüber. Angela ist erst seit relativ kurzer Zeit innerhalb der Politik der Schwarzen aktiv geworden. In Brandeis und bis 1965 verhielt sie sich praktisch unpolitisch. Dann ging sie zwei Jahre nach Frankfurt am Main, und als sie 1967 nach La Jolla kam, geriet sie sofort in die Bewegung der Schwarzen. Ich finde, daß ein ungewöhnlich intelligenter und sensibler Mensch sich nicht widerspricht, wenn er unmittelbar politisch tätig wird. Angela ist in Alabama aufgewachsen und hat am eigenen Geist und wahrscheinlich auch am eigenen Leib die ganze Unbill der dortigen schwarzen Bevölkerung erfahren. Es war also völlig natürlich für sie, daß sie politisch aktiv wurde.

RASER: Etwas allgemeiner gefragt, was halten Sie von der immer stärker werdenden Hinwendung zur Gewalt bei der militanten Jugend, sei sie schwarz oder weiß?

MARCUSE: Wie Sie wahrscheinlich wissen, unterscheide ich zwischen Gewalt und Gegengewalt. Gewalttätige Aggression ist etwas anderes als gewaltsame Verteidigung, nicht nur hinsichtlich ihrer Mittel und Ziele, sondern auch hinsichtlich der triebhaften Struktur, aus der sie erwächst. Wenn Sie auf der Straße überfallen werden, reagieren Sie instinktiv mit aller Ihnen zu Gebote stehenden Gewalttätigkeit. Dies ist mit Sicherheit etwas ganz anderes, als wenn man in eine Menschenmenge schießt oder eine Demonstration mit Tränengas angreift. Ferner gibt es Akte der Gewalttätigkeit von Pseudoradikalen, die ich für dumm und kriminell halte und die lediglich dem Establishment in die Hände spielen.

RASER: Entführung und Bombenlegen etwa?

MARCUSE: Ich möchte nicht auf spezifische Vorfälle und Gruppen eingehen. Es bleibt Ihrer Vorstellungskraft überlassen, welche ich meine. In der Geschichte ist Terror nur dann wirkungsvoll gewesen, wenn die Terror ausübenden Gruppen bereits an der Macht waren. Denken Sie zum Beispiel an den Terror der Jakobiner in der Französischen Revolution. Da handelte es sich um Terror, der von einer Gruppe ausging, die sich an der Macht befand, nicht von einer Gruppe, die um die Macht kämpfte. Gruppen, die an die Macht zu kommen versuchen, sind nie über irgend einen längeren Zeitraum hin in der Lage gewesen, erfolgreich Terror auszuüben. Nehmen Sie nur die Anarchisten und Nihilisten in Rußland. Sie haben gar nichts gefruchtet.

RASER: Sie haben gerade gesagt, daß die defensive und die aggressive Gewalttätigkeit aus unterschiedlichen triebhaften und psychischen Strukturen erwachsen. Würden Sie das erläutern?

MARCUSE: Lassen Sie mich Freudsche Begriffe zu Hilfe nehmen. In jeder dieser beiden Formen von Gewalttätigkeit herrscht ein anderes Gleichgewicht zwischen Aggressionstrieb und Lebenstrieb. Die Erotik ist bei der offensiven Gewalttätigkeit von der aggressiven Komponente praktisch unterjocht worden. Im Falle der defensiven Gewaltanwendung verhält es sich umgekehrt. Dies klingt zugegebenermaßen sehr spekulativ und abstrakt, aber es scheint einen Sinn zu ergeben. Freud nimmt den Chirurgen als Beispiel für die Sublimierung von aggressiven Trieben zugunsten des Lebenstriebes. Die primär vorhandene Aggressivität des Chirurgen wird dadurch sublimiert, daß sie in den Dienst der Lebenserhaltung gestellt wird.

Insgesamt ist es in unserer Gesellschaft nicht gelungen, diese aggressiven Triebe zu sublimieren. Sie greifen in einem Ausmaß um sich, wie die Welt es noch nicht erlebt hat. Es ist dies vielleicht die gewalttätigste Gesellschaft, die es in der Zivilisation je gegeben hat. Wir müssen deshalb den Begriff Todestrieb zu Hilfe nehmen, um erklären zu können, was da vor sich geht. Anders als bei den Römern, den Medici, den Hunnen oder Gesellschaften, die sich durch ein hohes Maß an interpersonaler Gewalttätigkeit auszeichnen, wird in Amerika Gewalttätigkeit von oben her ermöglicht, manipuliert und gesteuert. Sie scheint in den gesellschaftlichen Institutionen und Beziehungen selbst verwurzelt zu sein.

KEEN: Es gibt offensichtlich eine feine Grenzlinie zwischen Gewalttätigkeit und Wettstreit. Der niederländische Historiker

Johan Huizinga behauptet in seinem Buch *Homo Ludens,* Wettstreit oder *agon* machten das Wesen des Spiels aus. Können Sie sich einen Menschen vorstellen, in dem alles Gewalttätige, jeglicher Wettbewerb ausgerottet worden ist – einen nicht-agonalen Menschen?

MARCUSE: Gewiß nicht. Ich kann mir eine menschliche Gesellschaft ohne das, was Sie die agonale Komponente nennen, nicht vorstellen. Ich glaube nicht, daß man sie eliminieren kann oder soll, weil sie ja auch großen Gewinn bringt. Ich kann mir zum Beispiel durchaus einen kreativen Wettbewerb zur Läuterung und Verbesserung des Lebens auf der Erde vorstellen.

RASER: Glauben Sie nicht, daß dem Wettbewerb eine Logik innewohnt, die zu zerstörerischer Gewalttätigkeit führt?

MARCUSE: Nein. Ich bin wahrscheinlich ein schrecklicher Optimist. Daß heute aus Wettbewerb Gewalttätigkeit wird, weiß ich. Wenn es aber gelingt, die Gesellschaft zu verwandeln, braucht dies nicht mehr so zu sein.

KEEN: Ihr Denken ist immer wieder Angriffen von rechts und von links ausgesetzt gewesen. Wollen Sie Ihren Kritikern nicht den Wind aus den Segeln nehmen, indem Sie Selbstkritik üben?

MARCUSE: Doch; ich muß zugeben, daß ich wohl in unzulässiger Weise von den extremsten und radikalsten Zielen der zukünftigen Revolution gesprochen habe. Dabei habe ich nicht gesehen, daß wir uns bereits mitten in der präventiven Konterrevolution, wie ich es nenne, befinden, in der die etablierte Gesellschaft alle nur denkbaren geistigen und physischen Mittel zur Unterdrükkung der radikalen Opposition einsetzt. Die heroische Zeit der militanten Studentenopposition ist also vorbei. Es war die Zeit der Hippies und Yippies. Sie haben ihre Aufgabe erfüllt. Sie haben uns einen unentbehrlichen Dienst erwiesen. Sie waren Helden. Wahrscheinlich sind sie es noch. Wir aber sind in eine andere Periode eingetreten, in eine höhere Periode, wenn man in historischen Sequenzen denkt. Wir befinden uns jetzt mitten in der organisierten Konterrevolution. Mit dem Faschismus ist nicht zu spaßen. Die Strategie der Bewegung muß jetzt gründlich überprüft werden.

KEEN: Also ist in diesem Stadium die Strategie der Konfrontationspolitik womöglich gar nicht angebracht?

MARCUSE: Das hängt davon ab, was Sie unter Konfrontationspolitik verstehen. Die Formen der Konfrontation ändern sich bereits. Nehmen Sie zum Beispiel die Universität. Das *sit-in,* die Besetzung von Gebäuden, und andere Formen des Protests werden heute vom Gesetz geahndet. Die Behörden erhalten Anweisungen, bringen die Demonstranten vor Gericht und verurteilen sie zu Gefängnis oder hohen Geldstrafen. Damit sind viele Protestler über Jahre hinaus erledigt. Es wird also immer kostspieliger, Konfrontationsformen zu verwenden, wic sie vor einem Jahr noch möglich waren. Innerhalb der Bewegung muß nun jeder nachdenken und überlegen, welche wirksamen Formen der Konfrontation und der Organisation in dieser Periode der Konterrevolution noch offen stehen.

RASER: Haben Sie eine Vorstellung von den möglichen Richtungen?

MARCUSE: Dies sollte der Bewegung überlassen bleiben. Sie wissen, daß ich es immer abgelehnt habe, die Rolle eines Vaters oder Großvaters der Bewegung zu spielen. Ich bin nicht ihr geistiger Berater. Und weil ich genügend Vertrauen zu den aktiven und authentischen Studenten habe, glaube ich, daß sie allein damit fertig werden. Sie brauchen mich nicht.

Mensch und Mythos
Ein Gespräch mit Joseph Campbell

Nachdruck aus der Zeitschrift *PSYCHOLOGY TODAY*
Juli 1971

Campbell Joseph, Erzieher, Autor; geb. 26. März 1904 in New York; 1921 Abschlußexamen Canterbury School; A. B. Columbia 1925, M. A. 1927; Studium in Paris 1927–28, in München 1928–29; Heirat mit Jean Erdmann 1938; Lehrer an der Canterbury School 1932–33; seit 1934 Mitglied der Fakultät für Literatur des Sarah Lawrence College; 1954–63 Präsident der *Creative Film Foundation;* Stiftungsrat der *Bollingen Foundation;* 1960–69 Mitglied der *Society for Arts, Religion and Contemporary Culture* (Direktor);
Autor von: *The Hero With A Thousand Faces,* 1949 (*Der Heros in tausend Gestalten,* Suhrkamp 1978); Masks of God (Masken Gottes), Bd. I: *Primitive Mythology* (Primitive Mythologie), 1959; Bd. II: *Oriental Mythology* (Orientalische Mythologie), 1962; Bd. III: *Occidental Mythology* (Mythologie des Abendlandes), 1964; Bd. IV: *Creative Mythology* (Schöpferische Mythologie), 1967; *The Flight of the Wild Gander* (Der Flug des Wildgänserichs), 1969; Herausgeber von *The Viking Portable Arabian Nights,* 1952, Aufsätze in den *Eranos* Jahrbüchern (Bde. 1–6) 1954, 55, 57, 61, 64, 68. Weitere Aufsätze und Artikel. Adresse: Sarah Lawrence College, Bronxville, N. Y. 10708, U.S.A.

Dieser Mann und sein Werk sind eine Studie in Kontrapunktik. Kerzengerade sitzt er auf einer Bank ohne Rückenlehne. Die Wände des Büros stehen voller Bücher. Ausgeblichene Navajo-Teppiche bedecken den Fußboden, Ikonen und Bilder von Göttern und Helden lugen hinter Stapeln von Papier hervor. An diesem Ort der Stille, kaum einen Block weit entfernt von der Kakophonie des Washington Square im unteren Teil von Manhattan, hat der einzelgängerische Gelehrte fünfunddreißig Jahre lang gearbeitet und jene Bücher geschrieben, die ihn als *den* modernen Experten für Mythologie ausweisen. In dieser Oase der Ordnung hat er von dem Helden geschrieben, der sich auf der Suche nach Sinn ins unbekannte Chaos wagen muß. Höhepunkt seiner Mythenforschung war die vierbändige Buchreihe *The Masks of God* (Die Masken Gottes), ein Werk, das wohl am ehesten als moderne Version von Sir James George Frazers *Golden Bough* (*Der goldene Zweig*) gelten kann.

Campbells Faszination vom Mythos setzte an jenem Tage ein, als Buffalo Bill seine Wild-West-Show in den Madison Square Garden brachte. Für den staunenden kleinen New Yorker Jungen war diese Kollektion von grimmigen Steppenindianern, authentischen Überlebenden der Schlacht von Wounded Knee, erregendes Abenteuer und Mysterium in einem. Diese Schau hatte in der Tat etwas Mythisches – schließlich hatte es sich bei Wounded Knee mehr um ein Massaker als um eine Schlacht gehandelt – und durch sie wurde Campbell ins naturgeschichtliche Museum und in die öffentliche Bibliothek gelockt. Im Alter von elf Jahren hatte er sich bereits über Lewis Henry Morgans *League of the Iroquois* (Die Liga der Irokesen) zu den Berichten des Bureau of American Ethnology vorgearbeitet. Bald schon entdeckte er Parallelen zwischen den indianischen Mythen und den Geschichten von Schöpfung, Sintfluten, Jungfrauengeburt, Auferstehungen, den *Wahrheiten* der katholischen Kirche, der er angehörte. Vielleicht kam er damals zu seiner am wenigsten ernst zu nehmenden Definition des Mythos: Mythos ist die Religion der anderen. Zumindest begann er zu vermuten, daß es gemeinsame Themen in den Geschichten der verschiedenen Völker gebe.

Campbell studierte an der Columbia Universität Kulturgeschichte, wurde einer der besten 800-Meter-Läufer im Land und spielte Saxophon in einer Jazzkapelle. Nach seinem Staatsexamen befaßte er sich ein Jahr lang mit dem Artus-Roman. Dann erhielt er ein Reisestipendium, ging ein Jahr nach Paris an die Universität und ein Jahr an die Universität München und studierte dort Sanskrit, östliche Philosophie und Religionen. In Paris begann er, Freud, Jung, James Joyce und Thomas Mann zu lesen. Wieder verblüfften ihn die Parallelen, und er begann zu vermuten, daß den unbewußten Träumen und der bewußten Kunst des modernen Menschen dieselbe Thematik zugrunde liege, die ihm einst in den indianischen Mythen begegnet war. Zu Beginn der wirtschaftlichen Depression kehrte er nach Amerika zurück. In den darauf folgenden fünf Jahren studierte er weiter, immer auf der Suche nach den universalen Inhalten der mythischen Phantasie.

Die Synthese, nach der Campbell gesucht hatte, ergab sich durch die Untersuchung der Gestalt des Helden. Daraus wurde sein bekanntestes Buch *The Hero With a Thousand Faces* (*Der Heros in tausend Gestalten*). Dieses Buch befreite die Mythologie vom Staub der Bibliotheken und stellt sie ins Zentrum der modernen Frage nach Identität. Campbell entdeckte hinter den tausend Gesichtern alter und moderner Helden eine einzige Frage, ein einziges menschliches Grundmuster. Die Moderne hat das Repertoire menschlicher Möglichkeiten nicht wesentlich verändert. Campbell sagt dazu: »Die jüngste Inkarnation von Ödipus, die Inkarnation der unaufhörlichen Romanze von der Schönen und dem Tier, sie stehen heute Nachmittag an der Ecke von 42. Straße und Fifth Avenue und warten darauf, daß die Verkehrsampeln grün werden.« Man kann also über die Mythen nicht mehr hinweggehen wie über veraltete Geschichten einer vorwissenschaftlichen Mentalität. Wir erleben das Gleiche wie Jesus oder Prometheus. Wir müssen, wie Jung sagt, »den Mythos weiter träumen« und die ewigen menschlichen Themen auf je eigene Weise wiederholen.

Die Spannung zwischen dem Individuum in seiner Einzigartigkeit und den ihm zur Verfügung stehenden psychischen Möglichkeiten ist eines der Hauptthemen des Campbellschen Denkens. Dreißig Jahre lang hatte er sich so intensiv mit östlicher Kunst, Philosophie und Religion beschäftigt, daß er sich »beinahe als Hindu« betrachtete. Dann reiste er 1954 nach Indien. Und die

Götter spielten Bäumchen-wechsel-dich. Das Kastensystem und die mangelnde Ehrfurcht vor dem Individuum entsetzten ihn dermaßen, daß er als eingefleischter Abendländer wiederkam und die Einzigartigkeit der Person pries.

Es wundert kaum, daß Campbell durch seine Mythologiestudien zu eher konservativen als radikalen Schlüssen kam. Bei den Primärtexten, welche die menschliche Psyche geformt haben, gibt es nur wenig Neues unter der Sonne. So überrascht es auch nicht, daß Campbell, der beobachten kann, wie radikale Rhetorik mit jedem neuen Frühling den Washington Square anwärmt, sagt, die Radikalen behaupteten stets, daß die Zeiten sich demnächst ändern würden, daß ihre Gedanken endlich Austrittsgeschwindigkeit erreicht hätten. Und dann blieben sie doch in der alten Umlaufbahn stecken und kehrten jedes Jahr an denselben Punkt im Weltraum zurück. Dieser harte Ausspruch ist für den liberalen Geist, der immer an das Erlösungsversprechen des unmittelbar hinter der Moderne liegenden Morgen glaubt, wie ein Bannfluch. Aber vielleicht handelt es sich hier nicht um einen verzweifelten Rat, sondern um die Aufforderung, in die bleibende menschliche Daseinsbedingung einzuwilligen. Nur wer bescheiden genug ist, sich mit der unabänderlichen zeitlichen und kräftemäßigen Beschränkung des Menschen abzufinden, wird den Mut des Helden finden.

SAM KEEN: Einst in der Urzeit, in der milchzarten Jugend der Rasse, hatte der Mensch durch das ihm angeborene Recht auf personale Identität vollen Anteil an den gemeinsamen Legenden, Riten und Mythen. Psychologie war nur ein Seitenzweig der Erzählkunst und der Mythenhervorbringung. Für den modernen, säkularen Geist von heute sind Mythen überholte Illusionen vorwissenschaftlicher Völker. Was ist Mythos? Und sind wir wirklich über das mythische Denken hinausgelangt und ins volle Licht der Vernunft getreten?

JOSEPH CAMPBELL: Versuchen wir zunächst einmal, den konfusen Mythosbegriff zu entwirren. Einst hatte das mythologische System jeder Stammeskultur vier Funktionen:

Erstens hatte es die mystische oder metaphysische Funktion, das reguläre Wachbewußtsein mit dem unermeßlichen Mysterium und Wunder des Universums zu verbinden. Jedes beliebige Teilstück kann Symbol für das Ganze sein. Für Dante, zum Beispiel, führt Beatrices Schönheit zur Erkenntnis der göttlichen Liebe als der bewegenden Kraft des Universums.

Zweitens hatte es die kosmologische Funktion, ein verständliches Bild oder Abbild der Natur zu liefern. In primitiven Kulturen wird die Beziehung zwischen Mann und Frau häufig als Spiegel der Natur angesehen: Durch eine Vereinigung von Vater-Himmel und Mutter-Erde entsteht das Universum.

Drittens hatte es die soziologische Funktion, eine spezifische gesellschaftliche und moralische Ordnung zu bestätigen und zu bestärken. Man denke nur an die Zehn Gebote und an das Gesetz des Deuteronomium, von denen man glaubte, sie seien Mose direkt von Gott offenbart worden.

Und schließlich hatte es die psychologische Funktion, dem Einzelnen den Weg durch die verschiedenen Lebensstadien zu weisen: von der Abhängigkeit der Kindheit in die Verantwortung des Erwachsenseins, dann in die Weisheit des Alters und in die letzte Krise, den Tod. Jede Kultur kennt Übergangsriten und Mythen, die sich auf sie beziehen und dem Vollzug dieser Riten dienen.

KEEN: Aber in der modernen Kultur erfüllen die Mythen diese Aufgabe doch nicht mehr. Das normale Wachbewußtsein und der Sinn für das Geheimnis des Universums existieren heute in schizophrener Isolation nebeneinander, weil wir kein Vertrauen mehr in metaphysische oder religiöse Symbole haben. Wir leiten unsere Kosmologie aus der Wissenschaft und unsere Moral aus der Gewohnheit ab.

Was die Lebensstadien angeht, so scheinen die Amerikaner von heute nur noch zwischen einer ausgedehnten Jugendzeit und einer unerheblichen Zeit der Gebrechlichkeit und des Alters zu unterscheiden. Welcher Ort bleibt da noch der Mythologie?

CAMPBELL: Ich glaube nicht, daß es jemals eine allgemeine, verständliche Mythologie geben kann. Denn die Voraussetzung für eine gemeinsame Mythologie wäre ein gemeinsamer Erfahrungskern. In kleineren, überschaubaren Gesellschaften war jeder in dieselbe soziale und in dieselbe sichtbare Realität eingesenkt. Wenn also jeder mit Rindern oder Schafen lebte, dann tauchten bei allen pastorale Bilder auf. Unsere heutige Welt ist jedoch so heterogen, daß nur wenige Menschen die gleichen Erfahrungen machen. Der Pluralismus macht einen einenden Mythos unmöglich. Aber wenn wir solch eine Mythologie nicht wieder einsetzen können, so können wir wenigstens zu jener Quelle zurückgehen, der Mythologie entspringt: zur schöpferischen Imagination.

KEEN: Mit anderen Worten, heute bedarf es einer Reise ins Unbewußte, um zu jener Sinngebung und Tröstung zu finden, die uns einst der Mythos beschert hat?

CAMPBELL: Ja. Schließlich sind die Mythen ursprünglich ja aus dem Traumbewußtsein des Einzelnen hervorgegangen. In jedem Menschen gibt es das kollektive Unbewußte, wie Jung es nennt. Wir sind nicht nur Individuen, deren unbewußte Intentionen in Beziehung zu einer spezifischen sozialen Umgebung stehen. Wir sind auch Vertreter der species *homo sapiens.* Und wir haben diese Universalität in uns, ob wir es wissen oder nicht. Indem wir mit unseren Träumen, Phantasien und traditionellen Mythen in Berührung kommen, indem wir in unserer Vorstellungswelt aktiv werden, dringen wir in diesen universalen Bereich vor.

KEEN: Dann muß in einer pluralistischen Kultur sich jeder Einzelne ein eigenes mythologisches System schaffen. Ich muß den Garten Eden, aus dem ich verstoßen wurde, und das Neue Jerusalem, zu dem meine Reise geht, in mir selber entdecken. Und ich muß es auf mich nehmen, mein eigener Erlöser, mein eigener Christus zu sein.

CAMPBELL: Darin liegt die eigentliche Bedeutung der Reise des Helden. Ich halte sie für den Schlüsselmythos, in dem das geistige Abenteuer des antiken Helden sich der modernen Suche nach Sinn verbindet. Stets muß der Held sich aus der Welt nüchternen Bewußtseins in einen Bezirk übernatürlichen Wunders vorwagen. Dort begegnet er ungeheuerlichen Mächten – Dämonen und Engeln, Drachen und hilfreichen Geistern. Nach einer grimmigen Schlacht erringt er den entscheidenden Sieg über die Mächte der Finsternis. Danach kehrt er von seinem geheimnisvollen Abenteuer zurück, ausgerüstet mit der Gabe des Wissens oder des Feuers, die er an seine Mitmenschen weiterreicht.

Immer, wenn das soziale Gefüge des Unbewußten aufgelöst wird, muß der Einzelne eine heroische Reise unternehmen, um neue Formen ausfindig zu machen. Die biblische Tradition, die den formbestimmenden Mythos für die westliche Kultur zur Verfügung gestellt hat, ist heute weitgehend wirkungslos geworden. Ihr Anspruch auf Offenbarung wird zurückgewiesen. Also muß man sich erneut auf die Suche begeben. Die gleiche Aufgabe stellte sich den amerikanischen Indianern, als der Büffel ausstarb.

Sie wandten sich dem Peyotl-Kult zu und entdeckten neue Götter.

KEEN: Sind LSD und Haschisch Teil der spirituellen Techniken, die der moderne Held verwenden darf, um rasch in die mythischen Tiefen vorzustoßen?

CAMPBELL: Ich glaube, daß die Drogen in einer Gesellschaft, die einseitig rational und berechnend ist, die unbewußten Tiefen aufgedeckt haben. Sie haben vielen Menschen gezeigt, daß die Archetypen im Unbewußten sind, daß sie so wirklich wie Tische und Stühle sind. Aber die Drogenkultur ist in trüben Bereichen steckengeblieben – bei Astrologie, Kabbala, Tarock, Hexerei, Wahrsagerei und dergleichen. Allerdings ist man dadurch auch zu einer etwas seriöseren Begegnung mit den religiösen Mythen und Praktiken des Ostens gelangt – Zen, Meditation, Yoga etc. Aber in alledem lag zuviel Gewaltsames, zuviel Wahnsinniges. Die Jugend scheint verstört von der Welt der Psyche. Sie hat sich ihrer zu schnell bemächtigt. Ihre Situation gleicht der des Menschen in der griechischen Mythologie, der einen Gott bittet: »Zeige dich mir in deiner vollen Macht!« Der Gott tut dies, und der Mensch zerspringt in Stücke.

KEEN: Welche Alternative gibt es?

CAMPBELL: Ich gebe dem allmählichen Weg den Vorzug – dem Weg des Studierens. Ich habe das Gefühl, daß die mythischen Formen sich einem im Laufe des Lebens zu erkennen geben, wenn man weiß, was sie sind und wie man ihrer gewahr wird. Mir haben sich die mythischen Tiefen des Unbewußten durch den Geist erschlossen, durch die Bücher, die mich hier in dieser Bibliothek umgeben. Auf meiner Suche habe ich alle Stadien der Reise des Helden durchlaufen. Auch mich riefen Abenteuer, Wegkundige, Dämonen und Erleuchtungen. Im Konflikt zwischen den keltisch-arthurischen und den römisch-katholischen Mythen gewann ich manchen Aufschluß hinsichtlich der Spannungen, von denen meine Vergangenheit geprägt war. Ich beschäftigte mich auch mit den primitiven Mythen und mit dem Hinduismus, später mit Joyce, Thomas Mann, Jung, Spengler und Frobenius. Vor allen anderen sind sie meine Lehrer gewesen.

KEEN: Warum lassen Sie Freud aus, den eigentlichen Führer zum Unbewußten?

CAMPBELL: Freud ist eine Zeitlang wichtig für mich gewesen. Aber ich glaube nicht, daß er ein guter Führer auf dem Weg zum

Mythos ist. Er zeigt, wie Mythologie pathologisch wird. Ein hysterischer oder neurotischer Mensch zum Beispiel versteht mythologische Symbole nur im Rahmen seines eigenen Zustandes. Freud beging den fundamentalen Fehler, die Situation der infantilen Krise und des familiären Verhaftetseins zur Interpretation der Kultur als ganzer heranzuziehen. Die Grundmythen, die das Rückgrat historischer Kulturen gewesen sind, stellen keinen Rückfall der menschlichen Rasse in Verhaltensmuster der Kindheit dar; sie tragen dazu bei, daß der menschliche Geist sich unermeßlichen Bereichen des Möglichen, der Erfüllung, erschließt.

KEEN: Mit anderen Worten, die Dynamik des Ödipus-Komplexes bezieht sich nur auf die repressive, autoritäre Familie und gilt nicht für das politische Problem von Autorität und Repression?

CAMPBELL: Ganz recht. Freud beging den gleichen Fehler wie die Bibel in der jüdisch-christlichen Tradition, nämlich, den Mythos auf die Geschichte zu übertragen. Die Bibel sprach von der Kindheit der hebräischen Rasse; ihre ganze Mythologie gründete sich auf die pseudo-historischen Ereignisse Israels. Und auf demselben Wege entdeckte Freud in den Pseudoereignissen der Kindheit – im ödipalen Drama – und später in der Theorie von der Urhorde die Bedingungen, die zur Persönlichkeitsbildung führen. Er projizierte dieses Muster auf die Gesellschaft als ganze.

KEEN: Ich frage mich, ob das Denken Freuds nicht stärker durch den tragischen Mythos als durch die Familienromanze zwischen Vater, Mutter und Klein-Ödipus bestimmt wurde. Er sah einen unvermeidlichen, tragischen Konflikt zwischen den dionysischen Kräften des Es und den apollinischen Strukturen des Ich. Annehmlichkeit und Realität, Natur und Gesellschaft, Eros und Thanatos befinden sich in einem unaufhörlichen Kampf miteinander. Er sah zum Beispiel nicht die Möglichkeit, von der Sie in *Der Heros in tausend Gestalten* berichten: daß der Held in die Unterwelt des Es hinabsteigen darf und dann so wiedergeboren wird, daß der Konflikt zwischen Begierde und Pflicht erlischt.

CAMPBELL: Um Freud zu verstehen, muß man berücksichtigen, daß sein Denken, auch wenn es ein höchst säkularisiertes Denken war, sich aus seinem Judentum ergab. Seine Psychologie war durch und durch jüdisch geprägt.

Hier stehen wir vor einem der großen Probleme der Weltmythologie. Wie kommt es, daß die Semiten – und dies gilt für die alten

Arkadier, die Babylonier und die Amoriter wie für die Juden – ihre Stammesgottheit an die Spitze ihrer Mythologie stellten? Kein anderes Volk hat dies getan. Andere Kulturen sehen die Naturgottheiten als die beherrschenden Mächte an und schätzen ihre Stammesgottheiten geringer ein. Bemerkenswert am jüdischen Mythos ist, daß er kein Zutrauen zur Natur besaß. Im Alten Testament befindet Jahwe sich in ständigem Konflikt zu den Fruchtbarkeitskulten und den Naturgöttinnen. In Kulturen, die von Naturgottheiten beherrscht wurden, konnte man von einem Ort zum anderen gehen und sagen: »Die Gottheit, die ihr Neptun nennt, heißt bei uns Poseidon. Wir haben also dieselben Götter.« Wenn aber der Stamm den Stammesgott und dessen Gesetze als Inkarnation des Heiligen erfuhr, beanspruchte er damit, gesellschaftlich und theologisch, Exklusivität.

KEEN: Die Zufälle der Geschichte, Sondererfahrung und Sondermoral eines Stammes bestimmten dann die Form der Religion und der Psyche.

CAMPBELL: Richtig. Nehmen Sie die jüdischen Feste. Es handelte sich um die gleichen Feste, wie auch alle anderen sie feierten, aber man führte sie auf angebliche Begebenheiten in der jüdischen Geschichte zurück. Passah war die Auferstehung des Adonis. Chanuka war die Geburt der Sonne. Als die Juden diese Mythen historisierten, verloren sie den Kontakt zur Natur.

Das psychische Gegenstück zur Welt der Natur ist das kollektive Unbewußte. Ich will es übersetzen: Wir haben dieselben Götter – wir werden von denselben Archetypen geprägt. Die Naturkräfte, die uns beleben, sind uns gemeinsam und göttlich.

Freuds Mißtrauen gegenüber den triebhaften Kräften des Es und seine Annahme, diese Kräfte müßten vom Ich gestaltet und gesteuert werden, sind Spiegel der Animosität zwischen Jahwe und den Göttinnen der Natur. Alle, die in der Tradition Freuds stehen – und dies trifft auch für Existenzialisten wie Sartre zu – fürchten sich vor der Natur. Natur ist für sie etwas Absurdes. Sie ruft Ekel hervor.

Aber die Natur ist gar nicht so chaotisch. Die Energie trifft uns bereits in verwandelter Form, spezifiziert und organisiert. Man kann die Natur nicht einfach nur deswegen absurd nennen, weil sie nicht in die cartesianischen Koordinaten hineinpaßt und sich nicht auf ein klares und deutliches Gedankensystem reduzieren läßt. Ihre Ordnung ist wunderbar, auch wenn sie mit den engen

Kategorien unserer Vernunft oft nicht zu begreifen ist.

KEEN: Wenn die traditionelle religiöse Mythologie nicht mehr glaubhaft, und auch Freud nur wenig besser ist, was weist uns dann den Weg hinab ins Unbewußte? Stimmt es, wie R. D. Laing behauptet, daß wir sogar den kleinen Trost, den frühere Generationen besaßen, verloren haben – den Trost, die Dämonen und Geister, welche den leeren Raum bewohnen, beim Namen nennen zu können? Sollen wir den Ausflug in die Tiefen sein lassen oder sollen wir uns ohne den rettenden Faden der Ariadne im Labyrinth aussetzen lassen?

CAMPBELL: Vielleicht. Vielleicht ist der Künstler der beste Prototyp des modernen Helden. James Joyce oder Thomas Mann zum Beispiel haben eine neue Mythologie geschaffen. Auch Jung vermittelt eine gewisse Vorstellung von Grundcharakteren, wie sie in den Träumen und Mythen der ganzen Menschheit auftreten. Diese Archetypen prägen immer noch das Unbewußte und stellen eine Art Standardrepertoire der mythischen Phantasien dar. Jeder Einzelne erfährt den Archetypus – der Anima oder des Schattens oder des weisen alten Mannes – jedoch in einzigartiger Weise. Lediglich die Form des Archetypus liegt fest. Der Inhalt wird der individuellen Erfahrung entnommen. Der moderne Held, der sich in die Unterwelt des Unbewußten hineinwagen muß, hat also einige Landkarten, die ihm bei der Orientierung während der Reise helfen.

KEEN: Wenn der Künstler zum neuen Wegkundigen wird, dann ist die Aufgabe, Mythos hervorzubringen, doch nicht mehr Sache der Gemeinschaft.

CAMPBELL: Genau darin liegt das Problem des modernen Menschen. In traditionellen Gesellschaften vergegenwärtigten sich Symbole und Mythen, als Vehikel gesellschaftlicher Werte, in gesellschaftlichen Riten. Der Einzelne konnte gar nicht umhin, sie zu erfahren. Die Gruppe war sinnstiftend, der sich selbst zum Ausdruck bringende Einzelne überhaupt nicht. Heute ist die Situation umgekehrt. Die schöpferische Mythologie des modernen Künstlers taucht auf, wenn der Einzelne eine eigene Erfahrung macht – die Erfahrung von Ordnung, Schrecken oder Schönheit – die er weiterzugeben versucht, indem er eine private Mythologie schafft. Der schöpferische Einzelne ist es, der uns eine völlig neue Art von nicht-theologischer Offenbarung bescheren muß, der neuer geistiger Führer sein muß.

KEEN: Dann wird der Künstler zum neuen Messias. Seine einsame, selbstbezogene Odyssee ist die einzige Orientierung für den modernen Menschen auf dem Weg zur Befreiung. Es gibt eine elitäre Annahme hinsichtlich der erlösenden Funktion der Kunst, die auch in Ihrer Auffassung impliziert wird. Wie sollen Nichtliteraten zur Identität finden? Soll die Suche des sich selbst entfremdeten Intellektuellen nach Sinn beispielhaft für alle modernen Menschen werden?

CAMPBELL: Ich glaube, wir müssen zwischen drei verschiedenen Typen von Menschen und drei verschiedenen Wegen zur Kreativität unterscheiden. Die traditionellen Mythen – christliche und andere – gewähren vielen Menschen in unserer Gesellschaft immer noch Halt. Und innerhalb der bekannten und anerkannten Werte gibt es durchaus eine schöpferische Weise zu leben. Eine Familie zu ernähren ist zum Beispiel eine gute und ehrliche Lebensaufgabe, die sinnvoll ist und Befriedigung gewährt. Es ist dies keine geringere Form der Kreativität als beim Künstler. Dann gibt es den Weg des Wissenschaftlers, dessen Suche sich auf die äußere Natur richtet. Und dann gibt es den Einzelnen, der sich auf die innere Suche begeben muß, weil ihn weder die anerkannten Mythen noch der äußere Weg befriedigen. Der Suchende ist derjenige, der gescheitert ist. Er ist zerbrochen. Er ist auf innere Schwierigkeiten gestoßen. Nun muß er sein Leben auf einer höheren Ebene, als es die des nicht zerbrochenen Menschen ist, neu ordnen. Das Werk des Künstlers beantwortet also in mancher Hinsicht eine Notwendigkeit. Es geschieht etwas mit ihm, und er muß antworten oder zerbersten. In allen Abenteuermythen zieht der Held los und hält unschuldig Ausschau nach etwas Verlorenem. Oder er verfolgt ein Tier in den Wald hinein und, ehe er sich's versieht, befindet er sich an einem Ort, den vor ihm noch nie jemand betreten hat, einem Ort voller Ungeheuer und Dämonen, die ihn zu vernichten drohen. Schöpferische künstlerische Arbeit ist Antwort auf das Bedürfnis, dieser Gefahr und diesem Chaos zu entrinnen und irgendeine neue Sicherheit zu finden.

KEEN: Ich habe bemerkt, daß Sie sagen, diese Suche führe zu einer Integration auf einer höheren Ebene als der, die ein Mensch erreicht, der innerhalb der kulturell anerkannten Muster bleibt. Demzufolge bilden Künstler und Abenteurer eine Elite.

CAMPBELL: Selbstverständlich. Warum sollte man dies leugnen? Unsere Kultur braucht wie alle Kulturen Eliten. Ohne Elite gäbe es keine Literatur, keine Wissenschaft, ja noch nicht einmal schöpferische Unterhaltung. Eine Kultur ohne Träume ist am Ende. Sie hat nichts mehr, das sie motiviert. Elite muß sich nicht unbedingt auf die intellektuellen Schichten beschränken. Jeder, der in irgendeinem Bereich kompetent ist, gehört zu einer Elite. Im allgemeinen sind die Menschen stolz, wenn sie etwas gut können, sei es Bücher schreiben, Häuser bauen oder Mädchen verführen. Jede gut vollbrachte Tat führt zu einer Art von Elitebewußtsein. Es gibt sogar Menschen, die zu elitären Gammlern werden und sich damit brüsten, daß sie ein bißchen weiter in den Abgrund geraten als irgend jemand sonst.

KEEN: Sie halten das Individuum hoch und feiern es. Viele Menschen scheint der Individualismus enttäuscht zu haben. Die neue Suche nach Gemeinschaft – die Entstehung von Kommunen, Kollektiven und Gruppen – läßt vermuten, daß für viele Menschen im Westen die Romanze mit dem Individuum beendet ist. Kann es kein Abenteuer in Gemeinschaft geben, keinen gemeinsamen Weg in Richtung auf das Neue, auf Integration hin?

CAMPBELL: Lassen Sie mich mit einer Begebenheit aus dem Artus-Mythos antworten, die für mich von zentraler Bedeutung gewesen ist: König Artus gestattete den Rittern der Tafelrunde nur dann, sich zum Mahle zu setzen, wenn etwas Abenteuerliches geschehen war – und natürlich fand in diesen wunderbaren Zeiten immer etwas Abenteuerliches statt. Bei dieser besonderen Begebenheit nun erschien in der Halle der mit einem seidenen Tuch verhüllte Gral mitten in der Luft und verschwand dann. Gawein, Artus' Neffe, erhob sich und schlug vor, daß alle sich auf die Suche nach dem unverhüllten Gral begeben sollten. Nach der Messe wollte man sich auf den Weg machen. Und hier die Zeile, die mich inspirierte: »Sie hielten es für eine Schande, in einer Gruppe loszuziehen.« Dann betrat jeder von ihnen den Wald an der Stelle, die er sich ausgesucht hatte, nämlich dort, wo er am dunkelsten war. Und da war weder Weg noch Steg, denn (dies ist meine Interpretation) wo ein Weg ist, ist es der Weg eines anderen. Für mich ist dies eine Kurzfassung der großartigen Eigenschaft des westlichen Menschen. Jeder Einzelne ist ein einzigartiges Phänomen, und Aufgabe des Lebens ist es, diese Einzigartigkeit zur vollen Blüte zu bringen. Dies erklärt die seltsame abendländische Eigenschaft des sich verzehrenden Verlangens. Wonach sehnt sich der westliche Mensch? Wir sehnen uns nach etwas, was es zu Wasser oder zu Lande nie gegeben hat – nämlich nach der Erfüllung jenes intelligiblen Charakters, den nur der einzigartige Einzelne hervorzubringen vermag. Schopenhauer nannte dies den »erworbenen Charakter«. Man bringt hervor, was als Möglichkeit in einem selbst und in keinem sonst enthalten ist.

KEEN: Wollen Sie damit andeuten, daß Personalität eine Erfindung der westlichen Kultur ist?

CAMPBELL: Im Osten ist der Weg des Heiles der vom Guru vorgezeichnete Weg. Man geht in vollkommenem Glauben, fraglos, zu einem Guru. »Er stellte seinem Guru keine Fragen« etc. So senkt das reine Licht der alten Weisheit sich, zumindest theoretisch, unverändert durch etwaige schöpferische Impulse des Einzelnen herab. Personalität muß vernichtet werden, damit Wahrheit zum Vorschein kommen kann. Ziel östlicher Mystik ist es, das Ich auszulöschen. Ich bin übrigens der Meinung, daß Ich und Es im östlichen Denken miteinander verwechselt werden. Man meint, das Ich sage »ich will, ich habe«, dabei ist das Es die Quelle der Begierde. Wenn man Begierde und Verlangen losgeworden ist, bleibt nichts: Nirwana. Und dies ist das Ziel des Ostens – nicht sehnsüchtiges Verlangen und Personalität.

KEEN: Sie scheinen einen Gegensatz zu sehen zwischen Individuum und Gemeinschaft, Einsicht und Tradition, Abenteuer und Initiation.

CAMPBELL: Nicht unbedingt. Aber ich glaube, der Mut zu leben sollte sich bei einem Menschen nicht auf den Mut beschränken, Mitglied einer bestimmten Gruppe zu sein. Diese Philosophie, die da in den Kommunen wieder auftaucht, sieht in der therapeutischen Kommunität ein Ideal. Es gibt Zeiten, in denen Menschen therapeutische Gemeinschaften brauchen, aber man sollte sie nicht mit der Fülle des Lebens verwechseln – eine Heilanstalt ist kein Zuhause.

KEEN: Sehen Sie Gruppen als Ausführende spezifischer Handlungen? Könnte es nicht sein, daß zwanzig oder fünfzig Menschen zu derselben Schlußfolgerung gelangen, dieselbe Stelle im Wald erreichen und sich zu einer gemeinsamen Suche nach dem Gral zusammenschließen?

CAMPBELL: Doch. Aber die Gruppe führt Handlungen aus, die von Einzelnen beschlossen wurden. Für die Gruppe ist der Einzelne das, was die Gralssuche für die organisierte Kirche ist. In den Artuslegenden erscheint der Gral nur demjenigen, der dafür bereit ist, der dieser Vision geistig gewachsen ist. Die Kirche hat Oberhäupter, die dem Kirchenvolk befehlen, was es zu denken und wie es zu beten hat. Die Priester hören Beichten, zelebrieren die Messe und versichern den Gläubigen, das Heil sei ihnen gewiß. Der Abenteurer ist immer auf der Suche nach dem Gral, als Einsamer. Dabei kann man, per definitionem, die Menge nicht gebrauchen. Nach bestandenem Abenteuer kann der Held, wenn ihm danach zumute ist, die Menge unterrichten.

In den Christus- und Buddhamythen taucht ein sehr interessanter Punkt auf. In den Buddhalegenden ist Ananda Buddhas Lieblingsjünger, ein Mensch von bezauberndem Wesen. In der Christuslegende spielt der Heilige Petrus diese Rolle. Ananda hat die Dinge nie so recht verstanden. Petrus auch nicht. So soll Christus gesagt haben: »Petrus, du verstehst geistige Dinge nicht. Ich will dich zum Haupt meiner Kirche machen.« Der Buddha sagt zu Ananda: »Warum kannst du die Dinge bloß nicht richtig verstehen? Ich will dich zum Haupt meiner Kirche machen.« Die Anführer der Menge sind unentbehrliche Leute. Aber sie verstehen eben die Dinge nicht ganz.

KEEN: Könnten Sie die Suche etwas weniger metaphorisch beschreiben? Wenn die Gruppe keine Normen aufstellen kann, wie soll dann der Einzelne wissen, ob er sich auf dem richtigen Weg befindet?

CAMPBELL: Den eigenen Weg finden heißt, dem eigenen Stern folgen. Das heißt Analyse, Selbstbeobachtung und Sehen, wo das eigentliche Glück liegt – nicht jene kleine Erregung, sondern das wirkliche, tiefe, das Leben erfüllende Glück. Ich habe das Glück im Lesen gefunden. Ich lese kein Buch zu Ende, das mich langweilt, ganz gleich, wie bedeutend es sein mag. Dies war meine Art von Disziplin. Folglich habe ich vieles nicht gelesen, was ich hätte lesen müssen, und habe vieles gelesen, was ich nicht hätte lesen sollen. Es mag vielleicht nicht so ganz respektabel sein, aber ich gestehe, daß ich alles gelesen habe, was Frobenius geschrieben hat.

KEEN: Ich möchte gern noch ein wenig ausführlicher auf die gesellschaftliche Veränderung eingehen. Der Mythos vom Helden bezieht sich auf jenen Prozeß, in dem der Einzelne dadurch wächst, daß er in die Tiefen hinabsteigt, in Stücke zerrissen wird und dann zu einem reicheren Leben wieder emporsteigt. Zwischen diesem Mythos und dem apokalyptischen Mythos Marcuses und der Neuen Linken scheint es eine direkte Parallele zu geben, denn es heißt dort, die ganze Gesellschaft müsse Aufruhr, Tod und Wiedergeburt erleiden. Brauchen wir erst gesellschaftliche Revolution, ehe das Individuum gesunden kann?

CAMPBELL: Ich glaube nicht an eine Auflösung der Gesellschaft. Seit mehr als dreißig Jahren sitze ich hier an der Ecke Waverly Place und Sixth Avenue, einen Steinwurf weit vom Washington Square entfernt, und habe jeden Straßenredner gehört, den die gesellschaftlichen Wechselfälle hervorgebracht haben. Und immer ist es dieselbe Geschichte. Ich habe in meinem Leben die Erfahrung gemacht, daß die Veränderung zwar angeblich immer unmittelbar bevorstand, tatsächlich aber nie etwas geschah. Das wird auch immer so sein. Ich stimme nicht mit Marx, übrigens auch nicht mit R. D. Laing, überein, wenn sie behaupten, die Psyche könne erst dann zur Harmonie gelangen, wenn die Gesellschaft harmonisch geworden sei. Das ganze Leben hat stets aus Kampf und Zerstörung und Wiedergeburt bestanden. So etwas wie eine ideale Gesellschaft gibt es nicht, und es kommt mir absurd vor, wenn man meint, darauf warten zu müssen, ehe man selber heil wird. Die buddhistische Lehre, daß das ganze Leben voll Mühsal und Kummer sei, ist wohl der Anfang von Weisheit. Sie räumt auf mit der Illusion, es gebe in irgendeiner unbestimmten Zukunft eine sorglose, unzweideutige, utopische Art von Leben.

KEEN: Dann hält jedes apokalyptische Denken davon ab, die dem tatsächlichen Leben innewohnende Ambivalenz zu akzeptieren? Dann würde Marcuse nicht weniger als der Himmel der christlichen Theologie uns mit dem Versprechen einer saccharinsüßen Zukunft von der bittersüßen Gegenwart ablenken?

CAMPBELL: Richtig. Apokalypse wurzelt im Haß. Nehmen Sie nur die Apokalypse der biblischen Autoren – sie haben alle Welt gehaßt, die Assyrer, die Babylonier, die Griechen, die Römer.

Eine der besten Studentinnen, die ich in den letzten Jahren unterrichtet habe, fragte mich neulich: »Haben Sie das Leben je gehaßt?« Ich dachte zurück und versuchte, mich an irgendeine Zeit zu erinnern, zu der ich das Leben vielleicht gehaßt haben könnte. Und ich antwortete: »Wenn ich ehrlich bin, muß ich die Frage verneinen. Und ich sehe auch nicht, wie ich es je hassen könnte.« »Nun,« sagte sie, »Sie sind der einzige Intellektuelle, den ich kenne, der das Leben nicht haßt.« Ich mußte an die Clique denken, der sie angehört – alles Leute, die sich der linken Linie verpflichtet fühlen, also eine Haltung einnehmen, die besagt, daß die Welt, so wie sie ist, nichts tauge und daß man nicht in ihr leben könne – es sei denn, sie würde sich erheblich bessern. Das scheint heute die vorherrschende Stimmung in der Universität zu sein. Und zu welch einer Zerstörung der menschlichen Freude hat dies geführt!

Immer soll übermorgen alles gut werden.

KEEN: Apokalyptisches Denken meint, Vollkommenheit, Harmonie und Konfliktlosigkeit seien die notwendigen Bedingungen für das Glück. Da diese Bedingungen in der heutigen Gesellschaft nicht gegeben seien, sei Revolution nötig, um eine neue Ordnung zu schaffen, die mit der gegenwärtigen, verfälschten Gesellschaft in keinem Zusammenhang stehe. Sie scheinen diese Denkweise abzulehnen. Ihr Werk läßt vermuten, daß wir eine neue Mythologie brauchen, die es uns möglich macht, Kontinuität zu würdigen und die Welt wie wir sie vorfinden zu rühmen. Sie wollen, daß wir uns in den Unvollkommenheiten des gegenwärtigen Augenblicks heimisch fühlen.

CAMPBELL: Vor allem müssen wir lernen, den Schwächen des Lebens mit mehr Zärtlichkeit zu begegnen. Intellektuelle verunglimpfen allzu oft die bestehende Ordnung aus Hochachtung vor einem möglichen Utopia.

KEEN: Ist es möglich, derartige Zuneigung zu lehren?

CAMPBELL: Ich glaube schon. Thomas Mann gibt uns einen Anhaltspunkt dafür, wenn er in der Geschichte von Tonio Kröger von erotischer Ironie spricht. Tonio ist ein empfindsamer junger Mann, der sich in der Welt verirrt hat. Zwar erkennt er die Schönheit, den Zauber und die Würde im Leben des einfachen Bürgers, aber dieses Leben befriedigt ihn nicht. So wird er zum Bohémien, dem Hippie der damaligen Zeit.

Er gerät unter Intellektuelle. Sie üben Kritik an der ganzen Welt des normalen Lebens. Dennoch scheint es ihnen nicht zu gelingen, zu aktiven, vitalen Menschen zu werden. So erfährt Tonio eine doppelte Enttäuschung, und er findet die Formel, die seine Rettung ist: Die Welt des Künstlers oder des Intellektuellen muß die Fehler eines Menschen oder einer Gesellschaft leidenschaftlich und genau beurteilen. Aber Bejahung und Mitleid dürfen dabei nicht verlorengehen. Wichtig ist, Urteil und Mitleid auseinanderzuhalten.

Künstler wie Liebende wissen, daß Vollkommenheit nicht liebenswert ist. Erst die Unbeholfenheit eines Makels macht einen Menschen liebenswert.

KEEN: Wir sind also erst dann wirklich menschlich, wenn wir das Fehlerhafte, Lahme, Unvollkommene verstehen und lieben können. Dann allerdings sollten Erziehung und Therapie sich vor der Rhetorik des Triumphes hüten – und nicht von Ganzwerdung, von Verwirklichung des vollen menschlichen Potentials, von der Hervorbringung eines Menschen sprechen, der allen Lebenslagen gewachsen ist.

CAMPBELL: Das ist es, was mich an Jungs therapeutischer Methode interessiert, die den Defekt beim Patienten eher zu verstärken als zu verringern trachtet. Träume decken die unterdrückte Seite der Persönlichkeit mit all ihren Stärken und Schwächen auf. Wenn wir uns auch auf unsere Schwäche verlassen, stellt sich Gleichgewicht ein. In den arabischen Volksmärchen ist dies ein gängiges Thema: An der Stelle, wo man stolpert und hinfällt, findet man das Gold.

KEEN: Die Kultur von heute scheint einen Überfluß an neuen Helden und quasimythologischen Ereignissen zu haben: Da gibt es Hobbits und Gurus, Beatles und Easy Riders, Woodstock Nations und Spaziergänge auf dem Mond. Es fällt schwer, zwischen künstlichen, von den Medien gemachten und echten, in der Wolle gefärbten hausgemachten Mythen zu unterscheiden. Welche Helden und welche Ereignisse symbolisieren Ihrer Meinung nach das Selbstverständnis des modernen Menschen?

CAMPBELL: Für mich sind die Astronauten die Helden und ist der Spaziergang auf dem Mond das bedeutendste Ereignis.

Sehen wir uns die symbolische Bedeutung der Mondlandung doch einmal an. Vor Kopernikus orientierten die Menschen ihre Vorstellungen vom Kosmos am Sichtbaren. Dann stellte Kopernikus eine Theorie auf, welche die Erde aus dem Zentrum rückte und zu einem von vielen Planeten in den Himmeln machte. Obwohl diese Theorie intellektuell überzeugte, fehlte ihr die emotionale Durchschlagskraft eines sichtbaren kosmologischen Bildes. Die neue Betrachtungsweise von Welt ließ sich nicht erfahren. Auf einmal können wir nun mit den Astronauten und durch die Wunder der Technik auf dem Mond stehen und die Erde über dem lunaren Horizont aufgehen sehen. Wenn die Erde so aufgeht, sehen wir zum ersten Mal, daß sie sich am Himmel befindet.

Ich möchte noch einen Schritt weitergehen. In der antiken Welt – ja, bis in die moderne Zeit hinein – bestand eine Dichotomie zwischen Erde und Himmel, Materie und Geist, dem Bereich des Menschen und der Sphäre der Götter. Und selbstverständlich waren die Gestirne des Himmels göttlich. Nun ist die Erde symbolisch in den Himmel erhoben, die Materie vergeistigt worden. Der Ausflug auf den Mond entspricht in seiner symbolischen Bedeutung in merkwürdiger Weise der päpstlichen Verkündigung von der leiblichen Himmelfahrt der Jungfrau Maria (Jung hielt sie für die bedeutendste theologische Aussage des zwanzigsten Jahrhunderts). Mutter Erde wird in die Würde von Vater, Sohn und Heiligem Geist erhoben.

KEEN: In welcher Weise reflektiert dies das Selbstverständnis des modernen Menschen?

CAMPBELL: Es ist das sichtbare Symbol dafür, daß es eine geistige Ordnung außerhalb des Menschen nicht mehr gibt. Galileo demonstrierte, daß die mechanischen Gesetze des Himmels mit denen der Erde identisch sind. Dann zeigte uns Kant, daß Raum und Zeit in den menschlichen Wahrnehmungsapparat eingebaut sind. Und nun hat uns die NASA den empirischen Beweis geliefert, daß die einzige von uns erfahrbare Welt durch die Mathematik des Raumes bestimmt wird. Mit der alten Dichotomie zwischen Geist und Materie, Gott und Mensch ist es also vorbei.

KEEN: Demnach ist der Mensch, einst Kind des Kosmos – vom Geist inspirierter Staub – volljährig geworden und beansprucht die schöpferische Kraft, die früher den Göttern zukam, für sich selber.

CAMPBELL: Ja. Und wenn Sie sich die Mandalas ansehen, jene sichtbaren Muster symbolischer Weltschau, können Sie den Fortschritt menschlichen Selbstbewußtseins ablesen, denn es gibt für jedes Zeitalter charakteristische Mandalas. Als der Mensch noch Jäger war, hielt er die Tiere für göttlich und setzte sich Tiermasken auf, machte sich Tiertotems und nahm zum Zeichen der Übereinstimmung mit der Welt seiner Umgebung Tiernamen an. In bäuerlichen Gesellschaften rückte der Zyklus der Jahreszeiten, der Prozeß von Tod und Wiedergeburt, ins Zentrum der Erfahrung. Später wurde die mathematische Bahn der Planeten, deren Bewegung innerhalb feststehender Konstellationen Mittelpunkt des Staunens, und der Mensch entwarf Götter in Gestalt von Sonnengottheiten, welche die Krone der Sonne trugen. Noch später nahm das christliche Kreuz die Mitte des Mandala ein. Inzwischen steht die Gestalt des Menschen im Brennpunkt. Jung hat dies bei den Mandalas seiner Patienten feststellen können. Die Menschheit – Ich und Du – müssen nun die Welt erschaffen.

Welche Götter entstammen nicht der Phantasie des Menschen? Alle Götter sind in uns.

KEEN: Wie großartig. Und wie unendlich einsam.

Von Delphinen zu LSD
Ein Gespräch mit John Lilly

Nachdruck aus der Zeitschrift *PSYCHOLOGY TODAY*
Dezember 1971

Wissenschaftler und Mystiker sind – wie Rechenschieber und Kobolde – meistens diskret genug, in ihren verschiedenen Welten zu bleiben. Und deshalb bereitet einem ein Mann wie John Cunningham Lilly auch ein wenig Verlegenheit. Wenn ein etablierter Neurophysiologe und Biophysiker beginnt, über Stufen des Satori zu reden und sich mit veränderlichen Bewußtseinszuständen befaßt, weiß man nicht, was man davon halten soll.

Von Anfang an gab es Symptome und Anzeichen dafür, daß Lilly sich nicht mit jener Kurzsichtigkeit zufriedengeben würde, die den zaghaften Wissenschaftler davon abhält, einen Blick über das schon Gewußte hinaus zu riskieren.

Er erblickte das Licht der Welt vierzig Minuten nach Alan Watts, am 6. Januar 1915 – offensichtlich ein Spitzenjahrgang für Propheten. Als er noch in der Vorschule war, tat er in seiner ersten »wissenschaftlichen« Arbeit mit dem bescheidenen Titel »Wirklichkeit« die Absicht kund, Mikrokosmos und Makrokosmos miteinander zu vereinen. Damals wie heute beschäftigte ihn vor allem, in welcher Relation Gehirn und Geist zueinander stehen und wie die Welt der inneren Erfahrung sich zur äußeren Wirklichkeit verhält.

Den ererbten Katholizismus verwarf er und machte sich auf, die Wirklichkeit mit den Methoden des wissenschaftlichen Konsensus zu untersuchen. Im California Institute of Technology studierte er Physik, Biologie und Freud. Dabei stellte sich heraus, daß er wohl noch Medizin würde studieren müssen, um seinem Interesse in bezug auf Gehirn und Geist auf den Grund gehen zu können. Nach dem Medizinstudium an der Universität von Pennsylvania setzte er seine Forschungsarbeit innerhalb der Bio- und Neurophysik bei der E. R. Johnson Foundation of Medical Physics fort. In seiner Freizeit machte er eine Lehranalyse, arbeitete an dem Institute of the Philadelphia Association for Psychoanalysis und ließ sich zum Psychoanalytiker ausbilden. 1953 ging er nach Washington an das National Institute of Neurological Diseases and Blindness und das NIMH (National Institute of Mental Health). Seine dortige Arbeit galt der Erforschung der Affen-, Kaninchen- und Katzenhirne. Er stellte die Ausbreitung elektrischer Aktivität in der Großhirnrinde dar und untersuchte motorische und motivatorische Systeme im Großhirn und im Kleinhirn.

1954 machte er Experimente, durch die er herausfinden wollte, was mit dem Gehirn geschieht, wenn es seiner Umweltstimuli beraubt wird. Im Verlauf dieser Experimente begann er, in die dunkle Welt des Wassers einzutauchen. Während er sich schwerelos im Wasser treiben ließ, beobachtete er, wie sein Geist arbeitete. Er bemerkte, wie liebgewordene Glaubensweisen, Annahmen und Begriffe sich auflösten und unter dem ruhigen Blick seines inneren Auges wieder Gestalt annahmen. Schließlich entdeckte er jenen Grundsatz, der bei der Erforschung innerer Räume allein maßgebend für ihn geworden ist: Jeder Glaube stellt eine Grenze dar, die es zu untersuchen und zu überschreiten gilt.

Bei seinem Aufenthalt im Wassertank begann Lilly sich zu fragen, was wohl in dem Gehirn eines Tieres vor sich gehe, das ein ebenso großes Gehirn wie der Mensch hat und ständig im Wasser lebt. Nach vorbereitenden Untersuchungen an Delphingehirnen beschloß er, sich die Antwort von den Delphinen selber zu holen. 1959 baute er in St. Thomas auf den Virgin Islands das Communication Research Institute auf und begann mit dem gewagten Versuch, Kommunikation zwischen verschiedenen Species herzustellen. Die Ergebnisse dieses Experiments legte er in den Büchern *Man and Dolphin* (Mensch und Delphin) und *The Mind of the Dolphin* (Der Geist beim Delphin) vor. Manche Leute meinen, er sei dabei zu erfolgreich gewesen. Er gelangte zu der Überzeugung, daß die Delphine ein Empfindungsvermögen besitzen, das dem des Menschen ebenbürtig sei, und daß der Mensch deshalb nicht das moralische Recht habe, sie aus wissenschaftlicher Bequemlichkeit heraus zu Versuchszwecken in einem Konzentrationslager zu halten. Also schloß er das Institut und ließ die Delphine frei.

1969 stürzte er sich in die neue Welt der *Human-Potential*-Bewegung. In Esalen hörte er von einem Meister in Chile, Oscar Ichazo. Es hieß, dieser lehre auf moderne Weise alte Sufi-Techniken, welche Bewußtseinsveränderung und Erleuchtung herbeiführen sollten. Lilly sah sich alles an und trat in Ichazos Übungsgruppe ein. Er plant, weiter mit der Gruppe zusammenzuarbeiten, sobald in New York eine Arica-Schule aufgebaut wird. Dort soll Amerikanern beigebracht werden, wie man die verschiedenen Stufen des Satori erreicht.

Lilly ist eine Art Maslow mit umgekehrten Vorzeichen. Er ist nicht auf gelegentliche Höhepunkte der Erfahrung aus, sondern meint, eine richtige Ehe zwischen moderner Technologie und alten, esoterischen Erleuchtungstechniken – Meditation, Yoga, etc. – könne den Durchschnittsmenschen in die Höhen eines nahezu konstanten Satorizustandes führen.

Aus der Sicht eines Naturwissenschaftlers ist dies eine verblüffende Vision. Aber er steht damit nicht allein. Es hat in der Tat den Anschein, als tauche BEWUSSTSEIN III oder etwa Ähnliches auf. Zumindest wissen wir, daß wir jene kulturelle Schizophrenie, die Faktum und Wertung, Wissen und Weisheit, Wissenschaft und Religion auseinandergerissen hat, nicht mehr ertragen können. Wenn Kalkulation und Verzauberung nicht wieder zusammenkommen, dann gibt es vielleicht bald keine Welt mehr, die wir erforschen oder genießen können. Vielleicht hält John Lilly ein paar Richtlinien für uns bereit, die uns dabei helfen, mit beiden Füßen auf dem Boden unseres Planeten zu bleiben und trotzdem in die entfernteren Galaxien des Geistes emporzusteigen. Die Welt wäre womöglich sicherer, wenn es gelänge, Kobolde und Rechenschieber irgendwie zusammenzubringen – bestimmt würde sie uns mehr Spaß machen.

SAM KEEN: Wenn es einen Kartographen für veränderte Bewußtseinszustände gibt – für die großen und kleinen Straßen auf der Reise ins Innere – dann heißt er John Lilly. Sie sind Naturwissenschaftler und Mystiker, eine wirklich seltene Kombination. Sie sind über die Naturwissenschaften an die esoterischen Wissenschaften geraten. Sie scheinen die Verkörperung jener Unzufriedenheit zu sein, die viele moderne Menschen angesichts der verengten wissenschaftlichen Weise des Erkennens und Erlebens von Welt empfinden. Aber für viele Leute sind Sie vor allem immer noch der Mann, der sich mit den Delphinen unterhält. Also wäre es vielleicht gut, wenn Sie mit Ihrer Geschichte an dieser Stelle begännen. Wie kamen Sie zur Delphin-Forschung?

JOHN LILLY: Dafür gab es mehrere Gründe. Ich hatte viele Jahre lang in der Hirnforschung gearbeitet. 1954 begann ich, in einem mit Wasser gefüllten Tank mit physischer Isolation zu arbeiten. Während ich selber im Tank umhertrieb, machte ich mir Gedanken über ein Tier, das ständig im Wasser lebt und dessen

Gehirn so groß ist wie das des Menschen. Ich wußte, daß das Großhirn des Delphins so groß wie das des Menschen ist. Was ging in diesem Gehirn vor? Einige Leute vertraten die Ansicht, ein großer Körper brauche eben ein großes Gehirn. Wie verhielt es sich dann aber mit dem Riesenwal, der vierzig Tonnen wiegt und dessen Gehirn so groß wie das eines Makakaffen ist? Ich begann mich also zu fragen, was der Delphin mit all diesem überflüssigen Gehirn anfange. Als ich begann, Delphinlaute zu untersuchen, stellte ich fest, daß diese Tiere ein viel komplexeres Informationssystem besitzen als wir, und überlegte, ob wir wohl zu einer Kommunikation zwischen den Arten kommen könnten. Gelänge dies, so könnte man herausfinden, was der menschliche Geist mit anderen Geschöpfen, die auch ein großes Gehirn besitzen, gemeinsam hat. Dieses Wissen wiederum könnte sich als wertvoll erweisen, falls wir durch unser Raumfahrtprogramm nichtmenschlichen, intelligenten Wesen außerhalb der Erde begegnen sollten.

KEEN: Was waren die größten Probleme bei der Kommunikation mit Delphinen?

LILLY: Das erste Problem war die Einstellung den Tieren gegenüber. Der Mensch ist so arrogant, daß er sich nur schwer vorstellen kann, es könne überlegene Wesen geben, die im Meer umherschwimmen. Wir mußten uns den Delphinen also sanft und respektvoll nähern und mit der Annahme, daß sie ebensogern mit uns in Verbindung treten wollten wie wir mit ihnen.

Dann tauchte das Problem der bei Delphinen und Menschen verschiedenen Sprachstruktur auf. Unsere Stimme wird durch die Luft übertragen, und dieser Kommunikationsprozeß geht relativ langsam vonstatten. Der von den Delphinen ausgestoßene Schall wird vom Wasser übertragen, so daß sie etwa zehnmal schneller miteinander kommunizieren als wir. Das heißt, der Delphin wird weitgehend akustisch über seine Umwelt informiert, der Mensch hingegen visuell. Der Delphin hat nur ein Zehntel unserer visuellen Aufnahmekapazität, seine akustische Aufnahmefähigkeit ist dagegen zehnmal größer als unsere. Folglich ist die Gesamtmenge an Umweltinformation bei Delphinen und Menschen ungefähr gleich groß. Lediglich die Aufnahmeweisen sind verschieden. Wir werden so lange die Delphine nicht richtig verstehen, wie wir ihre Sprache nicht in unsere Sprache übersetzen können. Wir müssen an uns selber erfahren, wie sie ihre Welt hören.

KEEN: Wie haben Sie die Verbindung zu ihnen hergestellt?

LILLY: Es begann rein zufällig. Eines Tages, 1955 hörten wir uns ein Tonband mit Delphingeräuschen an. Plötzlich beschlich uns das unheimliche Gefühl, daß die Delphine unsere Sprechweise nachäfften. Sie machten sich tatsächlich über uns lustig. Deshalb schlug jemand vor, doch einmal zu probieren, ob einer unserer jungen Delphine, Elvar, cin Wort nachahmen würde. Wir stiegen in den Wasserbehälter und ich rief Elvar das Wort »Wasser« zu. Er tauchte auf, hielt sein Atemloch in die Luft und es ertönte »Wa . . . sser«, indem er die Silben des Wortes trennte. Und so fingen wir an, ihm das Wort »Wasser« beizubringen. Innerhalb von zwanzig Minuten sprach er es nach.

Später machten wir ein intensiveres Experiment. Eine junge Frau, Margaret Howe, lebte mit einem jungen männlichen Delphin namens Peter zusammen und wurde seine Lehrerin, Freundin, Mutter und Geliebte. Sie brachte ihm bei, einfache, menschenähnliche Worte hervorzubringen, auf Begrüßungen zu antworten, Gegenstände zu unterscheiden, numerierte Bälle zu benennen und sorgfältig erdachten Anweisungen Folge zu leisten. Mit der Zeit kam echte verbale und nichtverbale Kommunikation zwischen ihnen zustande. Margaret Howe sagte zum Beispiel: »Peter, hole den orangefarbenen Ball.« Auf dem Wasser schwammen fünf verschiedenfarbige Bälle. Peter holte den blauen Ball, den grünen Ball, etc. – alle außer dem orangefarbenen. Ein Versuchsleiter, der Peter beobachtete, hätte daraus schließen können, daß er nicht verstehe, was wir sagten. Margaret aber sagte daraufhin: »Er versteht mich verdammt gut, denn gestern hat er mir auf Befehl fünfmal hintereinander den orangefarbenen Ball gebracht.«

KEEN: Um die Spielregeln schöpferisch durchbrechen zu können, muß man sie kennen.

LILLY: Richtig. Eine Taube pickt vielleicht fünfmal mit dem Schnabel auf den richtigen Knopf, aber ein Delphin tut das nicht. Er ist viel zu gewitzt, und die Sache macht ihm viel zu viel Spaß. Er verändert die Spielregeln, denn er ist so intelligent, daß allzu simple Spiele ihn langweilen. Er versucht, einem etwas mitzuteilen. Mit jemandem, der wirklich intelligent ist und auf seine Kosten kommen möchte, kann man einen solchen Dressurakt einfach nicht durchführen. Wenn man die Intelligenz eines überlegenen Wesens untersuchen will, muß man es zu seinen Bedingungen tun.

KEEN: Manche Kritiker behaupten, Ihre Forschungsergebnisse ließen sich von neutralen Wissenschaftlern nicht wiederholen. Was antworten Sie darauf?

LILLY: Was hier eigentlich zur Debatte steht, ist der Status des wissenschaftlichen Beobachters. Wer beobachtet was unter welchen Bedingungen und von welchen Voraussetzungen aus? Wenn wir von der Annahme ausgehen, daß Delphine über eine Intelligenz verfügen, die der menschlicher Wesen ebenbürtig oder gar überlegen ist, müssen wir bereit sein, uns die Perspektive der Delphine zu eigen zu machen. Behandeln Sie einen Delphin wie ein stupides Tier und Sie werden nichts anderes beobachten. Derjenige, der die Versuche anordnet, sitzt als allwissender Beobachter im Hintergrund und urteilt über das Tier. Er erwartet ein bestimmtes, reproduzierbares Verhalten. Wenn das Tier seine Erwartungen nicht erfüllt, hält er es für dumm. Es fällt ihm nicht ein, eine neue Frage zu stellen, wie er dies angesichts eines intelligenten Menschen täte.

KEEN: Der wissenschaftliche Beobachter muß also bereit sein, sich durch den Gegenstand seiner Beobachtung verändern zu lassen.

LILLY: Ja. Zwischen dem Beobachter und dem von ihm beobachteten System findet ein ständiges feedback statt. Der Beobachter muß immer zwei Modelle erstellen, ein Modell des von ihm beobachteten Systems und ein Modell des Beobachters. Johann von Neumann und Leo Szilard haben dies für die Quantenmechanik aufgezeigt. In der Quantenmechanik muß es den Beobachter der Quanten geben, der in das zu beobachtende System eindringt und gewisse systembedingte Gesetze der Beobachtung befolgen muß. Wenn er wieder in das Newtonsche Universum mit seinen großen Anhäufungen von Materie zurückkommt, muß er zum Newtonschen Beobachter werden. Wenn er sich der Lichtgeschwindigkeit annähert, muß er zum Beobachter à la Einstein werden. Und wenn man anfängt, Delphine zu beobachten, muß man zum Delphinbeobachter werden. Ein Delphinbeobachter ist, per definitionem, kein Versuchsleiter. Er muß sich seinen (hypothetisch) überlegenen Tieren gegenüber einfühlsam und respektvoll verhalten und in eine ethische Beziehung zu ihnen treten.

KEEN: Wann haben Sie aufgehört, mit Delphinen zu arbeiten?

LILLY: 1964 baute ich einen acht Fuß langen Tank, der mit Meerwasser gefüllt wurde, und fing an, mit LSD und körperlicher Isolation zu experimentieren. Die Delphine befanden sich in demselben Laboratorium und allmählich wurden mir die ethischen Implikationen meiner Ansichten von den Delphinen klar. Wenn das, was ich von den Delphinen glaubte, auf Wahrheit beruhte, dann hatte ich nicht das Recht, sie aus Gründen wissenschaftlicher Bequemlichkeit in ein Konzentrationslager zu sperren. So beschloß ich, mit dem Projekt aufzuhören. An jenem Tag, als ich diesen Entschluß faßte, jedoch ehe ich einem meiner Kollegen etwas davon gesagt hatte, beschloß mein Lieblingsdelphin, Selbstmord zu verüben.

KEEN: Wie verübt ein Delphin Selbstmord?

LILLY: Sissy hörte einfach auf, irgendwelche Nahrung zu sich zu nehmen. Wir verabreichten ihr Tierenzyme, um ihren Appetit anzuregen. Das half eine Zeitlang. Schließlich aber sagte sie sich »zur Hölle damit« und hörte auf zu atmen. Sie hatte sieben Jahre lang bei uns gelebt. Mit neun Monaten war sie zu uns gekommen und hatte uns lieber als andere Delphine. Danach begingen innerhalb von zwei Wochen noch weitere fünf Delphine Selbstmord. So unterrichtete ich alle von meinem Entschluß, und wir ließen die drei übrigen Delphine frei.

KEEN: Wollen Sie weiter in der Delphin-Forschung arbeiten?

LILLY: Nur unter den richtigen Bedingungen. Ich müßte ein Haus im Meer haben, das so angelegt wäre, daß die Delphine nach Belieben kommen und gehen könnten. Dann möchte ich eine Familie mit kleinen Kindern haben, damit sie lernten, wie man mit jungen Delphinen spielt und sich mit ihnen verständigt. Ich glaube, nur solch ein langfristiges, freies Projekt bringt uns auf dem Weg zur Kommunikation zwischen den Arten weiter.

KEEN: Ich möchte auf Ihre Forschung über die Auswirkung von LSD und körperlicher Isolation zurückkommen. Hing sie mit Ihrer Arbeit über die Delphine zusammen?

LILLY: Nein. Mit diesen Isolationsexperimenten hatte ich bereits begonnen, als ich bei NIMH in Washington war. Man fragt sich in der Neurophysiologie seit langem, was eigentlich das Gehirn in Gang hält, wo seine Energiequellen sind. Eine naheliegende Antwort darauf lautete, es müsse sich um rein biologische, interne Energiequellen handeln, die nicht abhängig von der äußeren Umwelt seien. Einige Leute behaupteten jedoch, das Gehirn würde einschlafen, wenn man alle Reize abschaltete. So beschlossen wir, diese Hypothese zu überprüfen. Dies war leicht zu bewerkstelligen, wenn man mit einem Wasserbehälter eine Umgebung schuf, die einen Menschen von äußeren Reizen abschirmte. Über einige Jahre hinweg schloß ich mich selber in bestimmten Zeitabständen in den Behälter ein und untersuchte meine Bewußtseinszustände. Während dieser Zeit nahm ich kein LSD. Viele meiner Kollegen bei NIMH arbeiteten damit, ich wollte jedoch meine Beobachtungen über die psychedelischen Räume, in die ich während meines Aufenthalts in dem Wasserbehälter geriet, nicht beeinträchtigt wissen.

KEEN: Was geschieht mit dem Körper, wenn er sich in einer reizfreien Umgebung befindet?

LILLY: Man kann seinen Körper vergessen und sich auf die Tätigkeit seines Gehirns konzentrieren. Wenn aber noch irgendein Reiz vorhanden ist, dann wird er übermächtig. Einmal bildeten sich Blasen im Wasser und stießen an meinen Fuß. Jede Blase, die an meinem Bein hochlief, bereitete mir außerordentlichen Genuß. Ja, der Genuß war so groß, daß er zum Schmerz wurde, als die Blasen im Abstand von etwa fünf Sekunden aufstiegen.

KEEN: Ließen die Auswirkungen der körperlichen Isolation sich mit Ihrer späteren Reaktion auf LSD vergleichen?

LILLY: Die Wirkungen sind ähnlich. Wenn man sich entspannen kann, ist es möglich, *den Körper wie ein Auto abzustellen* und sich, ohne LSD zu nehmen, in irgendeinen der psychedelischen Räume zu begeben. Der Energiepegel ist lediglich ein anderer. LSD erlaubt einem, den Energiepegel hochzujagen. Körperliche, geistige und spirituelle Energie nehmen zu.

KEEN: Es fällt schwer zu glauben, daß körperliche Isolation solche dramatischen Veränderungen hervorruft. Bedarf es eines komplizierten Trainings oder einer besonderen Fertigkeit, um ohne Drogen psychedelische Bewußtseinsstufen zu erreichen?

LILLY: Natürlich ist es leichter, auf irgendeine Bewußtseinsstufe oder in einen psychischen Raum zu gelangen, wenn man schon einmal dort war. Aber der Durchschnittsmensch braucht nichts weiter zu tun, als sich dem Dunkel und der Stille des Wassertanks zu überlassen und sich so lange darin treiben zu lassen, bis er realisiert, daß er alles, was in seinem Kopf vorgeht, programmiert. An diesem Punkt entläßt einen die physische Welt, und im Kopf kann nun alles geschehen, weil alles den Gesetzen des Denkens und nicht mehr den Gesetzen der Außenwelt unterliegt. Man kann also an die Grenzen seiner Vorstellung gehen.

KEEN: Ist die Phantasie völlig frei?

LILLY: Nun, ich mag das Wort »Phantasie« nicht. Im Tank weiß man, daß das, was man erfährt, wirklich ist. Ich ging von der Vorstellung aus, alles, was ich erfahre, selbst zu schaffen. Aber dann geschahen viele Dinge, die mir die Natur der Wirklichkeit und die Natur der verschiedenen Wahrnehmungsweisen von Grund auf fraglich werden ließen. Damals begann ich einzusehen, daß es anmaßend wäre, all die neuartigen Erfahrungen im Tank für Projektionen zu halten.

KEEN: Welche Erfahrungen konnten Sie sich, im Rahmen des gesunden Menschenverstandes, nur schwer erklären?

LILLY: Einmal machte ich die Erfahrung, daß jemand, den ich kannte, zu mir ins Dunkel, in die Stille des Tanks kam. Ich konnte die Betreffende tatsächlich sehen, fühlen und hören. Bei anderen Gelegenheiten schaltete ich mich offensichtlich in Kommunikationsnetze anderer Zivilisationen aus anderen Galaxien ein. Ich machte die Erfahrung, daß ich meinen Körper *abstellte* und mich an andere Orte begab.

KEEN: Das könnte der Bericht eines hochgradig Schizophrenen sein. Was hielt Sie davon ab, solche Erfahrungen als psychotisch anzusehen?

LILLY: Der Versuch, alle mystischen, transzendenten und ekstatischen Erfahrungen, die nicht in die Kategorien der gewöhnlichen Wirklichkeit passen, als *psychotisch* zu deklarieren, ist, glaube ich, eine begriffliche Einschränkung. Er entspringt einer Zaghaftigkeit, die sich für einen aufrichtigen und freien Forscher nicht ziemt. Außerdem kenne ich mich in der Welt der Psychotiker ein wenig aus. Ich habe eine Lehranalyse bei Robert Walder gemacht und mich mit den eigenen psychotischen Räumen vertraut gemacht. Und ich habe mit katatonischen und schizophrenen Patienten gearbeitet. Im Wassertank habe ich keine Psychosen, sondern Glaubensstrukturen erforscht. Ich untersuchte, wie unsere Glaubensweisen das, was wir durch sie erkennen und erfahren dürfen, programmieren und eingrenzen. Ich wollte wissen, welche Prinzipien den menschlichen Geist regieren. Angenommen, man betrachtet den menschlichen Geist als eine Art Computer, dann habe ich nach den eingebauten Grundprogrammen und nach den Meta-Programmen gesucht, die wir dem Geist bewußt oder unbewußt auferlegen. Und ich wollte herausfinden, wie viele der Meta-Programme auf die Ebene des Bewußtseins hinaufgeholt und verändert oder neu programmiert werden könnten.

KEEN: Haben Sie irgendwelche Gesetzmäßigkeiten entdeckt, die dem Erforscher innerer Räume als Richtlinien dienen können?

LILLY: Nach zehnjährigem Experimentieren im Tank habe ich folgende Arbeitsregel formuliert: Was auch immer man für wahr hält – es ist wahr oder wird im eigenen Geist wahr innerhalb experimentell und empirisch festzulegender Grenzen. Diese Grenzen wiederum sind Glaubensweisen, die es zu überschreiten gilt. Die Begrenzungen des menschlichen Glaubens legen die Grenzen möglicher Erfahrung fest. Jedesmal also, wenn man an einen einschränkenden Glauben gerät, muß man ihn prüfen und über ihn hinausgehen. Für den Forscher gibt es keine endgültig *wahren* Glaubensweisen.

Zwang heißt, im psychisch *Bekannten,* in einem Raum ohne Ausgang, gefangen zu sein. Das Unbekannte gewährt Freiheit. Glaubt man, daß es überall Unbekanntes gibt – im eigenen Körper, in der Beziehung zu anderen Menschen, in politischen Institutionen, im Universum – so hat man ein Höchstmaß an Freiheit. Sofern man alte Glaubensweisen zu überprüfen vermag und realisiert, daß es Begrenzungen sind, die überwunden werden müssen, und wenn man zudem realisiert, daß man nicht an etwas glauben kann, von dem man gar nichts weiß – so ist man frei.

KEEN: Haben Sie im Tank spezifische Techniken zur Überprüfung der Sie begrenzenden Glaubenshaltungen entwickelt?

LILLY: Ja. Gerade habe ich ein Buch geschrieben, *The Center of the Cyclone* (»Die Mitte des Cyklons«), das sich mit den Regeln zur Erforschung innerer und äußerer Bewußtseinsräume befaßt. Die zugrundeliegende Fertigkeit ist von alters her bekannt: Yoga und östliches Denken sprechen vom lauteren Zeugen oder dem sich bezeugenden Selbst. Ich stelle mir das so vor, es wird zum Beobachter und betrachtet den Ablauf der Programme, die Denken und Verhalten bestimmen. Denn man kann aus einer Erfahrung aussteigen, zurücktreten und dem Programm zusehen. Einiges in der Psychoanalyse bewirkt weitgehend die Ausbildung dieser Fähigkeit einzusehen, daß man bislang irgendeinem Programm in die Falle gegangen ist, das zwar ein Kindheitsproblem gelöst hat, seither aber zu sehr verallgemeinert und mitgeschleppt worden ist und nun die Situation in unangemessener Weise beeinflußt. Diese alten Programme – Jung nannte sie autonome Komplexe – speichern ungeheure Energien. Man kann diese Energien freisetzen, wenn man sich genügend Distanz von der eigenen emotionalen Bindung an die Programme verschafft. Man betrachtet sie dann wie einen alten Fernsehfilm, wie ein Tonband, das man schon tausendmal abgehört hat. Sobald man Abstand gewinnt, sieht man ein, man ist nicht Programmierer, nicht das zu Programmierende, nicht Programm. Als eine unabhängig wirkende Kraft setzt die Identität ein. Und sobald sich diese Fähigkeit, nicht mehr mit den alten Programmen, Programmierungen und dem Programmierer identifiziert zu sein, allgemein durchsetzt, erschließen sich höhere Bewußtseinsstufen. Man geht über die Programme hinaus, indem man die Identifikation mit ihnen zurückweist; man erhält einen Maßstab für die Kontrolle. So beginnt man, die meta-programmierenden Kräfte des menschlichen Bio-Computers in Gang zu setzen, das Vermögen, die Denken und Verhalten bestimmenden Prinzipien selbst-bewußt zu schaffen.

KEEN: Bewährt sich die Technik des lauteren Zeugen in der Auseinandersetzung mit gegenwärtigen Erfahrungen und zukünftigen Erwartungen ebenso wie in der Überprüfung zwangshafter Muster, die wir aus der Vergangenheit mitgeschleppt haben?

LILLY: Selbstverständlich. Voreiliges Urteilen und Sichverschließen sind die größten Gefahren für einen Menschen, der sich die psychische Beweglichkeit des Forschers bewahren möchte. Es gibt eine gute allgemeine Regel, wie man mit Situationen fertig wird, die durch Neuartiges überwältigen: Wenn du in einen neuen Raum gerätst, in dem du auf Grund der alten Voraussetzungen nicht beurteilen kannst, was vor sich geht, bleibe offen und überlasse es dem lauteren Zeugen in dir, alle Informationen, die du erhältst, zu speichern. Später kannst du in Ruhe alles zurückspulen, ohne zu redigieren. Dann wirst du, was dir widerfahren ist, beurteilen können.

Zumindest ist es ein ideales Bestreben, von den unüberprüften Programmen, die Denken und Verhalten determinieren, frei zu sein. Genau dies bedeutet im östlichen Denken frei sein vom Karma. Der lautere Zeuge kann funktionieren, ohne daß einschränkende Erfahrungsmuster der Vergangenheit auferlegt werden. Ich habe zuweilen als Ziel bezeichnet, den menschlichen Bio-Computer zum Mehrzweckinstrument werden zu lassen. Damit meine ich, daß es in diesem Mehrzweckcomputer keine Wiedergabe, kein Handeln, kein Ideal mehr gibt, das nicht dem Bewußtsein zugänglich wäre. Dies kommt dem nahe, was Freud unter dem Ziel verstand, Unbewußtes bewußt zu machen. Innerhalb des Computers sollte es keine Begrenzungen geben.

KEEN: Sie beschreiben da eine unaufhörliche Bilderstürmerei, die berauschend und beängstigend zugleich ist. Ich rieche geradezu den Wind, der durch die weiten, leeren Räume fegt, aber ich bin nicht sicher, ob es möglich ist, fortwährend auf Entdeckungen aus zu sein. Jedesmal, wenn ein Glaubenssystem zusammenbricht oder transzendiert wird, brechen Chaos und Angst aus. Gesellschaftliche und psychologische Schranken und Begrenzungen sind dazu da, Chaos und Angst in erträglichem Ausmaß zu halten.

LILLY: Nein! Dies ist ein hervorragendes Beispiel für das, was wir besprochen haben. Sobald man die Grenzen einmal erkannt hat, braucht man sie nicht mehr einzuhalten. Um zu wachsen, braucht man nicht in einem Dauerchaos zu leben. Das ist das alte christliche Programm – ohne Hölle keinen Himmel, ohne Chaos keinen Kosmos. Ich nenne dies den Trampolineffekt.

KEEN: Damit scheinen Sie eines der tiefer liegenden Identitätsprinzipien in Frage zu stellen, welches die westliche Psyche bestimmt. Ich denke an Dostojewskijs Vision: Nur in dem Maße, in dem der Mensch sich mit seinem Teufel abgibt, lernt er auch den Engel in sich kennen; oder an Freuds Vorstellung, das Ich sei nur so stark, wie es die Unterwelt des Es integriert habe. Es gibt keine Himmelfahrt ohne den Abstieg in die Hölle, keine Auferstehung ohne Kreuzigung, keinen Erfolg ohne Scheitern, etc. Dieser Rhythmus oder dieser Pendelschlag ist für die abendländische Vorstellung von Wachstum von zentraler Bedeutung.

LILLY: Ich leugne nicht das Vorhandensein einer Dualität oder Pluralität im Menschen. Ich behaupte bloß, daß diese Dualität simultan besser und sparsamer zu behandeln ist als im Pendelschlag. Man braucht nicht immer abzusteigen, um aufzusteigen.

Wenn man erst einmal weiß, daß es irgendein »negatives« System wie z.B. die Furcht gibt, kann man die ihm innewohnende Energie herausholen, indem man sich durch Meditation und Beobachtung über dieses System erhebt.

KEEN: Bei uns besteht ein wachsendes Interesse an den psychologischen Disziplinen und den Philosophien des Ostens. Meditation und Yoga sind heutzutage beinahe ebenso sehr an der Tagesordnung wie in der Generation vor uns die Gebetstunden. Wie sind Sie zur Mystik gekommen?

LILLY: Ich habe mit dreizehn Jahren die katholische Kirche verlassen, als ich zu dem Schluß kam, dieser ganze mystische Kram – Gott, die Engel, das Weiterleben nach dem Tode – sei kindischer Unfug. Hals über Kopf stürzte ich mich in die Naturwissenschaft. Als ich jedoch mit körperlicher Isolation zu experimentieren begann, wurde mir die Erfahrung der Ebene des Über-Selbst zuteil, eines Netzes miteinander in Beziehung stehender Wesenheiten. Ihr Wesen, mein Wesen, jedermanns Wesen sind ineinander verhakt und fortwährend, überall in der Galaxie, unmittelbar und uneingeschränkt verbunden.

KEEN: Geben Sie so die Erfahrung wieder, aus der die klassische Vorstellung erwuchs vom Menschen als Mikrokosmos im Makrokosmos – daß seine Vernunft oder sein *logos* an der Vernunft oder dem *logos* teilnehme, der die ganze Wirklichkeit informiert?

LILLY: Ja. Aber jener klassische Gedanke hat für mich niemals einen Sinn ergeben, sondern erst als ich das Geflecht der Intelligenzen, dieses galaktische oder universale Netzwerk, den Universalen Geist der idealistischen Philosophie und östlicher Religion erfuhr.

1964 hatte ich anläßlich eines Unfalls eine Todeserfahrung. Vierundzwanzig Stunden lang lag ich im Koma, zwei Tage danach war ich noch blind. Im Koma trat ich in einen Raum, in dem ich seit meinem zweiundzwanzigsten Lebensjahr nicht mehr gewesen war. Damals hatte man mir unter Lachgasnarkose vier Weisheitszähne gezogen. Schon einmal, als man mir mit sieben Jahren die Mandeln herausnahm, und ebenso zuvor im Alter von fünf Jahren, als ich Tuberkulose hatte, war ich in demselben Raum gewesen. Jedesmal, wenn ich beinahe starb oder dachte, ich würde sterben, tauchten zwei Gestalten oder Führer auf. Jedesmal, wenn ich vor einer Aufgabe stehe, erscheinen diese Gestalten und sagen mir, worum es geht. In dem Wasserbehälter auf den Virgin Islands versuchte ich, ohne die Angst vor dem Tode mit Hilfe von LSD dorthin zurückzugelangen, wo ich den Führern begegnet war. Trotz einer gewissen Angst entspannte ich mich und befand mich unversehens in ihrem Raum. Aus weiter Ferne bewegten die beiden Führer sich auf mich zu. Indem sie näher kamen, wurde ihre Anwesenheit immer mächtiger, und ich merkte, daß ihr Denken, Fühlen und Wissen in mich einströmte. Als ich das Gefühl hatte, von ihrer Gegenwart überwältigt zu werden, hielten sie inne. Dabei sagten sie dem Sinne nach: »Wir kommen nicht näher, dein Maß scheint für dieses Mal voll zu sein. Du kannst jederzeit hierher zurückkommen, wenn du erst einmal die Wege kennst. Wir sind dazu da, dich zu unterweisen. Bis jetzt hast du deine Experimente in der Einsamkeit gemacht und einige der Wege kennengelernt, die hierher führen. Nun solltest du Kontakt zu anderen aufnehmen, die wie du diese Fähigkeiten haben. Hilf ihnen und lerne von ihnen. Vervollkommne deine Mittel und Wege, mit dieser Ebene zu kommunizieren, doch bleibe in deinem Körper. Es gibt andere Methoden als LSD und Einsamkeit, um zu diesen Ergebnissen zu gelangen.«

Nach diesen anfänglichen Kontakten begann ich, die Anwesenheit meiner Führer zu spüren, auch ohne in den Raum einzutreten.

KEEN: Kommt es Ihnen nun so vor, als seien diese beiden Führer mehr als bloß poetische Projektionen Ihrer Einbildung?

LILLY: Vielleicht sind diese beiden Führer Aspekte meiner eigenen Funktion auf der Ebene des Über-Selbst. Womöglich sind sie Hilfskonstruktionen oder Vorstellungen, vielleicht Repräsentanten einer verborgenen esoterischen Schule – oder gehören einer Zivilisation an, die der unseren hundert oder tausend Jahre voraus ist. Vielleicht schalte ich mich aber auch in die Kommunikationsanlagen einer Zivilisation ein, die jenseits der unseren liegt und Informationen durch die gesamte Galaxie ausstrahlt. Ich weiß es nicht.

KEEN: Vieles an Ihrer Arbeit in körperlicher Isolation oder mit LSD scheint mir darauf aus zu sein, eine Reihe von Disziplinen im Umgang mit Erfahrungen herauszufinden, die von einer szientistischen Kultur als paranormal oder gar anomal angesehen werden. Entwickeln wir jetzt praktische Techniken, die uns in irgendeiner geordneten Weise den Zugang zu veränderten Bewußtseinszuständen erschließen?

LILLY: Wir nähern uns der Vermählung moderner wissenschaftlicher Anschauung mit dem alten esoterischen und mystischen Wissen. Wir entdecken jetzt neue Wege in Bewußtseinszustände, die man jahrhundertelang erfahren hat. Dabei handelt es sich um einen empirischen Zugang zu jenen Dimensionen des Bewußtseins, die von den Denkern des Ostens als Stufen der Erleuchtung oder als Satori bezeichnet wurden.

KEEN: Was für »Landkarten« haben Sie von diesen äußersten Bewußtseinsräumen des Menschen ausgearbeitet?

LILLY: Die für mich hilfreichste stammt von Oscar Ichazo – von dem Meister, der die Schule leitet, in der ich die letzten acht Monate gelebt habe. Er verwendet die Analogie von Länge und Frequenz der Schallwellen bei der Charakterisierung verschiedener Bewußtseinsstufen. Stufe 48 ist der rationale, neutrale Zustand. Auf dieser Stufe arbeitet der Geist auf brauchbare Art und Weise, aber ohne Emotion. In dieser Art von Bewußtsein lebt ein Kopfmensch fast die ganze Zeit über. Die Erfahrungen verschiedener Arten von Satori oder Erleuchtung beginnen mit Stufe 24. Stufe 24 hat zur Folge, daß wir uns über irgend etwas freuen, weil wir es gut und konfliktlos bewerkstelligen. Dies ist der professionelle Satori, der Zustand integrierter Arbeit. Weiter oben auf der psychedelischen Skala, mit Stufe 12, erreichen wir den Zustand beseligten Gewahrwerdens. Auf dieser zwölften Stufe können wir nicht ohne weiteres in der Welt fungieren, denn wir befinden uns im Zustand der Glückseligkeit. Zwar sind wir noch im Körper, aber die Wirklichkeit um uns scheint zu leben. Das ist die erste Stufe eines guten LSD-Trips. Auf dieser Stufe fällt es oft schwer zu sprechen. Man nimmt das Hier und Jetzt an. Gelegentlich wird dieser Zustand im Geschlechtsverkehr erreicht. Dies ist auch die Art von Erleuchtung, von der im Zen die Rede ist. Auf Stufe 6 geraten wir zum ersten Mal über den Körper hinaus und werden zu einem Punkt aus Bewußtsein, Liebe, Energie, Wärme, Erkennen. Dieser Punkt ist beweglich. Er kann sich innerhalb des Körpers oder in ferne Räume hinein bewegen. Noch haben wir das eigene Ich, seine Bewußtseinsmitte, aber der Körper wird nicht mehr erfahren.

Auf Stufe 3, der höchsten Satoristufe, die noch eine Rückkehr zuläßt, wird aus dem Bewußtseinspunkt eine tragende Fläche, etwas Festes, das sich durch das ganze bekannte Universum hindurch ausdehnt. Früher nannte man dies die Verschmelzung mit dem Universalen Geist oder mit Gott.

In einer moderneren Sprache hieße dies: Man hat eine mathematische Transformation durchgeführt, wodurch die Bewußtseinsmitte nicht mehr ein beweglicher Punkt, sondern zur tragenden Bewußtseinsfläche oder einem festen Bewußtseinskörper geworden ist. Hier geht man des Ich fast vollkommen verlustig, obgleich eine gewisse Erinnerung an diesen Zustand bleibt, wenn man zurückkommt. In eben diesem Zustand habe ich »mich« erfahren, verschmolzen und verwoben mit Hunderten von Millionen anderer Wesen in ein leichtes Bewußtseinsgewebe, das die ganze Galaxie umspannt.

KEEN: Wenn einem die Landkarte zur Verfügung steht, kann man dann lernen, in diese Bewußtseinszustände einzutreten, ohne Drogen zu nehmen?

LILLY: Ja. Drogen können in dem Sinne hilfreich sein, daß sie zu einer gewissen Wahrnahme der vorhandenen anderen Bewußtseinsmodi und -stufen führen. Allmählich breitet sich eine Duldsamkeit gegenüber Marihuana und LSD aus, eine neue Toleranz, die alle Mittel zur Bewußtseinsveränderung zuläßt. Doch wenn man erst einmal weiß, daß ein Raum existiert, kann man lernen, in ihn zurückzukehren. Wenn man diszipliniert und konzentriert ist, vermag man sich selber so zu programmieren, daß man in jeden beliebigen Raum, von dem man weiß, wieder eintreten kann.

Dies ist das aufgeschlossenste Land der Welt, die übrige Welt liegt weit zurück. Unsere Jugendlichen sind Bewußtseinsebenen und Möglichkeiten, sich in geistigen und mentalen Räumen zu bewegen, in einer Weise zugewendet, die noch nie dagewesen ist.

KEEN: Glauben Sie, daß die Revolution des Bewußtseins mit der Zeit auch die Anwendung der Technik verändern wird?

LILLY: Sie wird sie unermeßlich verbessern.

KEEN: Die Erforschung des Innenraums führt eine Welt neuer Kenntnisse herauf. Wer wird diese Kenntnisse weiterreichen, und an wen werden sie weitergereicht?

LILLY: Soweit ich sehe, werden sie ans Establishment und im Establishment vermittelt. Die neue Bewußtseinserforschung ist eine Lebensweise. Man wird das im Fernsehen und in den anderen Medien sehen. Die jüngere Generation verfügt bereits über ein gemeinsames Wissen, wie Bewußtsein zu verändern ist.

Die Leute, die mich jedoch am meisten interessieren, sind die erfolgreichen Vorsitzenden von Betrieben und Verwaltungen. Von ihnen operieren bereits viele auf der Satoristufe 24. Sie gehen freudig in ihrer Arbeit auf. Aber sie haben noch niemals Landkarten gesehen, die ihnen die Möglichkeit, glücklichere Ebenen des Bewußtseins zu erreichen, nahegelegt hätten.

Was würde wohl passieren, wenn sie imstande wären, die Möglichkeit in Betracht zu ziehen, das Wochenende in Satori 12 zu verbringen oder gar Satori 3 zu erreichen, in dem sie realisieren würden, wie innig ihr Wesen mit allen anderen Wesen im Universum verbunden ist?

KEEN: Ein Hauch mystischen Wahnsinns könnte uns mit nichtmenschlichen Formen des Bewußtseins vereinigen – womöglich entdecken wir sogar eine Verwandtschaft mit anderen Mitgliedern unserer eigenen Spezies.

LILLY: Es könnte sich herausstellen, daß die Erforschung der entlegenen Räume menschlichen Bewußtseins der schnellste Weg ist zur Umformung der Gesellschaft.

Zauberlehrling
Ein Gespräch mit Carlos Castaneda

Nachdruck aus der Zeitschrift *PSYCHOLOGY TODAY*
Dezember 1972

Zauberer sind keine Freunde von Statistiken, verifizierbarem Wissen oder feststehenden Identitäten. Ihre Tradition ist uralt, ihr Wissen esoterisch und ihre Lebensweise unsagbar fremd. Als Carlos Castaneda anfing, von den Lehren don Juans zu berichten, war er mehr als nur ein Zuschauer in der Welt der Zauberei, aber er hatte sich auch noch nicht ganz zu ihr bekehrt. In den dann folgenden Jahren fand er, daß die Weisheit don Juans der zuverlässigste Führer auf dem »Weg des Herzens« sei. Carlos, der Zauberlehrling, ist freilich schwerer zu verstehen, als Carlos, der Anthropologe. Je berühmter seine Bücher werden, desto mehr zieht er sich aus der Öffentlichkeit zurück. Von seinen Büchern *The Teachings of Don Juan (Die Lehren des Don Juan), A Separate Reality (Eine andere Wirklichkeit)* und *Journey to Ixtlan (Reise nach Ixtlan)* sind über eine halbe Million Stück verkauft worden.

Seine ständig zunehmende Popularität und die wachsende Legendenbildung um seine Person haben ihn dazu bewogen, seine Lebensgeschichte völlig auszulöschen und jede Art von Information vorzuenthalten. Denn um in den vorhandenen oder möglichen Welten frei umherzuwandern, bedarf er der Anonymität. Wenn es in der offiziellen Welt, für die das Zurückhalten autobiographischer Information einem Verrat gleichkommt, einmal gelingt, seiner habhaft zu werden, dann gibt er vielleicht Namen, Rang und Erkennungsnummer preis und verschwindet wieder, wie der Einsame Ranger, in einem Nebel von Gerüchten.

Laut einigermaßen zuverlässigen Quellen kam Castaneda vor dreiunddreißig oder vierunddreißig Jahren in Brasilien zur Welt, brachte seine Jugend zum größten Teil in Argentinien zu, bis er dann in die Vereinigten Staaten ging, um Völkerkunde zu studieren. Im Sommer 1960 machte er eine Untersuchung über Heilpflanzen und begegnete einem alten Indianer – don Juan Matus – der in dem Ruf stand, sich mit Peyotl auszukennen. Die beiden freundeten sich an. Die Freundschaft wuchs, und nach einem Jahr erklärte don Juan ihm, er sei ein *brujo* (Zauberer, Medizinmann oder Heiler) und habe beschlossen, sein geheimes Wissen an Carlos weiterzugeben. Im Vertrauen auf seine Fähigkeit, die geisterhafte Welt der Zauberei rationalisieren und transzendieren zu können und als Anthropologe einen kühlen Kopf zu bewahren, nahm Carlos das Angebot an. In den folgenden zwölf Jahren pendelte er zwischen der University of California in Los Angeles und den Spukbergen Mexikos hin und her. Er spielte mit dem Wahnsinn, aber es gelang ihm, gesund zu bleiben und weiter an seiner Dissertation zu arbeiten.

Interessanter als die vermeintlichen Fakten über Castaneda sind seine Verwandlungen und die Wunder, die er erlebt hat. Einmal verwandelte er sich in eine Krähe. Nur ein wenig Rauch von einer zauberkräftigen Pflanze war nötig, und schon sah er, wie ihm aus den Backenknochen Krähenflügel und aus dem Nacken Schwanzfedern wuchsen. Und dann flog er drei Tage mit drei anderen Krähen davon. (Jeder, der einmal Krähen gejagt hat, wird den beneiden, der die Gelegenheit hat, in ihren unheimlichen Kopf hineinzuschlüpfen. Als Experten für Aas – eine Art Gesundheitspolizei – müssen sie zwischen Lebendigem und Totem zu unterscheiden wissen. Ihre Weisheit liegt in der Fähigkeit zu beurteilen, ob etwas sich zu schnell, zu langsam oder genau richtig bewegt. Und dies ist eine durchaus beachtliche Fähigkeit. Wie gut könnte eine Kultur wie die unsere sie brauchen – wie gut könnten wir sie brauchen, die wir einen dämonischen Götzen namens Fortschritt anbeten, der uns wie wahnsinnig in Bewegung hält.)

Aber damit stehen wir erst am Anfang: In seiner Lehrlingszeit begegnete Castaneda Geschöpfen, wie sie nur selten auf dieser Seite des Spiegels zu finden sind. Als er versuchte, die andere Wirklichkeit der Welt des Zauberers zu betreten, verstellte eine beinahe hundert Fuß große Mücke ihm den Weg. Andere Gefahren taten sich auf. Eine schöne Zauberin, la Catalina, versuchte, sich seiner Seele zu bemächtigen und zwang ihn zum Kampf auf Leben und Tod. Als sie einst leichtsinnigerweise in Gestalt einer Amsel zu nahe an das Haus don Juans heranflog, tötete Castaneda sie beinahe mit der Schrotflinte. Als er schließlich mutig genug war, Catalina den Huf eines wilden Ebers in den Nabel zu rammen, erkannte sie die Festigkeit seines Vorsatzes und hörte auf, ihm Schwierigkeiten zu bereiten. Viel von Carlos' Macht kam aus der Begegnung mit Mescalito, dem erdbeerköpfigen Peyotlgeist mit der grünen Haut. Aber zuweilen sah er selbst ohne die Hilfe seiner psychotropischen Freunde unglaubliche Dinge. Einmal ließen don Juan und sein Freund don Genaro den Wagen von Carlos vor dessen stocknüchternen Augen verschwinden. Und ein anderes Mal unterhielt er sich mit einem hochintelligenten, zweisprachigen Coyoten.

All dies sind lediglich Spielereien, gelegentliche Ausflüge in entlegene Gefilde. Das Wunder aller Wunder war Castanedas unaufhörlicher Weg zum Herzen der gewöhnlichen Wirklichkeit. Selten sind die Dinge, was sie zu sein scheinen. Indem er ihn an die Quellen seiner Zauberkunst führte, versuchte don Juan, in Carlos die Fähigkeit zu entwickeln, die alltägliche Welt mit staunenden Augen zu betrachten. Don Juan ist ein guter Wissenssoziologe. Er weiß, daß die Welt des »gesunden Menschenverstandes« Produkt gesellschaftlicher Vereinbarungen ist. Um überhaupt in Erstaunen geraten zu können, müssen wir uns von den Erklärungen und Vorstellungen freimachen, die unsere Sicht der Dinge gestalten und einengen. Wenn wir die Weisen, in denen wir normalerweise die Welt wahrnehmen, einmal für sich betrachten, dann sehen wir, wie eigenmächtig sie sind. Don Juan hat sich der Zauberei und psychotroper Pflanzen bedient, um Carlos beim Prozeß dieser Durchsicht zu helfen. Die scharfsinnigsten Philosophen unseres Jahrhunderts haben dasselbe durch den reinen Gedanken oder das Verstehen zu erreichen versucht.

Hier gehen Faktum und Fiktion ineinander über und lassen das Ereignis zum Gleichnis werden. Ein Student des Phänomenologen Edmund Husserl, der von Castanedas Interesse an Phänomenologie wußte, schenkte ihm ein Stück Ebenholz, das einst auf Husserls Schreibtisch gelegen hatte. Carlos hatte don Juan Passagen aus Husserls *Ideen zu einer reinen Philosophie und phänomenologischen Philosophie* vorgelesen und mit ihm besprochen. Ihm gab er dieses Geschenk weiter. Don Juan streichelte das Ebenholzstück, wie Husserl eine Generation vor ihm, und gab ihm einen Ehrenplatz in der Schatzkammer seiner zaubermächtigen Gegenstände. Das war auch völlig angemessen. Husserl suchte der Subjektivität und dem Solipsismus zu entkommen, dem Erbe der cartesianischen Definition des Menschen als eines rationalen Wesens, das in die Gewißheiten seines eigenen Geistes eingeschlossen ist. Auch don Juan lehrte, es sei ein Fehler, sich restlos in die Welt der Psyche zu verstricken und die Wunder, die um uns her sind, außer acht zu lassen. Innerhalb des isolierten Selbst ist weder Erlösung noch Gesundheit. Wenn wir Wege finden können, das Bewußtsein voraussetzungslos zu machen, vor der Wahrnehmung die Barrieren, die der »gesunde Menschenverstand« uns auferlegt hat, niederzureißen, dann ist nicht abzusehen, was für seltsame Dinge wir womöglich entdecken. Es gibt sicherlich mehr unter der Sonne, als Philosophen oder Psychologen oder Börsenmakler sich träumen lassen.

In seinem Buch *Die Reise nach Ixtlan* zeigt Castaneda, daß nicht die phantastischen, sondern vielmehr die realistischen Aspekte der Lehre don Juans ihn davon überzeugten, daß es keinen anderen Weg zu einem fruchtbaren und reichen Leben gebe. »Don Juan rief mir immer wieder ins Gedächtnis zurück, daß ich sterben muß«, sagt er. Als für Castaneda der Tod Wirklichkeit annahm, war er fähig, sich zu ändern und zu entscheiden; die Erwartungen anderer und die gewöhnliche gesellschaftliche Routine waren nun nicht mehr allein maßgeblich für ihn. Der Krieger, der seinen Körper diszipliniert und persönliche Macht ansammelt, wurde ihm zum Vorbild. Der Versuch, untadelig zu leben, ließ Carlos die paradoxale Einheit der Gegensätze erkennen: Disziplin und Nachlässigkeit, Realismus und Phantasie, sekundäre und primäre Denkvorgänge gehen Hand in Hand. Geistige Gesundheit und Ekstase müssen einander nicht ausschließen.

Jedes Zeitalter entdeckt oder schafft sich die Helden, die es braucht. Vielleicht empfinden wir uns in zunehmendem Maße als Fremde in einem fremden Land, und so bevölkern wir unsere neue Welt mit Erdgeistern und Gurus, Charismatikern und Entdeckern veränderter Bewußtseinszustände. Auch Leuten, die Neil Armstrong für den amerikanischen Boy schlechthin halten, der immer vor »Terry und die Piraten« im Radio zu hören war, sind die Namen Carlos Castaneda, don Juan, Timothy Leary, John Lilly und die anderer Psychonauten bekannt. Unsere okkulten Helden bezeugen unser Verlangen nach einem neuen Zeitalter der Verzauberung. Die Magie der alten Träume ist uns verlorengegangen. Wir meinten, angehäufter Reichtum werde uns Sicherheit bescheren und technische Macht gestatten, die Umwelt so weit zu manipulieren, daß sie uns jeden nur denkbaren Wunsch erfüllen werde. Aber wir haben ebensoviel Angst wie Glück gefunden, mehr Chaos als Fortschritt. Es scheint nun an der Zeit zu sein, einen anderen Weg zu suchen. Weder Technologie noch Herrschaft können die Welt so weitgehend verändern, daß die Bedürfnisse der Menschen befriedigt werden, die ihrer Sterblichkeit allmählich inne werden. So rufen wir die alten Vorstellungen von der Macht persönlicher Vision wieder ins Leben. Die neue Mystik verkündet, daß Erleuchtung den Projekten zur Veränderung der Gesellschaft vorausgehen müsse. Das Auge des Beobachters muß sich erst läutern, bevor es neue Möglichkeiten wahrnehmen kann. Die Verzauberung birgt Gefahr. Wir wissen, daß die tyrannische Vorherrschaft der Maschinen, des Profits und der Machtpolitik nur in wachsende Entfremdung und Ungerechtigkeit führt. Daraus folgt jedoch nicht, daß nun der Sache des Überlebens dient, wer sich aus der Politik in Naturmystik oder Privatismus zurückzieht. Vision ohne Politik ist so gefährlich wie Politik ohne Vision. Wir sind auf die beunruhigenden Wunder aus der Welt don Juans ebenso angewiesen, wie auf die prophetischen Proteste der Berrigans. Wir alle täten gut daran, uns Krähenaugen zuzulegen und die Geschwindigkeit, mit der wir uns bewegen, wie die Richtung, in die wir uns bewegen, genau zu beobachten. Castaneda war tagelang verstört, als er von seinem Flug mit den Krähen zurückkehrte. Er lebte mit der Angst, die alle Reisenden befällt, die sich in der Welt auf der anderen Seite des Spiegels aufgehalten haben. Eine Zeitlang wußte er nicht, ob er ein Professor sei, der meinte, er sei eine Krähe, oder eine Krähe, die meinte, sie sei ein Professor. Dann lachte er und wußte, daß Buchstabenwahrheit und Poesie sich nicht trennen lassen. Worum es geht, ist, sich in die Lüfte zu erheben und zur Erde zurückzukehren.

SAM KEEN: Als ich don Juan durch Ihre Bücher folgte, kam mir manchmal der Verdacht, er sei eine Schöpfung von Carlos Castaneda. Er ist fast zu gut, um wahr zu sein – ein weiser alter Indianer, der die menschliche Natur besser zu kennen scheint, als alle anderen.

CARLOS CASTANEDA: Daß ich eine Person wie don Juan ausgedacht haben könnte, ist undenkbar. Meine europäische intellektuelle Tradition hätte mir kaum erlaubt, eine Gestalt wie ihn zu erfinden. Die Wahrheit ist viel merkwürdiger. Nichts habe ich von mir aus hinzugetan. Ich bin nur Berichterstatter. Ich war nicht einmal zu den Veränderungen im eigenen Leben bereit, die sich mit Notwendigkeit aus meiner Verbindung mit don Juan ergaben.

KEEN: Wie und wo begegneten Sie don Juan und wurden sein Lehrling?

CASTANEDA: Ich beendete gerade mein Vordiplom an der University of California in Los Angeles und wollte in Völkerkunde promovieren. Ich wollte Professor werden. Dazu, meinte ich, müsse man den regulären Weg gehen. Ich veröffentlichte eine kurze Arbeit über Heilpflanzen. An einem Zauberer wie don Juan war ich wahrhaftig nicht interessiert. Da zeigte mir ein Schulfreund an einer Busstation in Arizona einen alten Indianer und erklärte mir, dieser Mann wisse über Peyotl und Heilkräuter Bescheid. Ich warf mich in die Brust, stellte mich don Juan vor und sagte: »Ich habe gehört, daß Sie viel von Peyotl verstehen. Darin bin ich selber Experte (ich hatte Weston LaBarres Buch *Der Peyotl-Kult* gelesen) und vielleicht lohnt es sich für Sie, mit mir beim Mittagessen zu sprechen.« Er sah mich an, und meine Prahlerei war wie weggeblasen. Ich erstarrte. Das Wort blieb mir im Halse stecken. Gemeinhin war ich sehr aggressiv und redegewandt – um so schwerer fiel es nun ins Gewicht, daß ein Blick mich verstummen ließ. Danach begann ich, ihn zu besuchen, und ein Jahr später sagte er mir, er habe sich dazu entschlossen, das von seinen Lehrern erhaltene Zauberwissen an mich weiterzugeben.

KEEN: Dann ist don Juan also kein Einzelphänomen. Gibt es so etwas wie eine Gilde von Zauberern, die ein Geheimwissen verwalten?

CASTANEDA: Gewiß. Ich kenne drei Zauberer und sieben Lehrlinge, und es gibt noch viele andere. Lesen Sie die Geschichte der spanischen Eroberung Mexicos; Sie werden feststellen, daß die katholischen Inquisitoren versuchten, die Zauberei, die sie für Teufelsspuk hielten, auszurotten. Es gibt sie seit vielen Jahrhunderten. Die meisten Techniken, die don Juan mich lehrte, sind sehr alt.

KEEN: Manche der von den Zauberern verwendeten Techniken sind auch in anderen okkulten Gruppen verbreitet. Oft bedient man sich der Träume, um verlorene Gegenstände wiederzufinden, und Menschen begeben sich im Schlaf auf Reisen außerhalb ihres Körpers. Bei Ihrer Erzählung, don Juan und sein Freund don Genaro hätten am hellichten Tage Ihren Wagen verschwinden lassen, konnte ich mich aber nur am Kopf kratzen. Ich weiß, daß ein Hypnotiseur die Illusion von der Anwesenheit oder Abwesenheit eines Gegenstandes hervorrufen kann. Glauben Sie, daß Sie hypnotisiert worden sind?

CASTANEDA: Vielleicht. Irgend etwas Ähnliches. Wie don Juan sagt, müssen wir aber realisieren, daß die Welt mehr enthält, als wir uns gemeinhin eingestehen. Unsere normalen Erwartungen hinsichtlich der Realität kommen durch einen gesellschaftlichen Konsensus zustande. Darin besteht ja der Trick der Sozialisation, daß wir davon überzeugt werden, die vereinbarten Beschreibungen definierten die Begrenzungen der realen Welt. Was wir Realität nennen, stellt nur eine Betrachtungsweise von Welt dar, getragen vom gesellschaftlichen Konsensus.

KEEN: Dann bringen Zauberer und Hypnotiseur also eine andere Welt hervor, indem sie andere Erwartungen aufbauen und andere Stichworte geben, um gesellschaftlichen Konsensus herzustellen.

CASTANEDA: In der Tat. Ich bin dazu gekommen, Zauberer so zu verstehen, wie Talcott Parsons den Gedanken der Interpretation: Sie ist ein alles umfassendes Wahrnehmungs- und Sprachgefüge. Dieser Raum zum Beispiel ist eine Interpretation. Eine Reihe isolierter Wahrnehmungen – Fußboden, Decke, Lampen, Teppiche, Fenster, etc. – fassen wir zusammen und machen daraus ein für sich stehendes Ganzes. Doch wir haben erst lernen müssen, die Welt auf diese Weise zusammenzusetzen. Ein Kind hat bei der Erkundung der Welt nur wenige Vorurteile, bis man ihm beibringt, die Dinge so zu sehen, wie es den allseits vereinbarten Beschreibungen entspricht. Die Welt ist eine Vereinbarung. Das Auslegungssystem scheint so etwas wie das Laufen zu sein. Wir müssen laufen lernen, doch sobald wir es lernen, gibt es nur noch eine Art und Weise zu laufen. Wir müssen sehen und sprechen lernen, doch sobald wir es lernen, sind wir der Syntax der Sprache und dem in ihr enthaltenen Wahrnehmungsmodus unterworfen.

KEEN: Die Zauberei lehrt demnach, wie die Kunst, ein neues Auslegungssystem. So hat zum Beispiel Vincent van Gogh mit der künstlerischen Tradition gebrochen und die *Sternennacht* gemalt. Damit hat er gesagt: Dies ist eine neue Sicht der Dinge, Sterne sind lebendig und wirbeln innerhalb ihres Energiefeldes umher.

CASTANEDA: Das stimmt nur teilweise. Es gibt einen Unterschied. Gemeinhin ordnet ein Künstler die alten Interpretationen einfach neu, die für seine Zugehörigkeit zu einer Kultur bezeichnend sind. Zugehörigkeit besteht darin, sich in den unterschwelligen Bedeutungen einer Kultur auszukennen. So fühlte ich mich zum Beispiel, wie die meisten gebildeten abendländischen Menschen, vor allem der europäischen intellektuellen Welt zugehörig.

Man kann aus einem Zugehörigkeitsbereich nicht ausbrechen, ohne in einen anderen überzuwechseln. Man vermag lediglich die Interpretationen neu zu ordnen.

Keen: Hat don Juan Sie resozialisiert oder desozialisiert? Hat er Sie in ein System neuer Sinnzusammenhänge eingeführt oder Ihnen nur beigebracht, das überkommene System abzustreifen, um die Welt als staunendes Kind betrachten zu können?

Castaneda: In diesem Punkt sind don Juan und ich uns nicht einig. Ich behaupte, er habe mich neu interpretiert, er behauptet, er habe mich aus allen Interpretationen herausgenommen. Indem er mich in die Zauberei einführte, stattete er mich mit neuen Erklärungen aus, mit einer neuen Sprache, mit einer neuen Weise, die Welt zu betrachten. Ich habe einmal don Juan ein wenig aus der linguistischen Philosophie Ludwig Wittgensteins vorgelesen, da lachte er und sagte: »Bei deinem Freund Wittgenstein sitzt der Kopf verkehrt herum. Deshalb ist er unfähig, irgendwo hinzugehen.«

Keen: Wittgenstein wäre wohl einer der wenigen Philosophen gewesen, der don Juan verstanden hätte. Seine Annahme, es gebe viele verschiedene Sprachspiele, Wissenschaft, Politik, Poesie, Religion, Metaphysik mit jeweils eigener Syntax und eigenen Regeln – hätte es ihm gestattet, die Zauberei als ein andersartiges System der Wahrnehmungen und Auslegungen zu verstehen.

Castaneda: Aber don Juan meint, was er selbst sehen nenne, sei ein interpretationsloses Gewahren von Welt: reines, staunendes Wahrnehmen. Zauberei ist ein Mittel zu diesem Zweck. Um die Gewißheit zu zerbrechen, die Welt sei so beschaffen, wie einem beigebracht worden ist, muß man eine neue Beschreibung der Welt – Zauberei – erlernen und dann die alte und die neue zusammenbringen. Dann sieht man, daß keine der Beschreibungen endgültig ist. Und in diesem Augenblick schlüpft man zwischen die Beschreibungen: hält die Welt an und schaut. Was übrig bleibt, ist das Wunder, das eigentliche Wunder, die Welt ohne jede Interpretation zu schauen.

Keen: Halten Sie es für möglich, die Interpretationsschwelle mit Hilfe psychogener Drogen zu überspringen?

Castaneda: Nein. Da streite ich mich mit Leuten wie Timothy Leary. Meiner Meinung nach hat er aufgrund seiner europäischen Zugehörigkeit improvisiert und lediglich alte Deutungsmuster neu arrangiert. Ich habe zwar nie LSD genommen, don Juans Unterweisungen jedoch entnommen, daß psychotrope Pflanzen dazu verwendet werden, dem gewöhnlichen Interpretationsfluß Einhalt zu gebieten, die den Interpretationen innewohnenden Widersprüche zu vergrößern und die Gewißheit zu erschüttern. Aber Drogen allein erlauben es uns nicht, die Welt zum Stillstand zu bringen. Dazu braucht man eine ganz andere Beschreibung der Welt. Deshalb mußte don Juan mich Zauberei lehren.

KEEN: Es gibt die gewöhnliche Realität, von der wir im Westen mit Sicherheit annehmen, dies sei *die* einzige Welt, und es gibt die andere Wirklichkeit des Zauberers. Wodurch unterscheiden die beiden sich im wesentlichen?

CASTANEDA: Für Europäer ist die Welt weitgehend aus dem zusammengesetzt, was die Augen dem Geist vermitteln. In der Zauberei ist das Wahrnehmungsorgan der Körper als ganzer. Als Europäer betrachten wir eine Außenwelt und sprechen über sie zu uns selber: Wir sind hier – und die Welt ist dort, draußen. Unsere Augen füttern unseren Verstand. Unvermittelt wissen wir nichts von den Dingen. Die Zauberei hält diese Belastung der Augen für unnötig: Wir wissen mit dem ganzen Körper.

KEEN: Der westliche Mensch beginnt mit der Annahme, das Subjekt sei getrennt vom Objekt. Wir sind isoliert von der Welt und müssen eine Art Kluft überbrücken, um zu ihr gelangen zu können. Für don Juan und die Tradition der Zauberei ist der Körper bereits in der Welt, wir sind vereint mit der Welt und ihr nicht entfremdet.

CASTANEDA: Das stimmt. Die Zauberei hat eine andere Theorie der Verkörperung. In der Zauberei stellt sich das Problem, den Körper so einzustimmen, so einzurichten, daß er ein guter Empfänger wird. Europäer gehen mit ihren Körpern um wie mit Gegenständen. Sie füllen Alkohol, schlechte Nahrung und Angst in sie hinein. Geht etwas schief, glauben sie, Keime seien von außen in den Körper eingedrungen. Also schaffen sie irgendeine Medizin herbei, um ihn zu heilen. Krankheit ist kein Teil von uns. Aber don Juan glaubt dies. Für ihn besteht Krankheit in der Disharmonie zwischen einem Menschen und seiner Welt. Der Körper ist in sich selbst ein Bewußtsein, und er muß untadelig behandelt werden.

KEEN: Das klingt so ähnlich wie Norman O. Browns Gedanke, Kinder, Schizophrene und diejenigen, die vom göttlichen Wahnsinn des dionysischen Bewußtseins geschlagen sind, seien sich der anderen Menschen und Dinge als Verlängerungen ihres eigenen Leibes bewußt. Bei don Juan klingt so etwas an, wenn er sagt, den wissenden Menschen verbänden Lichtfasern seines Sonnengeflechts mit der Welt.

CASTANEDA: Meine Unterhaltung mit dem Coyoten ist eine gute Illustration für die verschiedenen Theorien der Verkörperung. Als er zu mir kam, sagte ich: »Na, wie geht's, kleiner Coyote?« Und er antwortete darauf: »Mir geht's prima. Und wie sieht es bei dir aus?« Zwar hörte ich diese Worte nicht wie gewöhnlich. Aber mein Körper wußte, daß der Coyote etwas sagte, und ich übersetzte es in einen Dialog. Als Intellektueller habe ich eine so tief verwurzelte Beziehung zum Dialog, daß mein Körper jenes Gefühl, das Tier kommuniziere mit mir, automatisch in Worte übertrug. Wir sehen das Unbekannte immer in Gestalt des Bekannten.

KEEN: Wenn Sie sich in dieser magischen Bewußtseinsverfassung befinden, in der Coyoten sprechen und alles stimmig und lichterfüllt ist, scheint es, als sei die ganze Welt lebendig und als seien Menschen in einer Gemeinschaft beieinander, welche Tiere und Pflanzen mit einbezieht. Wenn wir den anmaßenden Gedanken, wir seien die einzigen verständigen und des Austausches fähigen Lebewesen, aufgäben, würden wir vielleicht feststellen, daß alle möglichen Dinge zu uns sprechen.

John Lilly sprach mit Delphinen. Vielleicht würden wir uns weniger als Fremdlinge fühlen, wenn wir glauben könnten, daß wir nicht die einzigen intelligenten Lebewesen sind.

CASTANEDA: Wir könnten wahrscheinlich mit jedem Tier sprechen. Don Juan und die anderen Zauberer fanden an meiner Unterhaltung mit dem Coyoten überhaupt nichts Ungewöhnliches. Allerdings waren sie der Meinung, ich hätte mir lieber ein etwas verläßlicheres Tier als Freund aussuchen sollen. Coyoten sind Schwindler, man darf ihnen nicht trauen.

KEEN: Welche Tiere sind denn bessere Freunde?

CASTANEDA: Schlangen sind erstaunlich gute Freunde.

KEEN: Ich habe mich einmal mit einer Schlange unterhalten. Eines Nachts träumte ich, auf dem Speicher eines Hauses, in dem ich als Kind gelebt hatte, sei eine Schlange. Ich nahm einen Stock und versuchte, sie totzuschlagen. Am Morgen erzählte ich den Traum einer Freundin. Mahnend sagte sie, es sei nicht gut, wenn man Schlangen töte, auch wenn sie nur auf dem Dachboden in einem Traum lebten. Wenn mir im Traum wieder einmal eine Schlange begegne, solle ich sie füttern oder irgend etwas tun, um sie freundlich zu stimmen. Eine Stunde später etwa fuhr ich mit meinem Motorroller auf einer wenig befahrenen Straße, und da wartete sie auf mich, eine vier Fuß lange Schlange, die ausgestreckt in der Sonne lag. Ich hielt neben ihr. Sie lag regungslos da. Nachem wir uns eine Zeitlang angeblickt hatten, wollte ich sie durch irgendeine Geste wissen lassen, daß es mir leid tue, im Traum ihren Bruder geschlagen zu haben. Ich beugte mich zu ihr hinüber und berührte ihren Schwanz. Da ringelte sie sich zusammen und bedeutete mir, daß diese Vertraulichkeit voreilig sei. So zog ich mich zurück und sah sie nur an. Nach etwa fünf Minuten verschwand sie im Gebüsch.

CASTANEDA: Sie haben sie nicht hochgehoben?

KEEN: Nein.

CASTANEDA: Da sind Sie einem sehr guten Freund begegnet. Man kann lernen, Schlangen herbeizurufen. Sie nehmen alles wahr, Ihre Aktivität und Ihre Empfindungen, aber Sie selber müssen in guter Verfassung sein, ruhig und gesammelt – in heiterer Stimmung, die nicht durch Zweifel oder ungelöste Probleme getrübt ist.

KEEN: Meine Schlange ließ mich erkennen, daß die Natur mir immer Angst eingeflößt hatte. Ich hatte Tiere und vor allem Schlangen für gefährlich gehalten. Nach dieser Begegnung konnte ich nie wieder eine Schlange töten, und es erschien mir immer einleuchtender, daß irgendein Lebenszusammenhang zwischen uns bestehe.

Innerhalb unseres ökologischen Systems könnte es sehr wohl Kommunikation zwischen verschiedenen Formen des Lebens geben.

CASTANEDA: Don Juan hat dazu eine sehr interessante Theorie. Er behauptet, daß sowohl Pflanzen wie Tiere einen immer etwas angehen. Wenn man sich bei den Pflanzen nicht dafür entschuldige, daß man sie pflücke, laufe man Gefahr, krank zu werden oder zu verunglücken.

KEEN: Ähnlich verhalten sich die nordamerikanischen Indianer, wenn sie ein Tier getötet haben. Sie glauben, daß der Geist des Tieres ihnen Schwierigkeiten bereite, wenn sie sich nicht bei ihm dafür bedanken, daß es sein Leben hingegeben habe, damit ein anderer leben könne.

Castaneda: Alles Lebendige bildet eine Gemeinschaft. Jedesmal, wenn wir absichtlich ein Pflanzenleben oder ein Tierleben verletzen, wird etwas verändert. Wir nehmen Leben, um selber leben zu können, aber wir müssen auch ohne Murren dazu bereit sein, unser Leben zu lassen, wenn unsere Zeit gekommen ist. Wir halten uns selber für so wichtig und nehmen uns so ernst, daß wir darüber vergessen, welch großes Geheimnis die Welt ist. Es teilt sich uns mit, wenn wir nur zuhören.

Keen: Vielleicht können psychotrope Drogen das isolierte Ich für Augenblicke auslöschen und eine mystische Verschmelzung mit der Natur ermöglichen. Die meisten Kulturen, die sich einen Sinn für die Kommunion zwischen Mensch und Natur bewahrt haben, haben auch psychedelische Drogen bei ihren Kulthandlungen verwendet. Standen Sie unter dem Einfluß von Peyotl, als Sie mit dem Coyoten sprachen?

Castaneda: Nein. Ich hatte nichts dergleichen genommen.

Keen: War diese Erfahrung intensiver als ähnliche Erfahrungen, die Sie machten, wenn don Juan Ihnen psychotrope Pflanzen verabreichte?

Castaneda: Viel intensiver. Wenn ich psychotrope Pflanzen zu mir genommen hatte, wußte ich schließlich immer, daß ich etwas eingenommen hatte. Die Gültigkeit meiner Erfahrung konnte immer bezweifelt werden. Als aber der Coyote mit mir sprach, hatte ich keine Ausrede. Dies konnte ich nicht wegerklären. Ich hatte die Welt wirklich zum Stillstand gebracht und mein europäisches Interpretationssystem eine Weile lang vollständig hinter mir gelassen.

Keen: Glauben Sie, daß don Juan die meiste Zeit über in diesem Zustand des Gewahrseins lebt?

Castaneda: Ja. Er lebt in der magischen Zeit und nur gelegentlich kommt er in die gewöhnliche Zeit. Ich lebe in der gewöhnlichen Zeit und tauche nur hin und wieder in die magische Zeit ein.

Keen: Ein Mensch, der sich so weit von den ausgetretenen Pfaden des als allgemein verbindlich Erachteten entfernt, muß sehr einsam sein.

Castaneda: Ich glaube schon. Don Juan lebt in einer furchteinflößenden Welt. Er hat die Routinemenschen weit hinter sich gelassen. Als ich einmal bei ihm und seinem Freund don Genaro war, erkannte ich, wie einsam die beiden waren, wie betrübt, all das Gepränge und all die Orientierungspunkte des gewöhnlichen

Lebens zurücklassen zu müssen. Ich glaube, don Juan macht aus seiner Einsamkeit eine Kunst. Er bindet die Macht, das Wunder, die Einsamkeit. Er beherrscht sie und läßt Kunst aus ihnen werden.

Die metaphorische Art und Weise zu leben ist seine Kunst. Deshalb sind seine Lehren von solch dramatischer Würze und Einheitlichkeit. Er gestaltet sein Leben und die Weise des Lehrens mit Bedacht.

KEEN: Als don Juan Sie, zum Beispiel, zur Jagd in die Berge mitnahm, inszenierte er da bewußt eine Allegorie?

CASTANEDA: Ja. Er betrieb die Jagd nicht aus sportlichen Gründen, und Fleisch brauchte er auch nicht. In den zehn Jahren, die ich ihn kenne, hat don Juan, soweit ich weiß, nur vier Tiere getötet und auch nur dann, wenn er erkannte, daß der Tod dieser Tiere für ihn ebenso zum Geschenk würde wie dereinst sein eigener Tod für irgendein anderes Lebewesen. Einmal fingen wir ein Kaninchen in einer von uns aufgestellten Falle, und don Juan meinte, ich solle es töten, denn seine Zeit sei abgelaufen. Ich war verzweifelt, denn ich hatte das Gefühl, ich sei das Kaninchen. Ich versuchte, es zu befreien, konnte aber die Falle nicht öffnen. So trampelte ich auf der Falle herum und brach dem Kaninchen dabei aus Versehen den Hals. Don Juan hatte mir beizubringen versucht, daß ich die Verantwortung für mein Dasein in dieser wunderbaren Welt auf mich nehmen müsse. Er beugte sich zu mir und flüsterte mir ins Ohr: »Ich habe dir gesagt, daß dem Kaninchen keine Zeit mehr beschieden war, in dieser schönen Wüste umherzustreifen.« Er verwendete mit Absicht dieses Bild, um mich zu lehren, wie der Krieger sich verhält. Ein Krieger ist derjenige, der jagt und sich Macht verschafft. Dazu muß er Geduld und Willenskraft entwickeln und sich mit Bedacht in der Welt bewegen. Don Juan verwendete die dramatische Situation der wirklichen Jagd für seine Unterweisung, denn er wollte meinen Körper ansprechen.

KEEN: In Ihrem Buch *Die Reise nach Ixtlan* berichtigen Sie den Eindruck, den Ihre ersten Bücher hinterlassen haben – den Eindruck, daß don Juan vor allem psychotrope Pflanzen verwendete, als er Sie in der Zauberei unterwies. Welchen Rang nehmen Ihrer Meinung nach die psychotropen Pflanzen in seinem Unterricht ein?

CASTANEDA: Don Juan hat mir lediglich in der mittleren Periode meiner Lehrlingszeit psychotrope Pflanzen verabreicht, weil ich so dumm und verdreht und aufsässig war. Ich hielt an meiner Betrachtungsweise der Welt fest, als sei dies die alleinige Wahrheit. Die psychotropen Drogen durchlöcherten mein Interpretationssystem. Sie zerstörten meine dogmatische Gewißheit. Aber ich zahlte einen ungeheuren Preis. Als der Klebstoff, der meine Welt zusammenhielt, sich aufgelöst hatte, war mein Körper so geschwächt, daß es Monate dauerte, ehe meine Kräfte wiederhergestellt waren. Die Angst hatte mich gepackt, und ich war nur noch in geringem Maße funktionstüchtig.

KEEN: Benutzt don Juan regelmäßig psychotrope Drogen, um die Welt zum Stillstand zu bringen?

CASTANEDA: Nein. Er kann sie heute nach Belieben anhalten. In meinem Falle, so sagte er, sei es sinnlos, ohne die Hilfe psychotroper Pflanzen schauen zu wollen. Wenn ich mich jedoch wie ein Krieger verhielte und Verantwortung übernähme, brauchte ich keine Drogen mehr; sie würden meinen Körper nur schwächen.

KEEN: Dies wird für viele Ihrer Bewunderer ein ziemlicher Schock sein. Sie sind doch so etwas wie ein Schutzheiliger der psychedelischen Revolution.

CASTANEDA: Ich habe tatsächlich Anhänger, und sie haben seltsame Vorstellungen von mir. Neulich hielt ich eine Vorlesung an der Universität von Long Beach. Auf dem Weg dorthin wies ein junger Mann, der mich kannte, auf mich und sagte zu einem Mädchen: »Du, das ist Castaneda.« Sie glaubte ihm nicht, denn sie meinte, ich müßte ein sehr geheimnisvolles Wesen sein. Ein Freund von mir hat einige der Geschichten über mich gesammelt, die in Umlauf sind. Es heißt, ich hätte mystische Füße.

KEEN: Mystische Füße?

CASTANEDA: Ja, daß ich nämlich wie Jesus barfuß laufe und keine Hornhaut bekomme. Angeblich bin ich andauernd stoned. Außerdem habe ich Selbstmord verübt und bin an mehreren Orten gestorben.

Eine meiner Collegeklassen geriet fast außer sich, als ich anfing, Fragen über Phänomenologie und über Gruppenzugehörigkeit zu stellen, und Wahrnehmung und Sozialisation untersuchte. Sie wollten Anweisungen dafür haben, wie man sich entspannt, wieder anspringt und den Geist hochgehen läßt. Dagegen ist für mich das Verstehen wichtig.

KEEN: In einem Informationsvakuum florieren eben die Gerüchte. Wir wissen nun etwas von don Juan, aber viel zu wenig von Castaneda.

CASTANEDA: Das gehört absichtlich zum Leben eines Kriegers. Um rasch zwischen verschiedenen Welten hin und her wechseln zu können, muß man unauffällig bleiben. Denn je bekannter man wird, je mehr man mit etwas identifiziert wird, desto mehr büßt man an Freiheit ein. Wenn die Leute bestimmte Vorstellungen davon haben, wer man zu sein und wie man zu handeln habe, kann man sich nicht mehr bewegen. Gleich zu Beginn brachte mir don Juan bei, meine persönliche Geschichte abzulegen. Umgibt man sich allmählich mit einem Nebel, so wird man von den Leuten nicht mehr als etwas Selbstverständliches angesehen und gewinnt Spielraum für Veränderungen.

Deshalb meide ich Tonbandaufnahmen und Photographieren bei meinen Vorlesungen.

KEEN: Vielleicht können wir persönlich werden, ohne biographisch zu werden. Sie spielen die Bedeutung psychedelischer Erfahrung während Ihrer Lehrzeit herunter. Anscheinend gehen Sie aber auch nicht mit den Tricks hausieren, die Sie das Stammkapital des Zauberers nennen. Was war wichtig für Sie an don Juans Lehren? In welcher Weise wurden Sie durch sie verändert?

CASTANEDA: Für mich war am ehesten der Gedanke anwendbar, Krieger und Wissenschaftler zu sein, und die mögliche Hoffnung, die Welt anhalten und sehen zu können. Das hat mir Frieden geschenkt und das Vertrauen, fähig zu sein, mein Leben in den Griff zu bekommen. Ich besaß nur wenig eigene Kraft, als ich don Juan begegnete. Mein Leben war ziellos. Ich war von meinem Geburtsort in Brasilien aus einen weiten Weg gegangen. Nach außen hin aggressiv und frech, war ich innerlich jedoch unentschieden und unsicher. Vor mir selbst wußte ich mich stets zu entschuldigen. Don Juan warf mir einmal vor, ich sei ein professionelles Kind – so voller Selbstmitleid. Ich empfand mich als Blatt im Wind. Wie die meisten Intellektuellen lebte ich mit dem Rükken zur Wand. Wohin ich gehörte, wußte ich nicht. Keine Lebensweise fesselte mich wirklich. Ich glaubte, mir bleibe nichts anderes übrig, als nach reiflicher Überlegung mich dem Leben der Langeweile anzupassen und immer umfassendere Formen der Zerstreuung ausfindig zu machen, wie den Gebrauch psychedelischer Drogen, Haschisch und sexuelle Abenteuer. All dies wurde noch übertrieben durch meinen Hang zur Nabelschau. Ich blickte immer nach innen und führte Selbstgespräche. Dieser innere Dialog hörte selten auf. Don Juan wendete meinen Blick nach außen und lehrte mich, die Herrlichkeit der Welt zu sehen und eigene Kräfte zu sammeln.

Wenn man in vollen Zügen leben möchte, kann man, glaube ich, nicht anders leben.

KEEN: Er scheint Sie mit dem alten Trick der Philosophen eingefangen zu haben, indem er Sie den Tod sehen ließ. Mich verblüffte, wie geradezu klassisch don Juans Vorgehen war. Es kam mir wie ein Echo vor auf Platos Forderung, der Philosoph müsse erst sterben lernen, ehe er den Zugang zur wirklichen Welt finden könne, und auf Martin Heideggers Definition des Seins zum Tode.

CASTANEDA: Ja, aber don Juans Methode macht eine seltsame Wendung. Sie folgt der Überlieferung der Zauberei, der zufolge der Tod körperhaft anwesend ist, so daß man ihn spüren und sehen kann. Eine der Interpretationen der Zauberei lautet: »Der Tod steht zu deiner Linken. Der Tod ist ein unparteiischer Richter, der dir die Wahrheit sagt und genaue Ratschläge erteilt. Schließlich hat der Tod es nicht eilig. Er holt dich morgen oder nächste Woche oder in fünfzig Jahren. Ihm ist es einerlei. In dem Augenblick, in dem dir einfällt, daß du einmal sterben mußt, wirst du auf das richtige Maß heruntergeschraubt.«

Ich glaube, ich habe diesen Gedanken nicht lebendig genug dargestellt. Bei der Interpretation – »der Tod zu deiner Linken« – geht es in der Zauberei nicht um eine intellektuelle Angelegenheit, sondern um eine Wahrnehmung. Wenn der Leib richtig auf die Welt eingestimmt ist und man dann seine Augen nach links wendet, vermag man etwas Außerordentliches zu erleben: die schattenhafte Anwesenheit des Todes.

KEEN: In der existenzialistischen Tradition folgen den Gesprächen über den Tod gewöhnlich Gespräche über die Verantwortung.

CASTANEDA: Dann ist don Juan ein guter Existenzialist. Wenn ich nicht weiß, ob ich in der nächsten Minute noch lebe, muß ich so leben, als sei dies mein letzter Augenblick. Jede Handlung ist die letzte Schlacht des Kriegers. Alles Tun muß deshalb makellos sein. Nichts darf in der Schwebe bleiben. Für mich hatte dieser Gedanke etwas sehr Befreiendes. Jetzt gibt es kein Herumhängen mehr; nichts steht mir bevor. Hier bin ich und rede mit Ihnen und kehre vielleicht nie wieder nach Los Angeles zurück. Doch das würde nichts ausmachen, denn ich habe alles in Ordnung gebracht, ehe ich hierher kam.

KEEN: Diese Welt aus Tod und Entschiedenheit liegt weit von den psychedelischen Utopien entfernt, in denen die Vision einer nicht endenden Zeit die tragische Beschaffenheit der Entscheidung aufhebt.

CASTANEDA: Wenn links von Ihnen der Tod steht, müssen Sie Ihre Welt durch ständige Entscheidungen gestalten. Da gibt es keine großen und keine kleinen, sondern nur Entscheidungen, die jetzt getroffen werden müssen.

Zeit für Zweifel oder Gewissensbisse bleibt nicht. Wenn ich meine Zeit damit verbringen würde, das zu bedauern, was ich gestern getan habe, ginge ich den heute fälligen Entscheidungen aus dem Weg.

KEEN: Wie lehrte don Juan Sie, sich zu entscheiden?

CASTANEDA: Er sprach durch seine Taten zu meinem Körper. Ich war daran gewöhnt, alles in der Schwebe zu belassen und nie etwas zu entscheiden. Entscheidungen waren gräßlich für mich. Daß ein empfindsamer Mensch sich entscheiden müsse, schien mir ungerecht zu sein. Eines Tages fragte mich don Juan: »Meinst du, wir beide, du und ich, seien einander ebenbürtig?« Ich, der Student einer Universität, der Intellektuelle – er, ein alter Indianer! Doch ich ließ mich herab und sagte: »Selbstverständlich, wir sind gleich.« Er sagte: »Das glaube ich nicht. Ich bin Jäger und Krieger, und du bist ein Pimpf. Ich bin in jedem Augenblick bereit, die Summe meines Lebens zu ziehen. Deine schwächliche Welt aus Unentschlossenheit und Traurigkeit ist der meinen nicht ebenbürtig.« Da war ich sehr beleidigt und wäre weggegangen, wenn wir uns nicht mitten in der Wildnis befunden hätten. So setzte ich mich hin und geriet in die Falle meiner Ichverfangenheit. Ich würde nun so lange warten, bis er sich entschlossen hatte, nach Hause zu gehen. Nach langen Stunden sah ich ein, daß don Juan ewig da sitzen bliebe, wenn es nötig wäre. Und warum auch nicht? Ein Mensch ohne dringende Geschäfte ist Herr seiner Entscheidungen. Schließlich wurde mir klar, dieser Mann war nicht wie mein Vater, der zum Neuen Jahr zwanzig gute Vorsätze faßte und alle wieder fallen ließ. Don Juans Entscheidungen waren, soweit sie ihn betrafen, unwiderruflich. Sie konnten nur durch andere Entscheidungen aufgehoben werden. So ging ich zu ihm hin und berührte ihn. Er stand auf, und wir gingen nach Hause. Die Tragweite dieses Vorgangs war ungeheuer – er überzeugte mich davon, daß es eine überwältigende und kraftvolle Lebensweise ist, ein Krieger zu sein.

KEEN: Also der Inhalt einer Entscheidung wiegt nicht so schwer wie der Akt des Sich-Entscheidens.

CASTANEDA: Genau dies meint don Juan, wenn er eine »Geste« macht. Eine Geste ist der willentliche Akt, der um der Kraft willen, die sich aus einer Entscheidung ergibt, durchgeführt wird. Wenn zum Beispiel ein Krieger eine vor Kälte starre Schlange fände, würde er, wenn möglich, einen Weg ausfindig machen, die Schlange an einen warmen Ort zu bringen, ohne von ihr gebissen zu werden. Der Krieger macht diese Geste für nichts und wieder nichts. Aber er würde sie in vollkommener Weise vollziehen.

KEEN: Es scheint viele Parallelen zwischen der Existenzphilosophie und den Lehren don Juans zu geben. Was Sie über die Entscheidung und die Geste gesagt haben, zeigt, daß don Juan wie Nietzsche oder Sartre glaubt, daß nicht der Verstand, sondern der Wille die eigentliche Fähigkeit des Menschen ist.

CASTANEDA: Das ist wohl richtig. Lassen Sie mich von mir aus sagen: Was ich tun möchte – vielleicht gelingt es mir – ist dieses: meine Vernunft aus der Kontrolle zu entlassen.

Mein ganzes Leben ist vom Geist kontrolliert worden, und er würde mich eher umbringen, als auf Kontrolle verzichten. An einem bestimmten Punkt meiner Lehrzeit fiel ich in tiefe Depressionen. Schrecken, Trübsinn und Selbstmordgedanken überkamen mich. Damals warnte don Juan mich, dies sei einer der Tricks des Verstandes, um die Kontrolle wiederzuerlangen. Mein Verstand, meinte er, vermittle meinem Körper das Gefühl, das Leben sei sinnlos. Wenn mein Geist erst einmal in diese letzte Schlacht gezogen und besiegt sei, würde die Vernunft anfangen, den ihr gebührenden Platz als Instrument des Leibes einzunehmen.

KEEN: »Das Herz hat seine Gründe, von denen der Verstand nichts weiß.« Und für den übrigen Körper scheint dies auch zuzutreffen.

CASTANEDA: Genau darauf kommt es an. Der Körper hat einen eigenen Willen. Oder, richtiger gesagt, der Wille ist die Stimme des Körpers. Deshalb gab don Juan seinen Lehren durchweg eine dramatische Form. Mein Intellekt konnte seine zauberische Welt ohne weiteres als Unsinn abtun. Meinen Körper jedoch zogen seine Welt und seine Lebensweise an. Und sobald der Körper erst einmal die Oberhand gewonnen hatte, setzte ein neues, gesünderes Regime ein.

KEEN: Don Juans Techniken im Umgang mit Träumen haben mich sehr beeindruckt, weil sie eine willentliche Steuerung der Traumbilder als Möglichkeit vermuten lassen. Als schlage er vor, ein dauerhaftes, stabiles Observatorium im Innenraum einzurichten. Erzählen Sie mir von don Juans Traumtraining.

CASTANEDA: Der Trick beim Träumen besteht darin, Traumbilder so lange aufrechtzuerhalten, daß man sie eingehend betrachten kann. Um diese Art von Kontrolle zu erlangen, muß man sich zuvor irgend etwas aussuchen und lernen, es im Traum ausfindig zu machen. Don Juan schlug vor, ich solle meine Hände als ruhenden Punkt verwenden und zwischen ihnen und den Bildern hin und her gehen. Nach einigen Monaten lernte ich, meine Hände zu finden und den Traum anzuhalten. Diese Technik faszinierte mich so sehr, daß ich kaum erwarten konnte einzuschlafen.

KEEN: Ist das Anhalten von Bildern in Träumen so etwas wie das Anhalten der Welt?

CASTANEDA: Es ist ähnlich. Aber es gibt da Unterschiede. Ist man erst einmal in der Lage, nach Belieben die eigenen Hände aufzufinden, so erkennt man, daß es sich dabei lediglich um eine Technik handelt. Was man jedoch will, ist die Steuerung. Ein wissender Mensch muß seine persönliche Kraft zusammenfassen. Doch das genügt nicht, um die Welt zum Stillstand zu bringen. Dazu ist auch ein gewisses Maß an Gelassenheit vonnöten. Man muß das Geschwätz, das im Inneren des Geistes stattfindet, zum Schweigen bringen und sich der Außenwelt überlassen.

KEEN: Welche der vielen Techniken zum Anhalten der Welt, die don Juan Ihnen beigebracht hat, praktizieren Sie noch?

CASTANEDA: Heute besteht meine Disziplin vor allem darin, meine Routine zu unterbrechen. Ich war immer ein ausgesprochener Routinemensch. Ich aß und schlief nach Stundenplan. 1965 fing ich an, meine Gewohnheiten zu ändern. Ich schrieb in den stillen Nachtstunden und schlief und aß, wenn ich das Bedürfnis dazu verspürte. Heute habe ich so viele Gewohnheiten abgestellt, daß ich wohl über kurz oder lang mir selber unberechenbar und überraschend sein werde.

KEEN: Ihre Disziplin erinnert mich an die Zen-Geschichte von den beiden Schülern, die von Wunderkräften prahlten. Der eine behauptete, der Begründer der Sekte, zu der er gehöre, könne am Ufer eines Flusses stehen und den Buddhanamen auf ein Stück Papier schreiben, das sein Gehilfe auf dem gegenüberliegenden Ufer in der Hand halte. Der zweite Schüler entgegnete, solch ein Wunder beeindrucke ihn nicht. »Mein Wunder«, sagte er, »besteht darin, daß ich esse, wenn ich hungrig bin, und trinke, wenn ich durstig bin.«

CASTANEDA: Dieses Element von Engagement in der Welt veranlaßte mich, den mir von don Juan gewiesenen Weg weiterzugehen. Es besteht keine Notwendigkeit, die Welt zu transzendieren. Alles, was wir wissen müssen, liegt unmittelbar vor uns, sofern wir aufmerksam sind. Sich in einen Zustand ungewöhnlicher Realität, etwa durch Genuß psychotroper Pflanzen, zu versetzen, hat nur den Sinn, auf diese Weise des Wunders der gewöhnlichen Wirklichkeit gewahr zu werden. Für mich ist diese Art zu leben – der Weg des Herzens – nicht Introspektion oder mystische Transzendenz, sondern das Anwesendsein in der Welt. Die Welt ist der Jagdgrund des Kriegers.

KEEN: Die Welt, die Sie und don Juan geschildert haben ist voller zauberischer Coyoten, verzauberter Krähen und schöner Zauberinnen. Daß diese Welt Sie gefangengenommen hat, ist leicht zu verstehen. Wie verhält es sich aber mit der Welt eines modernen Großstädters? Wo ist da die Magie? Vielleicht könnten wir das Wunder lebendig erhalten, wenn wir alle in den Bergen zu leben vermöchten. Aber wie ist es möglich, wenn wir neben einer Autobahn leben?

CASTANEDA: Einmal habe ich don Juan auch diese Frage gestellt. Wir saßen in einem Café in Yuma, und ich deutete an, die Welt anzuhalten würde ich ja vielleicht lernen können, um dann mit ihm in der Wildnis zu leben. Er blickte durchs Fenster auf die vorbeifahrenden Autos und sagte: »Das da draußen ist deine Welt. Du kannst dich ihr nicht vorenthalten. Du bist ein Jäger dieser Welt da.« Heute lebe ich in Los Angeles und stelle fest, daß ich diese Welt meinen Bedürfnissen anpassen kann. Es stellt zwar eine Herausforderung dar, ohne feste Routine in einer Welt aus Routine zu leben. Aber möglich ist es.

KEEN: Der Geräuschpegel und der ständige Druck der Menschenmenge scheinen die Stille zu zerstören und die Einsamkeit, die für das Anhalten der Welt wesentlich wären.

CASTANEDA: Keineswegs. Man kann den Lärm sogar nutzen. Im Gedröhn der Autobahn vermag man zu lernen, auf die Außenwelt zu lauschen. Gewöhnlich handelt es sich, wenn wir die Welt anhalten, um jene Welt, die wir durch unseren andauernden inneren Dialog in Gang halten. Vermag man erst einmal dem Geschwätz im Inneren Einhalt zu gebieten, so hört man auf, die alte Welt weiterlaufen zu lassen. Die Beschreibungen zerfallen. Und in diesem Augenblick setzt der Wandel der Persönlichkeit ein. Konzentriert man sich auf Geräusche, stellt man fest, daß es dem Gehirn schwerfällt, alle diese Geräusche einzuordnen, und nach kurzer Zeit hört man auf, es zu versuchen. Anders die visuelle Wahrnehmung. Sie führt in uns zu einer fortlaufenden Ausformung von Kategorien und Denkbewegungen. Wenn wir das Reden, Kategorisieren und Urteilen einstellen können, ist es so friedlich.

KEEN: Die innere Welt verändert sich also, was aber geschieht mit der äußeren? Wir mögen das individuelle Bewußtsein revolutionieren, die gesellschaftlichen Strukturen, die unsere Selbstentfremdung herbeiführen, tasten wir aber gar nicht an. Hat Ihr Denken überhaupt Raum für soziale und politische Reformen?

CASTANEDA: Ich bin aus Lateinamerika gekommen, wo die Intellektuellen andauernd über politische und soziale Revolution reden und viele Bomben geworfen werden. Doch die Revolution hat nicht viel verändert. Um ein Gebäude zu bombardieren, braucht man wenig Courage. Aber die Zigaretten aufzugeben oder aufzuhören, Angst zu haben, oder das Geschwätz im Inneren einzustellen – dazu muß man sich selbst erneuern. Damit fängt wirkliche Reform an.

Don Juan und ich waren vor nicht allzu langer Zeit in Tuscon, wo eine Woche zum Thema »Erde« gesprochen wurde. Jemand redete über Ökologie und über die Greuel des Vietnamkrieges. Er rauchte die ganze Zeit über. Don Juan meinte: »Ich kann mir nicht vorstellen, daß er sich um die Körper anderer Leute Sorgen macht, wenn er seinen eigenen nicht mag.« Unsere erste Sorge sollte uns selbst gelten. Ich kann meine Mitmenschen nur gern haben, wenn ich mich auf der Höhe meiner Kraft befinde, wenn ich nicht deprimiert bin. Um in dieser Verfassung zu bleiben, muß ich meinen Körper instand halten. Jede Revolution muß hier in diesem Körper anfangen. Ich kann meine Kultur verändern, aber nur aus dem Inneren eines Körpers, der auf diese seltsame Welt fehlerlos eingestimmt ist. So möchte ich die eigentliche Erfüllung in der Kunst, ein Krieger zu sein, erreichen, was, wie don Juan sagt, der einzige Weg ist, zwischen dem Entsetzen, ein Mensch zu sein, und dem Wunder, ein Mensch zu sein, das Gleichgewicht herzustellen.

Wir haben nicht den geringsten Wunsch, das Ego zu bestärken oder es glücklich zu machen

Ein Gespräch mit Oscar Ichazo

Nachdruck aus der Zeitschrift *PSYCHOLOGY TODAY*
Juli 1973

Als Gott vor einigen Jahren für tot erklärt wurde, hegten ein paar Gläubige und manche Skeptiker den Verdacht, er könne unversehens wieder zum Leben erwachen. Götter überleben besser als Atheisten; sie vergehen im Winter unserer Enttäuschung, wechseln die Gestalten und Gewänder und erstehen im Frühling wieder auf. Wenn man den Propheten und Gurus der Bewußtseinsrevolution Glauben schenken darf, dann ist Gott wiedergeboren worden und wir nähern uns mit großer Geschwindigkeit dem Punkt Omega, dem Großen Erwachen, dem Neuen Zeitalter des Geistes.

Selbst für den skeptischen Beobachter ist das weitverbreitete Interesse an Transzendentaler Meditation, an Yoga, Sufismus, Szientologie und an den okkulten Künsten Zeichen einer neuen religiösen Sensitivität. Rôshis, Lamas, Swamis, vollendete Meister im Alter von vierzehn Jahren, weise Männer mittleren Alters und andere zur Verwirklichung gelangte Wesen ziehen in Schwärmen durch die Vereinigten Staaten und versorgen eine begierig lauschende Zuhörerschaft mit neuer Religion. All dies mag eine Modeerscheinung sein. Aber womöglich stehen wir am Anfang einer religiösen Reformation, die radikaler ist als alles, was im Westen stattgefunden hat, seit Calvin den Kapitalismus ehelichte und den Industriestaat hervorbrachte.

Trotz beträchtlicher Unterschiede sind die Befürworter der neuen Religion sich einig in der Zurückweisung jener beschränkten Auffassung von Bewußtsein, von der die westliche Kultur bestimmt ist. Der menschliche Geist ist keine Maschine, die in einer Reihe chinesischer Schächtelchen steckt – Kopf, Körper, Umgebung, historischer Augenblick etc. Er ist vielmehr ein Teil der Göttlichen Intelligenz, die aufs innigste mit dem gesamten Kosmos verbunden ist. Der Mensch, so wird behauptet, sei eher ein kosmisches denn ein psychologisches Tier. Wir sind Geist im Geist, Bewußtsein im Bewußtsein, Leere in der Leere, Atman in Brahman, Gott in Gott.

Die neue Religion stellt in Frage, daß Psychologie zum Verständnis verhelfe und Linderung für das Unbehagen der Menschen bringe. Beides bietet sie – eine neue Anthropologie und eine neue Therapie, die von der Annahme ausgehen, daß Psychologie ein Symptom der geistigen Krankheit sei, die zu heilen sie vorgibt.

Die Psychologie wurde als eine eigene Wissenschaft im neunzehnten Jahrhundert geboren, als Gott starb. Da das Christentum den großen Gott Pan vom Himmel und die Maschine ihn aus den unberührten Gebieten der Natur vertrieb, kam dem Menschen die Hoffnung auf Errettung nur noch aus der eigenen Psyche. Dem Ego wurde die Rolle des nicht mehr vorhandenen Gottes zugewiesen. Und genau darin liegt, laut Aussage der neuen Gurus, das Problem. Gehen wir davon aus, daß der Mensch im Kosmos ein Fremdling ist, so bleibt uns nichts anderes übrig, als die Mauern zu verstärken, die uns im selbsterrichteten Gefängnis umschließen, und uns mit der Einsamkeit abzufinden. Die wahre Therapie befreit uns dagegen aus dieser Illusion der Individualität und löst unseren Egozentrismus im kosmischen Bewußtsein auf. Um die destillierte Essenz des neuen religiösen Bewußtseins zu kosten, läßt sich kein besserer Ort als das Arica-Institut finden. Es öffnete 1971 in New York seine Pforten für 76 Leute, von denen die meisten durch eine Gruppe von Esalen-Pilgern, Besuchern der ursprünglichen Schule in Arica, Chile, von den Lehren des Gründers Oscar Ichazo gehört hatten. Innerhalb von zwei Jahren wuchs der Lehrkörper von Arica auf 250 Lehrer an. Es gibt Zentren in New York, San Francisco, Los Angeles sowie Trainingsprogramme in einem Dutzend anderer Städte. Das Curriculum der Schule besteht aus einer Mischung von Techniken und Disziplinen, die esoterischen und religiösen Traditionen aus Ost und West entnommen sind. Man hat sie so stromlinienförmig für den modernen Amerikaner zurechtgebogen, daß der Zutritt zur Erleuchtung nahezu garantiert ist. Im New Yorker Hauptquartier (24.West 57. Street) trägt ein Fahrstuhl Studenten und Besucher durch einen malerisch drapierten Schacht zu einer mit Teppichen ausgelegten Suite, deren Räume farbenprächtig mit Symbolen dekoriert sind – mit Tarockkarten, dem Yin-Yang und mit Diagrammen der Satoristufen. Meditation, Mantras, Mudras, Eurhythmie, Getrommel, Yoga und neueste Bewegungs- und Gruppentechniken mischen sich hier mit Vorträgen über Philosophie und Diät, und aus dieser Mixtur soll sich ein System in Theorie und Praxis ausbilden, durch das das Bewußtsein der Gruppe in einen Zustand der Erleuchtung erhoben wird.

Oscar Ichazo spricht mit Überzeugung von der bevorstehenden

Revolution des Bewußtseins und von der Hoffnung, bei Arica genügend Lehrer ausbilden zu können, damit das neue Erwachen schnell genug einsetze, um die westliche Kultur vor dem Tode zu retten, auf den sie unausweichlich zutreibe. Aus seinem Leben und seinem Werdegang gibt er nur wenige verschwommene Fakten preis. Was die Einsicht ins Bewußtsein des Menschen und die alten wie die modernen Techniken anlangt, psychische Räume zu durchstreifen, so ist er offensichtlich ein Experte. Obwohl Arica weitgehend aus seiner Vision entstanden ist, zieht er sich allmählich in den Hintergrund zurück, insofern die von ihm geschaffene Organisation und spirituelle Technik der Aufgabe genügen, in die Mysterien des heraufkommenden höheren Bewußtseins einzuführen.

SAM KEEN: Mit dem Arica-Institut scheinen Sie so etwas wie eine Universität für veränderte Bewußtseinszustände ins Leben gerufen zu haben. In Ihrem Curriculum finde ich Techniken der Zurücknahme des Ego und der Erweckung des Bewußtseins, die dem Zen, dem Sufismus, dem Buddhismus, der Psychoanalyse, der Begegnungstherapie, dem Werk Gurdjieffs und vieler anderer entlehnt sind. Wie ist es Ihnen gelungen, so viele verschiedene Techniken so vieler verschiedener religiöser und esoterischer Traditionen beherrschen zu lernen und zu lehren?

OSCAR ICHAZO: Das ist eine lange Geschichte. Arica ist weniger eine Erfindung von mir als das Produkt unserer Zeit. Das Wissen, welches ich in die Schule eingebracht habe, ist mir aus vielen Quellen zugekommen, auf die ich bei meiner eigentümlichen Suche stieß. Ich fing, könnte man sagen, mit der Erforschung des Bewußtseins nicht darum an, um veränderte Formen des Gewahrwerdens zu erreichen, sondern um ihnen zu entkommen. Die Geschichte beginnt aber schon in meiner frühen Kindheit.

KEEN: Dann lassen Sie uns damit beginnen.

ICHAZO: Ich bin in Bolivien und Peru aufgewachsen. Meine Eltern waren nominell katholisch ohne eigentliches religiöses Interesse. Ich besuchte eine Jesuitenschule und bekam die kirchliche Theologie beigebracht. Dann aber, ganz plötzlich, hatte ich Anfälle, die meistens in den Augenblicken zwischen Wachen und Einschlafen einsetzten. Das geschah zum ersten Mal (am 20. Dezember 1937) als ich sechseinhalb Jahre alt war. Diese Anfälle waren sehr heftig, nicht eigentlich epileptische Anfälle, aber so etwas Ähnliches. Zuerst verspürte ich große Schmerzen, hatte Todesangst und Herzklopfen. Das hörte dann auf. Die Schmerzen nahmen zu, und ich starb. Nach einer gewissen Zeit trat ich wieder in meinen Körper ein und entdeckte, daß ich noch am Leben war. Diese Anfälle traten alle zwei, drei Tage auf. Ich wurde von Entsetzen geschüttelt, wußte jedoch, daß meine Eltern mir nicht helfen konnten, und folglich sagte ich ihnen nichts. Ich wurde sehr einsam und kam mir anders vor als alle um mich her. Ständig hatte ich die Angst, der nächste Anfall könne der letzte sein oder meine Eltern könnten glauben, ich sei tot, während ich mich doch nur außerhalb meines Körpers befand. Ich war geradezu besessen von dem Gedanken, wieder in den Normalzustand zurückkehren zu können.

KEEN: Sind die Bilder und Visionen, die Sie während Ihrer Abwesenheit außerhalb des Körpers sahen, angenehm oder schmerzlich gewesen?

ICHAZO: Beides. Wenn man sich in seinem Astralkörper befindet, können sowohl Angst wie Ekstase ungeahnte Dimensionen annehmen, weil das reine Bewußtsein grenzenlos ist. Das war es auch, was in meinen Beziehungen zur Kirche die erste Desillusionierung herbeiführte. Erzählte der Priester von der Hölle, sagte ich mir: »Gestern nacht bin ich in der Hölle gewesen, aber so war sie nicht.« Auch das Paradies der Kirche sah dem, was ich auf meinen Ausflügen sah, überhaupt nicht ähnlich. Immerhin, ich glaubte, Kommunion und Gebet könnten mir helfen, diese furchtbare Besessenheit loszuwerden, doch sie verschlimmerten diese nur. Ich glich jemandem, der in der Hoffnung, nun werde etwas Wunderbares geschehen, LSD genommen hat, und ... nichts passiert. Das Gebet bewirkte lediglich, daß ich mich noch stärker auf mein Problem konzentrierte.

KEEN: Wie entkamen Sie dieser Besessenheit?

ICHAZO: Ich entdeckte, daß die Verfangenheit in der eigenen Subjektivität die Hölle war und daß ich etwas tun konnte, was mich aus der Hölle hinausführte.

KEEN: Nachdem also die üblichen Gnadenmittel versagt hatten, übernahmen Sie die Verantwortung für die Bewußtseinskontrolle selber.

ICHAZO: Ja, ein wenig. Der Gedanke zumindest war da, aber ich brauchte viele Jahre, um die Kontrolle zu erlangen. Ich begann, alles über Anatomie, Physiologie und Medizin zu lesen, was ich fassen konnte, weil ich herauszufinden hoffte, wie meinem Zustand beizukommen wäre. Dann hatte ich das Glück, in die martialischen Künste eingeführt zu werden. Ich fing mit dem Samurai-Training an und erhielt eine erste Einführung in die Zen-Meditation. Meine Familie besaß etwas Land, und so hatte ich Kontakt zu den Indianern. Sie machten mich schon in meiner Jugendzeit mit psychedelischen Drogen und mit dem Schamanismus bekannt. Außerdem begann ich, mit Hypnose zu experimentieren und Yogaübungen zu machen. Und während dieser ganzen Zeit las ich an Philosophie, was mir in die Hände kam – vor allem William James. Mit siebzehn ging ich an die Universität von La Paz, aber ich langweilte mich dort und war enttäuscht und sehr einsam.

KEEN: Es wird immer spannender. Ich nehme an, wir nähern uns dem entscheidenden Augenblick.

ICHAZO: Als ich neunzehn Jahre alt war, wurde ich in La Paz von einem bemerkenswerten Mann entdeckt. Er war sechzig Jahre alt. Gleich zu Beginn, als er anfing, mich zu unterweisen, wußte ich, daß er die Wahrheit sagte. Ich habe mich verpflichtet, seinen Namen nicht preiszugeben. Er gehörte zu einem kleinen Kreis von Menschen, die in Buenos Aires zusammenkamen, um verschiedene esoterische Techniken der Bewußtseinsveränderung untereinander auszutauschen. Ich wurde der Kaffeeboy dieser Gruppe. Um 4 Uhr morgens stand ich auf, machte Kaffee und Frühstück für sie und hielt mich so unauffällig wie möglich in ihrer Nähe auf. Mit der Zeit gewöhnten sie sich an meine Gegenwart und fingen an, mich als Versuchskaninchen zu benutzen, wenn sie einander ihre Techniken zeigten. Wenn sie sich nicht einigen konnten, ob irgendeine Art von Meditation oder Mantra funktionierte, mußte ich es ausprobieren und berichten, was ich dabei erfuhr.

KEEN: Welche Richtungen herrschten in der Gruppe vor?

ICHAZO: Die Gruppe bestand zu etwa zwei Dritteln aus Orientalen, folglich konzentrierte man sich auf Zen, Sufismus und Kabbala. Außerdem wurden Techniken verwendet, auf die ich später in der Methode Gurdjieffs stieß.

KEEN: Und wie geht die Geschichte weiter?

ICHAZO: Eines Tages war ich gerade dabei, Kaffee zu servieren, da kam es zu einer Auseinandersetzung zwischen zwei Mitgliedern der Gruppe. Ich wandte mich zu dem einen und sagte:

»Nicht Sie haben recht. Er hat recht.« Einfach so. Dann erklärte ich ihnen den Punkt, bis sie beide verstanden. Diese Begebenheit ließ alles anders werden. Ich wurde fortgeschickt und glaubte, man habe mich hinausgeworfen, weil ich mich so anmaßend verhalten hatte. Aber ungefähr nach einer Woche wurde ich zurückgerufen, und man teilte mir mit, daß man beschlossen habe, mich zu unterweisen. Von diesem Zeitpunkt an arbeiteten sie noch zwei Jahre mit mir und öffneten mir im Orient die Türen. Eine Zeitlang blieb ich noch zu Hause in Chile und begann dann, den Osten zu bereisen und dort zu studieren – in Hongkong, in Indien und Tibet. Ich übte mich weiter in den martialischen Künsten, erlernte alle höheren Formen des Yoga und vertiefte mich in Buddhismus, Konfuzianismus, Alchemie und in die Weisheit des *I Ging*. Danach kehrte ich zu meinem Vater nach La Paz zurück, um das Erlernte zu verdauen. Als ich so ein Jahr lang für mich allein gearbeitet hatte, verfiel ich sieben Tage lang in ein göttliches Koma. Und als ich daraus erwachte, wußte ich, daß ich lehren sollte. Es war einfach undenkbar, daß all dies Glück nur für mich allein bestimmt sein sollte. Aber ich brauchte zwei Jahre, um diese Entscheidung in die Tat umzusetzen. Zuerst ging ich nach Santiago und begann, Vorlesungen an dem Institut für angewandte Psychologie zu halten. Ich hatte dort so viel Zulauf, daß ich beschloß, in die abgelegene kleine Stadt Arica umzuziehen und nur einen ausgesuchten Kreis von Menschen mitzunehmen, denen es wirklich ernst war. Zunächst arbeitete ich mit einer Gruppe von zehn Leuten. 1970 stieß dann eine Gruppe von Amerikanern – ungefähr fünfzig – zu uns und blieb neun Monate. Fünfzehn davon stammten aus Esalen. Es war mir klar, daß es nun Zeit sei, nach Nordamerika zu gehen. Und da sind wir – das Arica-Institut mit Zentren in New York, Los Angeles und San Francisco.

KEEN: Jede Form von Therapie, ob sie nun in Kirchen, Entwicklungszentren, Sprechzimmern oder Weisheitsschulen stattfindet, beruht auf einer Vision dessen, was der Mensch werden kann, auf einer Diagnose seines gegenwärtigen Unglücks und auf einem Rezept, wie er zur Erfüllung gelangen könnte. Was ist das für ein Tier, der Mensch?

ICHAZO: Wir müssen beim Menschen unterscheiden zwischen dem, was er wesenhaft ist, und seinem Ego oder seiner Persönlichkeit. In seinem Wesen ist jeder Mensch vollkommen, furchtlos und in Liebe mit dem gesamten Kosmos vereint. Da gibt es in seinem Inneren keinen Konflikt zwischen Kopf, Herz und Bauch oder zwischen ihm und anderen Menschen. Der Ursprung jedes Menschen ist in dem reinen Wesen. Später geschieht etwas: Das Ich beginnt, sich zu entwickeln; Karma häuft sich an; es findet ein Übergang von der Objektivität zur Subjektivität statt; der Mensch fällt aus dem Wesen heraus in die Persönlichkeit.

KEEN: Ist dieser Fall eine historische Begebenheit? Oder sprechen Sie über irgendein mythisches Ereignis wie die Vertreibung aus dem Paradies oder den Klassenkonflikt, der entstand, als das Bürgertum das Proletariat auszubeuten begann, oder die Wiederholung des Dramas von Ödipus oder Elektra im Kindesalter?

ICHAZO: Eine kurze Weile bewahrt der Mensch seine Wesenhaftigkeit. Sie geht zwischen dem vierten und dem sechsten Lebensjahr verloren, wenn das Kind anfängt, seine Eltern nachzuahmen, Lügen zu erzählen und sich zu verstellen. Zwischen dem inneren Empfinden des Kindes und der äußeren sozialen Wirklichkeit, an die es sich anpassen muß, entsteht ein Widerspruch. Das Ichbewußtsein ist der beschränkte Modus eines Gewahrwerdens, das sich daraus ergibt, daß der Mensch der Gesellschaft verfällt. Die Persönlichkeit legt eine Abwehrschicht um das Wesen, und so kommt es zu einem Zwiespalt zwischen Selbst und Welt. Das Ego empfindet die Welt als befremdlich und gefährlich, weil es immer mißlingt, die tieferen Bedürfnisse des Selbst zu befriedigen.

KEEN: Erik Erikson beschreibt denselben Ablauf als das Scheitern, eine Beziehung grundlegenden Vertrauens aufrechtzuerhalten. Die Gesellschaft basiert auf dieser gelinden Art von Schizophrenie, die wir als »normal« ansehen.

ICHAZO: Man kann das Ego auch anders charakterisieren, als Prinzip einer Kompensation für einen vermeintlichen Verlust. Wenn wir uns von unserer ursprünglichen Vollkommenheit abwenden, von unserem Heilsein, von unserem Einssein mit der Welt und mit Gott, verfallen wir der Illusion, daß wir zu unserer Vervollkommnung eines Äußeren bedürften. Die Abhängigkeit von dem, was außen ist, macht das Ego des Menschen aus. Sobald der Mensch erst einmal im Ichbewußtsein ist, wird er von Begierde und Furcht getrieben. Er vermag kein wirkliches Glück zu finden, ehe die Begierde nicht erlischt und er in sein Wesen zurückkehrt, das heißt, ehe er nicht das erreicht, was der Buddhismus Nirwana oder die Leere nennt.

KEEN: Das Problem Begierde ist just der Punkt, an dem die östlichen und die westlichen Visionen vom Menschen sich trennen. Der Buddhismus und die Religiosität des Ostens sehen Begierde allgemein als etwas, das ausgerottet werden muß, ehe der Mensch glücklich sein kann. Westliche Philosophen und Psychologen hingegen neigen zu dem Glauben, daß man, wenn man zwischen bewußten und unbewußten Begierden zu unterscheiden vermöge, das Ego so weit ertüchtigen könne, daß es mit der Wirklichkeit fertig werde und das Glück finde. Ich glaube, Platos Mythos von der Entstehung der erotischen Liebe ist archetypisch für den westlichen Geist. Ursprünglich waren die Menschen paarweise Rücken an Rücken aneinander gefügt. Es gab dreierlei Paare: männlich-männlich, weiblich-weiblich, männlich-weiblich. Die Götter hatten Mitleid mit ihnen und trennten sie voneinander, so daß sie sich von Angesicht zu Angesicht schauen und lieben konnten. Erotische Liebe ist der Trieb zur Wiedervereinigung mit der uns verlorengegangenen Hälfte. Wir begehren, weil wir unvollkommen sind. Die tiefste Wurzel der Begierde ist die natürliche wechselseitige Abhängigkeit der Geschlechter. Ist Begierde nicht in der biologischen Verschiedenheit verwurzelt, in dem ontologischen Faktum des Unvollständigseins? Warum akzeptiert man nicht das Bedürfnis nach Interdependenz, anstatt das Ego zu läutern und die Begierde nach dem, was uns entzückt und vervollkommnet, auszurotten? Versuchen Sie nicht, das Selbst unabhängig zu machen von der Welt?

ICHAZO: Nein. Es geht mir lediglich um Befreiung von einer künstlich konstruierten sozialen Welt. Die Welt der Illusion – der Buddhismus nennt dies Maya – ist das, was die Gesellschaft von sich aus unter Welt versteht. Es ist eine Weise der Betrachtung. Solange wir im Ego verharren, sehen wir die Welt nur durch den Schleier unserer Ängste, unserer Eitelkeit und unserer Begierde.

KEEN: Und wenn wir die Illusionen des Ego zerschlagen, können wir, wie don Juan sagt, »die Welt zum Stillstand bringen« und die Wirklichkeit entdecken. Wenn das Ego der Teufel im Menschen ist, so wäre es gut, wenn man verstünde, woraus es besteht und wie es funktioniert. Was ist dieses Ego, das Sie aus dem modernen Menschen entfernen wollen?

ICHAZO: Da das Ego falsches oder entstelltes Bewußtsein ist, tut man gut daran, wenn man zum Zwecke seiner Definition einen

Schritt zurücktritt und die Wesensnatur des Menschen etwas eingehender betrachtet. Es gibt drei Zentren im menschlichen Tier: das intellektuelle, das emotionale und das vitale Zentrum. Sie heißen bei uns auch *path, oth* und *kath.* Im Idealfall ist *kath* lebensbeherrschend, das Zentrum, welches die vitale Bewegung lenkt und uns gestattet, daß wir uns mit triebhafter Unmittelbarkeit der Welt verbinden. Wir spüren das grundlegende Einssein mit allem Leben in unseren Eingeweiden.

Dieser Gedanke ist vielen Weisheitsüberlieferungen gemeinsam. Im Orient konzentrierten die martialischen Künste sich auf das Wahrnehmen dieses Zentrums, das sie etwa eine Handbreit unter dem Nabel lokalisierten. Sie nannten es *tantien* oder *hara.*

KEEN: Und das *oth*-Zentrum wäre dasjenige, was man traditionell mit dem Herzen in Verbindung bringt?

ICHAZO: Ja. Und den Verstand mit *path.* Kurz, bei der Entwicklung des Ego übernimmt der Kopf die Führung und versucht, alles zu lenken. Das Ego setzt sich aus Worten und Gedanken zusammen, endlosem inneren Geschwätz und sich ständig wiederholenden Gedankenmustern, festgefügten Abwehrhaltungen gegenüber dem natürlichen Fluß des Lebens. Das Ego erschafft die ganze subjektive Welt, die es gegen die objektive Wirklichkeit zu verteidigen gilt. Folglich lebt es immer in Angst.

KEEN: Das eigentliche Problem des Menschen ist demnach das Vorhandensein des Ego. Nach welchem Rezept können wir zum Gesundsein, zum Wesen zurückfinden?

ICHAZO: Das Ego besteht aus drei miteinander verbundenen Teilen: Es hat einen intellektuellen Teil, einen emotionalen Teil und einen Teil, der für die Bewegung zuständig ist. Ego-Reduktion heißt, sich mit jedem dieser Elemente zu beschäftigen. Die Methode, die wir in Arica dazu verwenden, ist ziemlich kompliziert. Wollen Sie alles hören, was wir über Theorie und Praxis des Ego-Reduktion zu sagen haben?

KEEN: Nun, das Höchste, was Freud versprechen konnte, war nie endende Analyse, die eine Stärkung des Ego herbeiführen sollte, damit wir mit der ständigen Unzufriedenheit angesichts der wirklichen Welt fertig würden. Und die meisten anderen westlichen Therapien versprechen lediglich Besserung oder Angleichung. Wenn Sie also meinen, wir könnten ganz und gar vom Ego kuriert werden, dann möchte ich gern Näheres dazu erfahren.

ICHAZO: Fangen wir mit dem intellektuellen Aspekt des Ego an. Wir stehen hier vor einer zweifachen Schwierigkeit: Immer versuchen wir, das Leben mit dem Kopf zu kontrollieren, und so lange wir im Ego verharren, haben wir die falschen Vorstellungen vom Menschen und von seinem Standort innerhalb des Kosmos. In unserem Unterricht führen wir schon sehr früh eine systematische Ausübung geistiger Tätigkeiten ein, durch die die Leute lernen, mit ihrem ganzen Leib und nicht nur mit ihrem »Geist« zu denken.

Es ist falsch, Denken als Ergebnis eines spezialisierten Organs, des Gehirns, zu sehen. Wenn das Ego keine inneren Blockaden errichtet, ist jeder Gedanke im selben Maße Produkt des Auges oder des Fußes wie des Hirn-Computers. Wir unterteilen den Körper in zwölf Teile, von denen jeder eine physiologische und eine parallel dazu verlaufende psychologische Funktion hat:

Die Ohren nehmen die Bedeutung oder den *logos* wahr und vermitteln uns die Substanz der Dinge.

Die Augen isolieren Formen.

Mund und Magen verspüren unser Bedürfnis nach Nahrung.

Das Herz belebt den Organismus durch seinen Impuls.

Die Leber assimiliert Nahrung und Wahrgenommenes, die in den Organismus aufgenommen werden.

Dickdarm, Anus, Blase und Nieren eliminieren Nahrung, Vorstellungen und Erfahrungen, die sich nicht einverleiben lassen.

Die Genitalien spiegeln unsere Zuwendung zum Leben oder unsere Abwendung davon wider.

Oberschenkel und Oberarme sind Spiegel unserer Fähigkeit oder Stärke.

Knie und Ellenbogen spiegeln Leichtigkeit oder Unbeholfenheit – das Charisma, mit dem wir uns in der Welt bewegen.

Waden und Unterarme sind die Mittel, die wir einsetzen.

Hände und Füße werden zum Gehen und Nehmen benutzt, zum Erreichen eines Ziels.

KEEN: Wie funktioniert diese Technik? Wenn ich, zum Beispiel, vor der Frage stünde, ob ich einen ernsthaften Job annehmen oder lieber nach Tahiti verschwinden sollte, würde ich dann erst meine »Ziele« befragen und das Problem weiter mit all meinen Körperteilen durchdenken?

ICHAZO: Dies ist eine der Arten und Weisen, wie wir die Mentation anwenden. Jede Frage oder jedes Problem, das einen bewegt, kann vollständiger durchdacht werden, wenn jeder Teil des Körpers sich mit Bewußtsein füllen darf. Zuweilen wird man sich eines bestimmten Körperteils in besonderem Maße bewußt. Wenn Sie zum Beispiel Nierenbeschwerden haben, sollte man fragen, welche Dinge in Ihrem Leben eliminiert werden müssen. Im allgemeinen sind die Mentationen jedoch mehr dazu da, den Körper als ganzen auf die Welt einzustimmen. Wenn das Bewußtsein erst einmal den ganzen Organismus erfaßt hat, entleert sich der Kopf und seine tyrannische Allmacht erlischt.

KEEN: Der Gedanke, der Vorherrschaft des Kopfes ein Ende zu setzen und das Bewußtsein in einem demokratischeren Verfahren auf andere Teile des Körpers auszudehnen – Mitbestimmung innerhalb des eigenen Körpers und des politischen Körpers, des Staatskörpers – scheint heute vielerorts aufzutauchen. Norman O. Brown möchte, daß wir »polymorph perverse« Körper haben; don Juans »wissender Mensch« hat Lichtfasern, die sein Sonnengeflecht mit der Welt verbinden; und die Vertreter des Zen empfehlen, man solle »Nicht-Denken« praktizieren. Viele Menschen in der westlichen Kultur sind der Steuerung durch den Geist müde und sehen im Körper ein neues Eden. Wenn wir jedoch erst den Kopf verlieren, müssen, damit wir den Schwanz finden können, dann handelt es sich dabei lediglich um eine Art von Lotterie. Manchmal glaube ich, wir laufen Gefahr zu vergessen – was Plato und Aristoteles uns gelehrt haben – daß der Geist eine erogene Zone ist. Wir müßten ihn einfach mehr dazu verwenden, die Welt zu liebkosen und gern zu haben, als sie zu manipulieren.

ICHAZO: Ich stimme Ihnen zu. Wir sind nicht anti-intellektuell eingestellt. Die Techniken, die wir verwenden, sollen lediglich das vom Ego beherrschte Denken zerstören. Wir sind der Meinung, daß der Mensch gewisse Gedanken verstehen muß, um ganz sein zu können. Es gilt nicht nur die Weise des Denkens zu ändern, sondern auch das, was gedacht wird. Wir bezeichnen den intellektuellen Teil des Ego als Fixierung, und jeder Fixierung wird durch einen Gedanken wieder abgeholfen. Jeder Mensch kompensiert auf seine Weise den Mangel, die ontologische Leere im Zentrum des Ego. Wir sprechen von neun grundlegenden Weisen oder Punkten der Ego-Fixierung. Diese Fixierungen und die sie heilenden Gedanken kann ich am besten anhand der von uns entwickelten Diagramme erklären.

Wir wollen uns einmal einen bestimmten Ego-Typ vornehmen

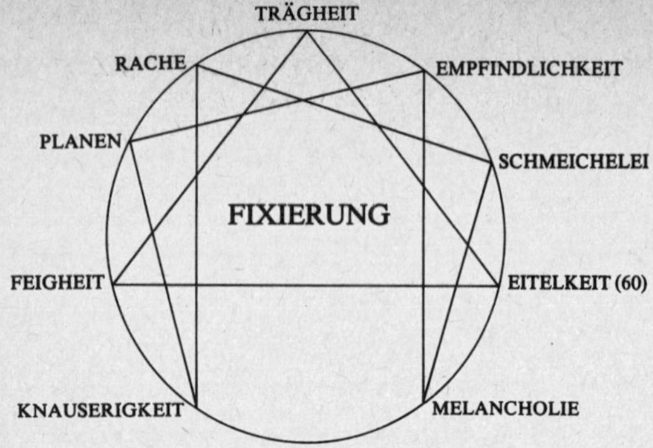
TRÄGHEIT
RACHE
EMPFINDLICHKEIT
PLANEN
SCHMEICHELEI
FIXIERUNG
FEIGHEIT
EITELKEIT (60)
KNAUSERIGKEIT
MELANCHOLIE

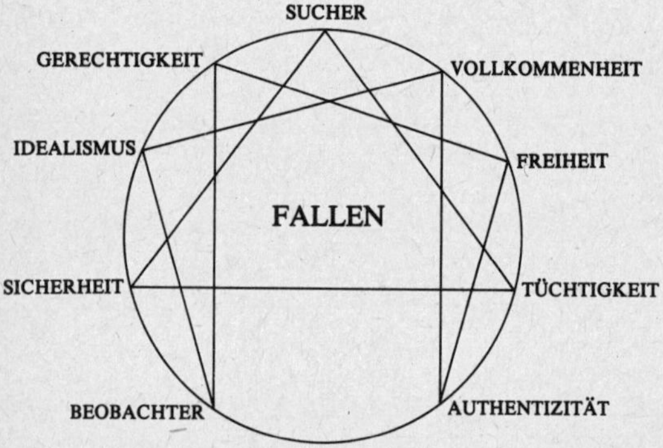
SUCHER
GERECHTIGKEIT
VOLLKOMMENHEIT
IDEALISMUS
FREIHEIT
FALLEN
SICHERHEIT
TÜCHTIGKEIT
BEOBACHTER
AUTHENTIZITÄT

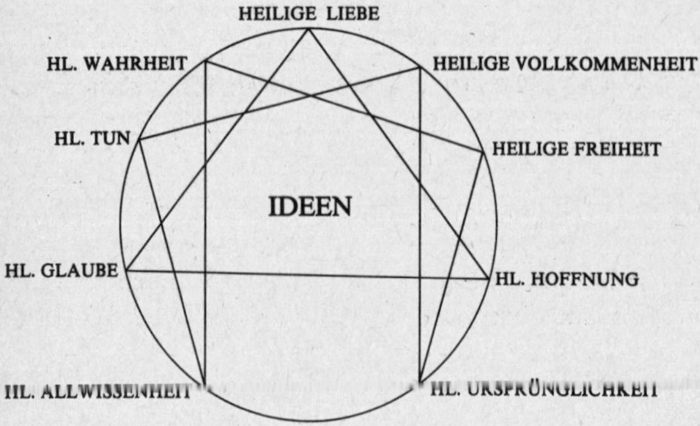
HEILIGE LIEBE
HL. WAHRHEIT
HEILIGE VOLLKOMMENHEIT
HL. TUN
HEILIGE FREIHEIT
IDEEN
HL. GLAUBE
HL. HOFFNUNG
HL. ALLWISSENHEIT
HL. URSPRÜNGLICHKEIT

und betrachten, welches Schema ihm zugrunde liegt. Der indolente Typ entfaltet unter Umständen große Energien in seinen Beziehungen zur Außenwelt, aber er trägt nicht Sorge für eine Kultivierung seines Wesens. Bei dieser Fixierung tritt besonders deutlich ins Bewußtsein, daß Liebe fehlt und demzufolge Sein mangelt. Er bleibt ein ewig Suchender, der jedoch nie findet. Dies ist seine Falle. Stets sucht er draußen, was nur innen zu finden ist. Hinsichtlich seiner eigenen Person tappt er in geradezu perverser Weise im dunkeln. Über die anderen glaubt er alles zu wissen und zögert auch nicht, dieses Wissen jedermann mitzuteilen. Die Hölle des Indolenten ist die schlimmste aller Fixierungen, denn sie führt zu innerer Lähmung und Unentschiedenheit. Immer ist er angestrengt auf der Suche, aber im letzten Augenblick, nämlich ehe die Fixierung auseinanderbricht, wird er unsicher und schiebt die Verantwortung für sein Leben ab. Stets beschäftigen ihn die entscheidenden Identitäs- und Schicksalsfragen – absolute Wahrheit und absolute Vollkommenheit –, aber er spürt, wie weit er davon entfernt ist, wahrhaft lieben und handeln zu können. Häufig versucht der indolente Mensch, Liebe auf dem Weg über die Sexualität zu gewinnen. Die ganze Welt wird ihm Inbild der abwesenden Mutter. Die *Confessiones* des Hl. Augustin sind eine gute Illustration für die Innenwelt des indolenten Typs. Augustin blieb so lange ein Suchender, bis er Gott gestattete, ihn zu finden.

KEEN: Je mehr Sie von den inneren Dynamismen dieser Fixierung sprechen, desto mehr hört sich dies wie eine Beschreibung der universalen menschlichen Verfassung an. Im Zentrum jeder Psyche ist eine Leere. Man kann sie abwesende Mutter, Nichts, ontologische Angst, göttliche Unruhe oder grundlose Todesangst nennen. Sie scheint jedoch charakteristisch für jeden Menschen zu sein.

ICHAZO: Sie ist Grundbedingung für jegliches Ego-Bewußtsein, aber manche Menschen sind sich ihrer stärker bewußt als andere. Die indolente Fixierung steht an der Spitze des Neunerdiagramms, weil sie die Aufmerksamkeit auf den universalsten Aspekt des Ego-Entzugs lenkt. So ist das Heilmittel gegen Indolenz in gewisser Hinsicht auch das Mittel, welches alle Egos heilt – der Gedanke der Heiligen Liebe.

Liebe beginnt in dem Augenblick, in dem ein Mensch die Schöpfung kontempliert und sagt: »Gott, ich danke dir.« Der Heilige

Geist kümmert sich wirklich um das Universum; er ist das aktive Liebesprinzip in allen Dingen. Und nur durch die Berührung mit diesem Geist wird die Trägheit des Ego zu aktiver Liebe. Die Heilige Liebe bricht die Trägheit auf und beseitigt das Gefühl der Absonderung. Mit der Heiligen Liebe kommt das Bewußtsein, daß die objektiven Gesetze, welche die Wirklichkeit regieren, keineswegs kalt sind, denn sie führen zu der Erschaffung organischen Lebens, das einen kosmischen Zweck erfüllt.

KEEN: Ich möchte in diesem Zusammenhang noch über etwas anderes sprechen. Ihre Persönlichkeitstheorie geht auf die traditionelle Behauptung zurück, daß der Mensch keine gesicherte Identität habe, es sei denn im Wissen um seinen göttlichen Ursprung und sein göttliches Geschick. Mangelndes Wissen um die Vollkommenheiten Gottes, von denen Thomas von Aquin spricht, versucht der Mensch zu kompensieren. Die verschiedenen Ego-Fixierungen sind lediglich Spielarten der Unkenntnis vom Göttlichen. Ist denn außerhalb einer religiösen Sicht der Welt psychische Gesundheit überhaupt möglich? Sollte man nicht lieber das Ego retten, statt sich seiner zu entledigen?

ICHAZO: Wir haben nicht den geringsten Wunsch, das Ego zu bestärken oder es glücklich zu machen. Ohne Erleuchtung gibt es keinen Weg, die Psyche zu Harmonie und Einheit zu bringen. Nur dann hört die furchtbare Entfremdung des Ego mit all ihren Widerständen und Ängsten auf. Außerhalb des göttlichen Bewußtseins gibt es keinen Frieden. Es sollte inzwischen klar sein, daß der säkulare westliche Versuch, ohne Wissen um die heilige Einheit aller Dinge zu leben, gescheitert ist.

KEEN: Wollen Sie eine neue Religion? Und ist Arica eine neue Kirche?

ICHAZO: Keineswegs. Die Disziplinen, die wir lehren, sind sehr alt. Viele von ihnen haben wir aus traditionellen buddhistischen, taoistischen, islamischen oder christlichen Quellen übernommen. Aber wir haben keinerlei Glaubensbekenntnis oder Dogma. Wir machen die Menschen mit Techniken bekannt, die Erfahrungen fördern, aber unser Zugangsweg ist experimenteller Art. Wir verlangen keinen Glauben. Wir sagen nur: Versuche diese Dinge und sieh, was dir widerfährt. Die Gruppe, die Gemeinschaft ist jedoch ein wichtiger Bestandteil dieser Arbeit. Wenn die Leute bei anderen dieselben Ego-Fixierungen sehen, fühlen sie sich mit ihren Blockaden weniger allein gelassen und nehmen sie weniger ernst. Die Arbeit der Ego-Reduktion geht bei uns sehr humorvoll und unter viel Gelächter vor sich. Und dies alles hilft. Wenn jemand sich als Teil einer Gemeinschaft von Narren oder Sündern empfindet, beginnt er zu realisieren, daß die Prätentionen des Ego nicht mehr nötig sind.

KEEN: Es scheint, als übertrügen Sie ein östliches Verständnis der menschlichen Verfassung auf die westliche Gesellschaft. Ich frage mich, wie effektiv und wie heilsam dies sein wird. Religion und Psychologie des Westens haben sich darum bemüht, den Menschen vom Bewußtsein, von exzessiver Introspektion, zu befreien. Sowohl das Christentum wie Freud definieren Reife als Liebes- und Arbeitsfähigkeit. Ihr Weg scheint die Introspektion bis zu dem Punkt zu steigern, wo sie total in Anspruch nimmt. Meditationen, Mantras und Mudras scheinen den Tag des Arica-Studenten auszufüllen.

ICHAZO: Jede Form von Meditation oder Disziplin zur Bewußtseinserweckung führt anfangs zu größerer Befangenheit, weil das Ego angstvoll auf die Drohung reagiert, es könne sterben. Da aber das Wesen durch die Disziplinen und durch die Liebe innerhalb der Gruppe genährt wird, geht das Ego-Bewußtsein verloren und ein neues Gewahren und Wahrnehmen von Welt setzt ein. Unser Ziel besteht nicht darin, Menschen von dieser Welt abzusondern, vielmehr sie dazu auszubilden, diese Welt zu verändern – innezuhalten und die Erde zu lieben –, ehe es zu spät ist.

KEEN: Kommen wir auf einige der anderen Ego-Zerstörungstechniken zurück. Wie gehen Sie mit der emotionalen Komponente des Ego um?

ICHAZO: Es gibt gewisse biologische Voraussetzungen innerhalb des Körpers, die auf natürliche Weise zu einem harmonischen Gefühlsleben führen. Dies sind die objektiven Tugenden. Ein wesenhaftes Individuum steht in ständigem Kontakt zu ihnen, einfach weil es in seinem Körper lebt. Aber das subjektive Individuum, das Ego, verliert die Verbindung zu diesen Tugenden. Dann versucht die Persönlichkeit, diesen Verlust zu kompensieren, indem sie Leidenschaften entwickelt. Die Leidenschaften, die einzig ein Produkt des Geistes sind, können als der subjektive Ausdruck des Mangels an objektiven Tugenden angesehen werden. Der schnellste und einfachste Weg, die Relation dieser Gedanken zu verdeutlichen, ist auch hier wieder das Neunerdiagramm.

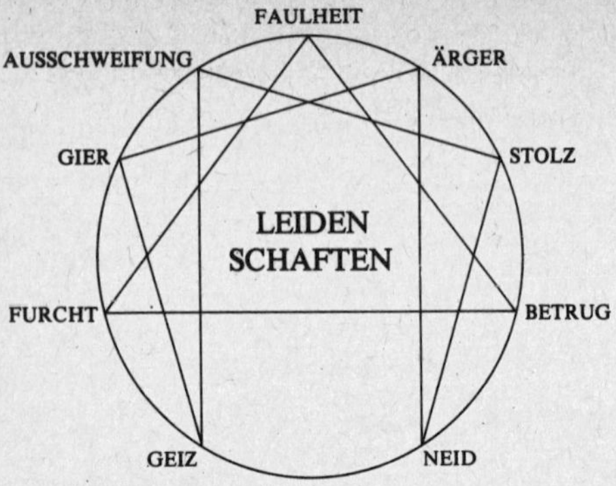

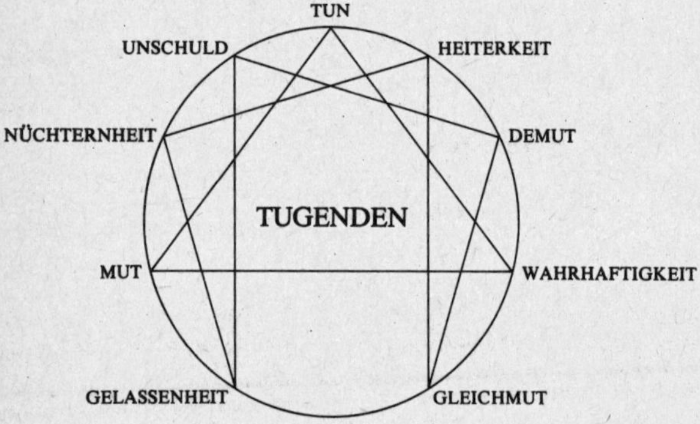

Halten wir uns an das schon erwähnte Beispiel. An oberster Stelle des Neunerdiagramms steht die den indolenten Ego-Typ beherrschende Leidenschaft. Faulheit bezieht sich auf das Vermeiden der zur Entwicklung des Wesens notwendigen Anstrengung und ist eine Kompensation für die fehlende Tugend des Handelns. Echte Aktivität findet statt, wenn der Körper gesund und empfänglich ist für die Energie aus dem *kath.* Dies kann nur dann eintreten, wenn der Kopf leer, das heißt im Satori ist. Aktivität ist nicht das Ergebnis eines geistigen Befehls . . . Man kann die Punkte des Neunerdiagramms weiter verfolgen und eine vergleichbare Analyse für die anderen Ego-Typen machen.

Wir haben viele Techniken, um die emotionale Komponente der Ego-Struktur zu behandeln, und wir experimentieren ständig mit neuen Methoden. Da die Furcht ein Abwehrmechanismus des Ego, verbunden mit der Bewahrung einer Vorstellung vom Selbst, ist, lassen wir die Leute zuweilen lange Listen von Worten aufstellen, die sie als beleidigend empfinden. Dann arbeiten wir mit diesen Worten, bis sie gefühlsmäßig neutralisiert worden sind. Wir verwenden auch *Mudras* – den *Asanas* des Yoga ähnliche Körperhaltungen – die Aufgeschlossenheit für die objektiven Tugenden hervorrufen. Es sind dies Haltungen und Gesten, die das Gefühl von Mut oder Demut bewirken. Die Sensibilisierung für verschiedene Weisen des Atmens ist ein wichtiger Bestandteil unserer Arbeit: Flaches Atmen im oberen Brustkorb ist typisch für das Ego-Bewußtsein, während der *kath*-Atem für einen wesenhaften Menschen charakteristisch ist. Wir lehren die Kunst, Riten und Zeremonien zu schaffen, Liturgien für das neue spirituelle Bewußtsein. Und selbstverständlich verwenden wir viele der Techniken zur Selbsterkenntnis, die von der humanistischen Psychologie entwickelt worden sind, denn viele unserer Lehrer sind ehemalige Esalen-Leute.

KEEN: Das Beste haben Sie für den Schluß aufgehoben. Wie erreichen wir jenen gesegneten Zustand, in dem der Geist von Geschwätz, Abwehrhaltungen, Plänen und Spielen entleert ist und *kath* das Leben beherrscht?

ICHAZO: Warum fragen Sie nicht: »Wie sehen Ihre Techniken fürs Nichtstun aus?« Sobald wir in der vollkommenen Erkenntnis stehen, wissen wir nichts und befinden uns unvermittelt im Tun des Nicht-Tuns. Es setzt ganz natürlich ein. Die Chinesen nannten es *wu wei.* Im Taoismus bewegt die Natur den Menschen, nicht der Mensch die Natur. Unser ganzes Tun ist auf dieses Ziel hin ausgerichtet, aber nichts von dem, was wir tun, verwirklicht dieses Ziel. Wenn das Ego zerbrochen ist, tritt ganz selbstverständlich das Wesen an seine Stelle. Der Kollaps setzt in dem Augenblick ein, in dem die Spielereien des Ego restlos bloßgestellt und verstanden, Illusionen erschüttert sind, Subjektivität zerstört und *Karma* verbrannt worden ist.

KEEN: Der Augenblick der Gnade läßt sich vielleicht nicht programmieren, dennoch haben Sie eine ganze Technologie für die Entfaltung des *kath*-Bewußtseins entwickelt.

ICHAZO: Ja. Arica legt größten Wert auf die Verlagerung des

Bewußtseins vom Kopf in *kath*. Die Arbeit mit Bewegung, Atem und Mantras konzentriert sich in besonderem Maße auf dieses Problem. Wir haben ein Programm von regelmäßigen Übungen, die den Körper kräftigen und geschmeidig machen. Zum Beispiel verwenden wir afrikanische Tänze, Eurhythmie und Trommeln zur Ausbildung des *kath*-Bewußtseins. Mantras und Gesänge steigern das Körper-Bewußtsein, indem sie die Menschen dazu erziehen, Klänge und Vibrationen in den verschiedenen Partien des Körpers zu verspüren. Die wohl wirksamsten und ältesten Methoden, die wir verwenden, sind die Atemtechniken.

Was bei den Philosophen des Ostens *prana yoga* hieß, wird bei uns Alpha-Atem genannt. In der Ionosphäre finden sich dieselben Alpha-Frequenzen wie in unserem Gehirn. Folglich können wir Psyche und Kosmos durch den Akt des Atmens miteinander vereinen. Beim Ego-Atem hat der Kopf dadurch die Kontrolle, daß er den natürlichen Atemstrom unterbricht. Beim natürlichen Atmen hören wir auf, den Lungen Befehle zu erteilen, und werden empfänglich für die Art und Weise, wie der Organismus atmen möchte. Sobald wir loslassen, erkennen wir, daß wir den Atem ja gar nicht selber leisten müssen: ER atmet uns.

KEEN: Das Sinnbild des Atems scheint in den meisten religiösen Traditionen eine zentrale Stellung einzunehmen. Unsere Worte »animal«, »spirit« und »Inspiration« gehen alle auf die Grundvorstellung »atmen« zurück. In der hebräischen Tradition wurde der Mensch in dem Augenblick zum Menschen, als Gott ihm Seinen Hauch einblies. In jüngerer Zeit scheint die Psychologie das entdeckt zu haben, was die Praktiker des Yoga schon seit Jahrhunderten wissen – Angst geht immer mit stockendem Atem einher.

Die Bewußtseinsrevolution, in der wir uns befinden, steht in irgendeiner Weise in Zusammenhang mit der Wiederentdeckung des Atmens. Wenn wir uns auf das Atmen konzentrieren, sehen wir uns in eine paradoxe Lage versetzt: Mit dem Bewußtsein beeinträchtigen wir einen Prozeß, der so lange völlig natürlich abläuft, wie er unbewußt bleibt. Der Zwiespalt zwischen Tun und Zulassen, zwischen bewußter Beherrschung des ganzen Lebens und Hingabe an natürliche Rhythmen, die nicht von uns gemacht sind, stellt sich symbolisch in unserem Atem dar. Das Zeitalter der Angst ist das Zeitalter übermäßiger Atemkontrolle. Die neue spirituelle Revolution ist beseelt von der Hoffnung, wir fänden

den Weg zurück zu der Kraft, die uns atmet, zu jener Kraft, die unterhalb der Ebene unseres bewußten Geistes lebt.

ICHAZO: Insoweit es ein kulturelles Bewußtsein ist, beginnt unser Bewußtsein, sich vom Ego zum *kath* hin zu verlagern. Der Vorgang des Erwachens in der Menschheit verläuft parallel zu dem nämlichen Vorgang im Einzelnen. Wir sind keine Einzelgänger mehr. Die ganze Gesellschaft erwacht zum Bewußtsein. Bis zu diesem Punkt ist die gesamte Geschichte Winter gewesen. Nun kommt mit Sicherheit der Frühling. Wir leben in einer Zeit der Verwandlung.

KEEN: Welchen Beweis haben Sie dafür, daß die »Bewußtseinsrevolution« ein großes Erwachen und nicht bloß eine von vielen Modeerscheinungen ist?

ICHAZO: Die Widersprüche innerhalb der westlichen Kultur haben derartig massive Ausmaße angenommen, daß wir entweder uns ändern oder sterben müssen. Wir ähneln dem Mann, der feststellt, daß sein Ego nur mehr Konflikt, Konkurrenz, Mißtrauen und Furcht hervorruft. Die Logik der Technik treibt uns immer schneller in eine Kultur fortwährender Veränderung, in der wir sowohl unsere Psyche wie auch unsere natürlichen Ressourcen erschöpfen. Jene Lebensweise, die uns immer schneller und immer unersättlicher werden läßt, kann nicht befriedigen. Die Hoffnung auf persönliche wie auf kulturelle Verwandlung beruht auf der Tatsache, daß das Ego am Ende immer das Ego tötet. Wenn die Befriedigung der Bedürfnisse des Ego ein bestimmtes Geschwindigkeitsmaß erreicht hat, kollabiert das ganze Ego-System. Plötzlich sind dann Absurdität und Widersprüche offensichtlich. Dies ist das erste Satori. Unsere Kultur erfährt derzeit den ersten Augenblick der Erleuchtung.

KEEN: Es gibt noch eine andere, weniger optimistische Interpretation der Bewußtseinsrevolution. Womöglich ist sie eher ein Zeichen für den Tod unserer Kultur als für deren Wiedergeburt. Der traditionelle westliche Traum war es, die Natur so weitgehend kennenlernen und beherrschen zu können, daß »eine von Menschentränen nicht mehr getrübte Stadt aus Alabaster« erbaut werden könnte. Aber unsere Arbeitsethik und unser Besessensein von dem technologischen Traum haben zu Vietnam, zu Ausflügen auf den Mond und in Hoffnungslosigkeit geführt, was die grundlegenden politischen und gesellschaftlichen Veränderungen anlangt. Es gibt keinen amerikanischen Traum mehr. Wir scheinen den Schneid verloren zu haben. Und so halten wir Einkehr. Wenn wir die äußere Welt nicht zu ändern vermögen, können wir zumindest unser Bewußtsein verändern. Ich glaube manchmal, daß jeden Monat drei Millionen Menschen die Zeitschrift *Psychology Today* in der Hoffnung lesen, irgendeine Art von Ersatz für ein verlorenes Etwas zu finden, das sie ehedem Seele nannten.

ICHAZO: So kann man die Dinge auch betrachten, aber ich halte diese Betrachtungsweise für falsch. Zu viele Kräfte treffen zusammen, so daß ein Erwachen unvermeidlich wird. Nehmen Sie zum Beispiel die Medien. Sie sind das Nervensystem der Kultur. Das Nervensystem wird jetzt angeschlossen. Durch Fernsehen und Computer finden zwischen den Extremitäten unseres sozialen Organismus und unserem zentralen Nervensystem rasche Rückkoppelungen statt. Wir werden sensibler. Wir erkennen und empfinden, was wir uns mit dieser verrückten Geschwindigkeit antun.

KEEN: Aber die Vision kann blenden. Wir sind womöglich, wie Zorba gesagt hat, verdammt noch mal zu sensibel. Vor lauter Sensibilität sind wir bewegungsunfähig geworden. Und wenn die Menschen, die noch vor ein paar Jahren so wütend waren, daß sie die Veränderung der Kultur verlangten, sich heute der Innenwelt zuwenden, so ist dies womöglich ein Zeichen für diese Lähmung. Jerry Rubin soll die Politik der Konfrontation der Bioenergetik zuliebe aufgegeben haben. Viele meiner Freunde, die einst zur radikalen Linken gezählt haben, kümmern sich heute mehr um Körpertherapien – Rolfing, Sensitivity Training, Reichsche Therapie – als um den Staatskörper.

ICHAZO: Doch selbst die Lähmung kann ein Zeichen für das Ende der alten Ordnung sein. Bei der trägen Ego-Fixierung, zum Beispiel, findet unmittelbar vor dem Zerbrechen des Ego eine ungeheure äußere Bewegung statt, die mit innerem Gelähmtsein einhergeht. Und auch die kulturelle Elite befindet sich bereits jenseits des materialistischen Traums und ist dabei, die geistige Einheit des Kosmos wiederzuentdecken.

Aus einer praktischen Perspektive heraus brauchen wir eine kosmische Vision, damit das ökologische Bewußtsein entsteht, das zum Überleben auf diesem Planeten nötig ist. Die Welt ist nicht grenzenlos. Deshalb müssen wir entdecken, daß die Menschheit ein Körper ist. Falls der Reinkarnationsgedanke wirklich ist – und das ist er –, dann leben heute alle Menschen, die es jemals auf der Erde gegeben hat. Nun sind wir alle da. Die Menschheit ist der Messias, und wir erwachen zu dieser Tatsache. Dies ist der Sinn der Bewußtseinsrevolution.

KEEN: Mag sein. Mag sein. Ich wollte, ich hätte Ihre Zuversicht. Aber ich betrachte mir die Geschichte und stelle fest, daß wir zu oft an einem ähnlichen Punkt gestanden und ähnliche apokalyptische Philosophien gehabt haben. Immer hat irgend jemand das Ende der Welt verkündet, und immer hat die Welt, zur Verlegenheit der Betreffenden, ihren wirren und vieldeutigen Lauf fortgesetzt. Jesus und die Essener verstanden die Zeichen der Zeit und sahen, daß das Königreich Gottes nahe bevorstand. Auch Kant und Hegel und die Denker der Aufklärung taten dies. Visionen von Utopia, von Erleuchtung und von der besten aller möglichen Welten sind gefährlich, weil sie uns unzufrieden werden lassen mit der tatsächlich vorhandenen Welt. Den Versuch, es mit dieser Welt aufzunehmen, lassen sie als Kompromiß erscheinen. Kierkegaard hielt Hegel entgegen, er sei nur ein in Beschränkungen existierender Mensch und könne seine Geschichtlichkeit nicht verlassen, um die Entfaltung des Absoluten Geistes zu erkennen. Darin erhob die Existenzphilosophie Einspruch gegen die Visionen des Idealismus. Eine buddhistische Tradition sagt in diesem Zusammenhang, Samsara sei Nirwana; diese Welt aus Leiden sei der Ort, an dem wir das Glück fänden; sie sei nicht die beste aller möglichen Welten, sondern nur die beste, die wir hätten. Und die Gefahr besteht darin, daß Visionen vom Erwachen Gottes so leicht politisiert werden. Hegel sah den deutschen Staat als Inkarnation des Absoluten Geistes in der Geschichte an, und wir betrachten den amerikanischen Staat als verlängerten Arm jenes Gottes, von dem wir vertrauensvoll erhoffen, er möge die Welt für die Demokratie retten. Immer wenn eine utopische Vision auftaucht, gibt es einen Großinquisitor hinter der Szene, der an den Fäden zieht, damit alles seinen richtigen und heiligmäßigen Gang gehe.

ICHAZO: In früheren Zeitaltern war der mystische Weg eine Sache des Einzelnen oder zumindest die Sache kleiner Gruppen. Das ist heute nicht mehr der Fall. Dies eben ist neu in der menschlichen Geschichte. Jeder kann heute einen höheren Bewußtseinszustand erreichen. Wir alle können diesen Weg gemeinsam gehen. Wahre Demokratie beruht auf der Tatsache, daß wir wesenhaft alle gleich und alle vollkommen sind. Der Gedanke, daß die neue Bewußtseinsrevolution einen Führer brauche, ist demnach unnötig geworden. Die Menschheit ist vielmehr ein organischer Körper, der dieselben Stadien auf dem Weg zur Erleuchtung durchläuft wie der Einzelne. In der westlichen Kultur hat der Wettbewerb eine solche Geschwindigkeit erreicht, daß eine Bewußtseinsveränderung unvermeidlich geworden ist. Wenn das Ego oder die Gesellschaft in die perfekte Hölle kommen, die sie sich in ihrer Suche nach falscher Sicherheit und nach einem falschen Status selber bereitet haben, dann gelangen sie in den Kollaps und zur Wiedergeburt. Die neue Vision der Welt nimmt die jungen Menschen bereits ein. Unser Geist öffnet sich, und unsere Zielsetzungen werden universaler. Die Vision von der Menschheit als einer großen Familie, eines tatsächlich vorhandenen Stammes, ist vielleicht einmal utopisch gewesen. Heute ist sie eine praktische Notwendigkeit.

Wir h a b e n keinen Körper, wir s i n d unser Körper.
Ein Gespräch mit Stanley Keleman

Nachdruck aus der Zeitschrift *PSYCHOLOGY TODAY*
September 1973

Nach dem Scheitern so mancher Revolution kehren wir zu unserem Körper heim. Schwarz sein ist schön, schwul sein ist prima; und kein männlicher Gesetzgeber hat das Recht, einer Frau zu befehlen, wie, wann und wo sie schwanger zu werden habe. Und kein (Staats-)Körper kann diesen Körper hier losschicken, damit er andere Körper (Männer, Frauen und Kinder), die zu Feinden erklärt worden sind, tötet. Selbst WASPs* riechen schon an Blumen, machen Sensitivity Training und hegen immerhin den Verdacht, daß es dem Menschen womöglich nicht viel nütze, wenn er die Welt gewönne und dabei die Fähigkeit verlöre, sie zu genießen. Nicht abzusehen, wo all dies hinführt. Vielleicht werden wir eines Tages aus dem Joch von »schön« und »häßlich« (90–60–90) entlassen und die glückliche Plazierung von ein paar Zentimetern Fettgewebe oder die Größe einer Nase sind dann nicht mehr schicksalbestimmend.

Stanley Kelemann zelebriert das biologische Leben. Gäbe es Erdväter, er könnte einer sein. Er sieht so aus und bewegt sich auch mit der Kraft eines massigen, vermutlich gutmütigen Bären. Die massiven Eisenskulpturen schwebender Vögel, die er in seiner Freizeit schweißt, lassen eine seltene Mischung aus Kraft und Zärtlichkeit vermuten. Es fällt nicht schwer, den in Kalifornien kursierenden Gerüchten Glauben zu schenken, daß er der beste Therapeut der bioenergetischen Bewegung sei, und man versteht, weshalb es lange Wartelisten für die Arbeitstagungen gibt, die er überall im Land in Zentren für Persönlichkeitsentfaltung abhält. Kelemans neueste Arbeiten (*Bioenergetic Concepts of Grounding; Todtmoos; Sexuality; Self and Survival,* Lodestar Press, P.O. Box 31003, San Francisco, Calif. 94131) zeigen immer deutlicher, daß er zu einer Theorie der Verleiblichung gelangt ist, welche die frühen Bemühungen von Wilhelm Reich weiterführt.

Kelemans Autorität ist weitgehend hausgemacht. Bei seiner Suche nach einer Möglichkeit, die Weisheit des Körpers lebendig werden zu lassen, hat er aus verschiedenartigen Elementen einen neuen Therapiestil geschaffen. Er ist in Brooklyn als Sohn ungari-

* (*W*hite-*A*nglo-*S*axon-*P*rotestants, vornehmlich an der Ostküste der U.S.A. lebende Bevölkerungsschicht, die sich als Nachkommenschaft der ersten englischen und holländischen Einwanderer betrachtet.)

scher und rumänischer Einwanderer aufgewachsen. Die Schule bereitete ihm Schwierigkeiten, denn »ich wußte zwar eine Menge Antworten, aber ich konnte nicht sagen, wie ich auf sie kam«. Auf Grund seiner sportlichen Fähigkeiten erhielt er Stipendien für mehrere Colleges, und an zweien oder dreien davon studierte er auch eine Zeitlang. Dies reichte freilich aus, ihn zu der Überzeugung gelangen zu lassen, daß die Antworten, die er suchte, im akademischen Raum nicht zu finden seien. Die Frage, die ihn umtrieb, lautete: »Was heißt das – ich erfahre mich?« Die Vermutung, Selbsterkenntnis müsse beim Körper beginnen, ließ ihn sich an entlegene Institutionen und Menschen wenden, die damals schon versuchten, den Körper zum Mittelpunkt therapeutischer Initiative zu machen. Alle seine Lehrer waren Außenseiter und lehnten die übliche orthodoxe Gelehrsamkeit ab, die besagte, Probleme des Geistes fielen in den Zuständigkeitsbereich von Psychiatern und Probleme des Körpers in den der Ärzte. Nie kamen beide zusammen – es sei denn, es handelte sich um die Zirbeldrüse oder um Vereinigungen, die sich von Berufs wegen mit psychosomatischer Medizin beschäftigten.

Am Chiropraktischen Institut von New York lernte er, daß Haltungsfehler und Krankheiten in einem spezifischen Zusammenhang stehen und der Körper sich reorganisieren läßt. Im Institut für Bioenergetik, unter Alexander Lowen, kam er mit Theorie und Praxis der Reichschen Therapie in Berührung. Während dieser Zeit arbeitete er privat bei Nina Bull (Psychologie der inneren Einstellung – »attitude psychology«) und nahm an Seminaren im Alfred-Adler-Institut teil. 1963 begab er sich nach Europa und arbeitete bei Karlfried Graf Dürckheim, einem der führenden Gestalt- und Ganzheitspsychologen, und bei Dori Gutscher am Institut für Daseinsanalyse. Wieder daheim in Kalifornien zog er 1966 acht Monate nach Esalen. Heute lebt und praktiziert er in Berkeley, wo zumindest die Diskussion über Revolution nie erlischt. Heimatlicher Stützpunkt ist sein Zentrum für Energetische Studien (»Center for Energetic Studies«), 1645 Virginia Street; dort schreibt er. Zur Zeit hat er zwei Buchmanuskripte in Arbeit – eines über den Tod und eines über den Gestaltungsprozeß. Daß er dem Körper und der Erdverbundenheit so große Bedeutung zumißt, ist ein Zeichen für jenes neue Bewußtsein, das zukünftige politische Entscheidungen wahrscheinlich mitbeeinflussen wird. Heute heißen die radikalen Forderungen »Erhalten« und

»Rückkehr zu den Wurzeln«. Wir alle möchten an den Ort zurückkehren, den wir nie verlassen haben – uns in der lebendigen Erde verkörpern.

SAM KEEN: Als ich 1968 zum ersten Mal zu den berüchtigten kalifornischen Zentren für Persönlichkeitsentfaltung pilgerte, waren es der Anblick und die Begleitgeräusche einer von Stanley Keleman geleiteten Tagung über Bioenergetik in Kairos, die mich in meiner Sittsamkeit am meisten schockierten. Die Nacktheit in den Bädern von Esalen erschien mir daneben geradezu gesetzt; Flötenklänge und Weihrauch, im Hintergrund die rhythmische Brandung des Pazifik, schufen dort eine Atmosphäre innerer Ruhe und Ordnung. Sie aber ermutigten die Leute, zu schlagen, zu treten, zu schreien und den unfreiwilligen Zuckungen ihres Körpers nachzugeben. Sie brachten ihnen bei, die Beherrschung zu verlieren. Ich hatte erfahren, daß Sie ein Freidenker und sehr wahrscheinlich ein Werkzeug chaotischer und irrationaler Kräfte seien. Seither halte ich die Bioenergetik für eine der wichtigsten Therapien auf dem Wege zur Gesundheit und Weisheit des Körpers.

Welches sind die Charakteristika der Bioenergetik, wie Sie sie praktizieren?

STANLEY KELEMAN: Die Bioenergetik konzentriert sich auf Bewegung und Form des menschlichen Organismus. Sie versucht, die Verwandtschaft zwischen Emotion und Bewegung, zwischen Struktur und Prozeß zu verstehen. Wir sagen, der Mensch ist ein lebendiger Prozeß, eine sich bewegende Struktur, ein Körper in Bewegung. Und alle emotionalen oder psychischen Konflikte bewirken eine Verzerrung körperlicher Bewegung. Das Selbst befreien heißt, den Körper befreien.

KEEN: Wie unterscheidet Ihre Praxis sich von der eines freudianischen, jungianischen oder eines Urschrei-Therapeuten?

KELEMAN: Zunächst einmal interessiert mich bei einem Menschen seine körperliche Präsenz. Ich sehe mir an, wie zusammenhängend und wie anmutig sein Körper sich bewegt, wo er schwach oder unbeweglich ist, welche Partien über- oder unterentwickelt sind, wieviel Vitalität zum Ausdruck kommt. Und ich versuche, die physischen und die psychischen Verengungen ausfindig zu machen, die habituell geworden sind.

KEEN: Gibt es eine universale Körper-Sprache? Gibt es Entsprechungen zwischen Körperhaltung und Gemütsverfassung?

KELEMAN: Bei der Deutung der Körper-Sprache gehe ich von praktischen Vorstellungen aus: Steifheit in Nacken oder Rückgrat oder eng übereinandergeschlagene Beine weisen im allgemeinen auf Angst vor Instabilität und auf die Notwendigkeit hin, sich im Leben fest einzurichten. An Stellen, wo die Muskulatur schwach ist oder nachzugeben droht, kann der Mensch nicht viel Erregung oder Spannung ertragen. Es gibt erkennbare Muster: hysterische Körper sind übermäßig aktiv, selbstzerstörerisch; masochistische sind kompakt und muskulös; schizoide wirken bruchstückhaft, die einzelnen Teile scheinen nicht zueinanderzupassen, einige sind übermäßig steif und andere schlaff.

KEEN: Der Hitzkopf und der Nachgiebige oder der Hypertoniker und der Atoniker repräsentieren die Extreme in der Körper-Typologie.

KELEMAN: Richtig. Ich unterteile den Körper zudem ganz eigenmächtig in eine obere und eine untere Hälfte. Die untere Hälfte des Körpers gibt mir Aufschluß über das Verhalten eines Menschen zur Triebwelt. Sexualität und Exkretion spiegeln die Beziehung zur eigenen Triebwelt; Beine und Füße zeigen, was ein Mensch in bezug auf Unabhängigkeit und Bodenständigkeit empfindet. Der Oberkörper ist bezeichnend für das Sozialverhalten eines Menschen. Bei der Betrachtung von Armen, Händen, Brust und Gesicht bekomme ich eine Vorstellung davon, wie ein Mensch manipulierend und liebend nach der Welt greift. Mich interessiert die Relation von triebhafter und sozialer Welt. Ist der Oberkörper stärker entwickelt als der Unterkörper? Wenn ja, muß der betreffende Mensch eine sehr restriktive Erziehung genossen haben und hat diese womöglich unfreiwillig, auf Kosten sexueller Empfindungs- und Bewegungsfähigkeit, durch kontrollierte Bewegungen des Oberkörpers kompensiert. Vielleicht ist auch die untere Körperhälfte überentwickelt. Frauen, die viel Bestätigung erhalten haben, weil sie hübsch sind und sexuell anziehend oder weil sie ihren Papa lieben, wirken oft sehr lebendig und haben einen sehr beweglichen Unterkörper, jedoch einen eingefallenen Brustkasten und trübe Augen. Sie machen einen verängstigten und unterwürfigen Eindruck, und es fehlt ihnen an der nötigen Kraft, dem Leben zu begegnen.

Die Struktur- und Bewegungsmuster eines Menschen sind existenzielle Aussagen darüber, wie er in der Welt lebt.

KEEN: Die Bioenergetik scheint das geeignete Instrument für eine existenzielle Theorie vom Menschen zu sein. Gabriel Marcel, Jean-Paul Sartre, Martin Heidegger – sie alle haben immer wieder betont, daß Geist und Körper sich nicht trennen lassen. Die traditionelle Psychotherapie hat ein idealistisches Vorurteil. Sie erkennt die Verwandtschaft von Psyche und Soma zwar an, aber sie versucht, den Heilungsprozeß durch Vorstellungen, Bilder, Worte und Erinnerungen in Gang zu bringen. Die klassische »Redekur« herkömmlicher Therapie lokalisiert die Hindernisse auf dem Weg zu psychischer Gesundheit mehr im Geist als im Körper.

KELEMAN: Ich stimme Ihnen restlos zu. Wir *haben* keinen Körper, wir *sind* unser Körper. Körper und Welt lassen sich ebenfalls nicht trennen. Wir ver-körpern unsere Geschichte und als verkörperte Lebewesen demonstrieren wir die Interaktion mit unserer Welt. Der lebendige Körper erfährt sich und die Welt in derselben Weise, nämlich als verschlossen oder offen, als warm oder kalt, als bedrohlich oder verheißungsvoll. Unsere Einzigartigkeit gründet sich auf dieses zweifache Gewahrwerden: Wir sind die Welt und sind wir selbst, wir sind unsere Vergangenheit und unsere Gegenwart.

KEEN: Ich weiß nicht, ob das Geist-Körper-Problem sich so elegant lösen läßt. Springen Sie vielleicht einfach auf die andere Seite der Wippschaukel – von der idealistischen auf die materialistische Seite? Ich will doch hoffen, daß ich nicht meinen Geist aufgeben muß, um zu meinem Körper zu finden.

KELEMAN: Ich glaube nicht, daß die Bioenergetik solche Einbußen auferlegt. Sie versucht keine Bestätigung des Körpers auf Kosten des Geistes. Sie stellt eine energetische Theorie der Wirklichkeit auf, die Geist und Körper vereint. Ein kurzer Ausflug in die Geschichte mag dies verdeutlichen.

Freud hat sich hauptsächlich mit dem Geist beschäftigt. Er arbeitete mit Assoziationen, Worten, Träumen und Erinnerungen, um zu zeigen, wie der Geist arbeitet, wie er die Wirklichkeit verzerrt und wie sehr er durch die jeweilige Lebenserfahrung geprägt ist.

Wilhelm Reich versuchte, den Menschen als biologischen Prozeß zu verstehen. Er suchte nach dem gemeinsamen energetischen Faktor von Geist und Körper. Die Bioenergetik ist aus seiner Vision hervorgegangen – der Vision jenes einen einzigartigen Prozesses, den Geist und Körper jeweils verschieden manifestieren.

Als Therapeut denke ich nicht mit Begriffen wie »Geist« und »Körper«. Ich spezialisiere mich nicht auf Gedanken *oder* Gefühle. Ich versuche, die Ausdrucksweise eines Menschen als ganzheitliche Aussage seines In-der-Welt-Seins zu betrachten. Wenn ich zum Beispiel jemanden auffordere, sich hinzulegen und fünfundzwanzigmal gegen das Bett zu treten, dann stelle ich fest, daß durch intensivere Atmung und Bewegung Empfindungen, Erinnerungen und neue Wahrnehmungen einsetzen. Nach einer solchen Übung sagen die Leute dann: »Mir zittern die Beine. Jetzt erinnere ich mich, wie es war, als ich im Ställchen nicht aufstehen konnte und um Hilfe schrie. Aber jetzt habe ich schon eher das Gefühl, auf eigenen Füßen stehen zu können.«

KEEN: Ist die Bioenergetik eine Erfindung Wilhelm Reichs?

KELEMAN: Er war der Großvater von uns allen. Er hat dem Freudschen Gedanken der Libido in physiologischer und politischer Hinsicht zur Konkretheit verholfen. Seine Theorie vom Charakterpanzer besagt, daß die Störungen der Libido stets in Form von chronischen Muskelverkrampfungen und in erstarrten Körperhaltungen zum Vorschein kommen. Er hat erkannt, daß charakterliche und körperliche Grundzüge die Funktion haben, Empfindung und Energie zu regulieren. Das physiologische und das psychologische Moment bilden zwei Brennpunkte ein und desselben Prozesses: Der Charakterpanzer kommt in chronischen Muskelverkrampfungen zum Ausdruck, die zu steifem Nacken, vorgerecktem Kinn, aufgeblähtem Brustkorb oder verspanntem, flachen Unterleib führen. Chronische Muskelverkrampfungen mindern das Empfindungsvermögen, reduzieren die Bewegung und engen die Fähigkeit zur Selbstdarstellung ein. So zementieren sie ein beschränktes und unwirkliches Selbst-Bild. Wenn ein Mensch Zorngefühle oder sexuelle Empfindungen abwürgt, schafft er sich ein Selbst-Bild, das die gewählten Beschränkungen schützt; er vertritt dann eine Lebensphilosophie, die besagt, daß Zorn etwas Schlechtes ist und Sexualität eine gefährliche Kraft, die es rigoros zu zügeln gilt.

KEEN: Welche Neuerungen hat Reich in die therapeutische Praxis eingeführt, um den Charakterpanzer aufzubrechen?

KELEMAN: Er ließ die Patienten auf dem Rücken liegen und

beim Atmen aufspüren, wo die Verkrampfungen in ihren Körpern sich befanden. Dann forderte er sie auf, ihre psychischen Einstellungen in Relation zu ihren körperlichen Spannungen zu bringen. Er lehrte sie, zu schlagen, zu treten und sich zu bewegen, mit dem Mund nach etwas zu greifen und psychische Gifte, die sich in ihrem Körper festgesetzt hatten, buchstäblich auszuspeien. Reichs therapeutisches Ziel war es, den Körper so geschmeidig zu machen, daß er unwillkürlichen Impulsen nachzugeben vermochte. In sexueller Freiheit, der Fähigkeit des Organismus, orgastische Zustände zuzulassen, sah er den Weg, die Unabhängigkeit wiederzugewinnen. Und deshalb sorgte er dafür, daß das Becken wieder zu unwillkürlicher Bewegungsfreiheit fand und der Körper sich so löste, daß er sich seinen eigenen Schwingungen überlassen konnte.

KEEN: Man wirft Reich oft vor, er habe die Sexualität überbetont und sich mit seiner Frohbotschaft, häufigere und bessere Orgasmen würden die Probleme in der Welt lösen, die Sache allzu einfach gemacht. Was ist an diesem Vorwurf wahr?

KELEMAN: Reich war außerordentlich bescheiden, ja, geradezu viktorianisch in seiner Ausdrucksweise. Er hob immer wieder hervor, daß das therapeutische Ziel, die orgastische Freiheit, nur dann zu erreichen sei, wenn ein Mensch eine dauerhafte und sinnvolle Beziehung eingehe und eine befriedigende Arbeit verrichten könne. Und er war sich auch durchaus klar darüber, daß Neurosen nicht ohne eine tiefreichende politische und gesellschaftliche Neuordnung zu heilen sind.

KEEN: Reichs Ruf ist getrübt worden durch seine grandiosen Theorien über die Orgon-Energie und die merkwürdige Angelegenheit mit den Orgon-Akkumulatoren, die für Betrug gehalten wurden. Es scheint, als sei das geschützte Markenzeichen »Bioenergetik« in diesem Lande auf Alexander Lowen übergegangen. Wie hat er Theorie und Praxis in der Bioenergetik verändert?

KELEMAN: Zunächst einmal hat er jede metaphysische Aussage vermieden. Wo Reich vor allem von Lust und von unwillkürlichen Reaktionen des Organismus sprach und die Aufweichung des Charakterpanzers in den Vordergrund stellte, hat Lowen das Selbstbewußtsein und das Ich – das Realitätsprinzip betont. Häufig stellt Lowen seine Patienten auf die Beine, um ihre Energie auf den Boden hinzulenken. Aus dieser Stellung heraus läßt er sie das Bett mit Schlägen traktieren, um ihre Aggression gegen charakterliche Blockaden zu wecken. Auch er will in seiner Therapie zu besseren sexuellen Beziehungen gelangen, aber er betont, daß der Mensch ein starkes Ich brauche, um sich der Lust hingeben zu können.

KEEN: Wenn eine Philosophie oder eine Therapie das Lustprinzip betont, dann gerät das Realitätsprinzip in Gefahr. Norman O. Brown hat uns nie sagen können, wie ein polymorph perverser Mensch zu einem ausreichend realitätsbezogenen Ich kommt, daß er Getreide anbauen oder einen Computer reparieren kann. Und auch Herbert Marcuse hat uns nicht erzählt, wie die Müllabfuhr in einer vom Eros beherrschten Gesellschaft funktioniert. Wie stehen Sie zu Begriffen wie Ego, Lust und Realitätsprinzip?

KELEMAN: Ich verwende noch nicht einmal den Begriff »Ego«, sondern ersetze ihn durch den Gedanken vom sozialen Selbst. Das soziale Selbst ist das Realitätsprinzip. Realität ist das, was wir zu unterstützen bereit sind und in das wir Energie investieren; Realität ist die Fülle der Aktivitäten und Möglichkeiten, für die wir uns einsetzen. So etwas wie eine objektive kosmische oder soziale Realität, die unabhängig von uns existiert, gibt es nicht. Wenn in einer Gesellschaft plötzlich die meisten Leute behaupten würden, die Ethik der Arbeit sei von Grund auf falsch, sie befürworteten eine Welt, in der jeder Mensch auf optimalen Lustgewinn aussein könne – dann wäre dies das neue Realitätsprinzip. Die Ziele und Funktionen, denen wir als lebendige Organismen nachgehen, definieren uns. Heute bestimmen wir uns durch viele Funktionen: Vermehrung, Sexualität, Arbeit, um zu überleben, und Arbeit für ein Ideal. Lust ist nicht die einzige sozial begehrenswerte Realität. Gerade in jüngster Zeit haben die Menschen viel in analytische und kognitive Funktionen investiert. Wir beschreiben den Menschen als denkendes Tier – *homo sapiens* – und allen anderen Funktionen wurde weniger Würde und weniger Wert zuerkannt. Mit Freuds Definition der Sexualität als wesentlichem Faktor menschlicher Identität traten wir in ein neues Zeitalter ein. Ich stimme Freud nicht zu. Ich meine, die Evolutionstheorie verweist auf die Tatsache, daß der Mensch ein Werdender ist. Wir wissen noch nicht, wer wir sind. Oder richtiger gesagt, wir sind biologische, energetische Prozesse in Bewegung auf ein unbekanntes Ziel zu.

KEEN: Das führt uns zurück zu der Frage der Relation von Ich und Politik. Wenn die Realität gesellschaftlich definiert ist, dann wird die Struktur des Individuums von den ökonomischen, politischen und ideologischen Strukturen seiner Zeit bestimmt. Und wenn wir den Menschen ändern wollen, dann müssen wir die Gesellschaft verändern. Es gibt im Menschen kein Innen, das sich nicht auf ein Außen bezieht, keine Psyche, die nicht durch die Polis geprägt ist. Es kommt mir vor, als seien bei der Entwicklung der Bioenergetik in Amerika Reichs geniale Ansätze für die radikale Therapie außer acht gelassen worden.

KELEMAN: Ich glaube, daß Lowen aus gutem Grund apolitisch war. Er sah, daß die Politik Reich zerstört hatte. Deshalb übernahm er die konservative politische Haltung Freuds. Freud wußte, wenn er zu früh zum Revolutionär würde, bedeutete dies die Zerstörung der ganzen psychoanalytischen Bewegung. In einer vom Arbeitsethos beherrschten Gesellschaft wirkt das Phantom eines lustvollen Lebens entsetzlich bedrohlich.

KEEN: Aber Körpertherapie zu versuchen und dabei die Freudschen Begriffe vom Ich und vom Realitätsprinzip zu verwenden heißt nicht nur eine Schlacht zu verlieren, sondern angesichts des Kampfs zu kapitulieren.

Darf ich einmal frei übersetzen: Das Lustprinzip besagt, Lust kommt vor dem Prinzip, oder: Im Anfang ist die Liebe, dann erst die Vernunft (*logos*); oder: Energie ist ewiges Entzücken. Oder, wie Augustin sagte: »Liebe (Gott) und tue, was du willst.«

Ich glaube nicht, daß es eine gute Therapie ohne eine politische (und wohl auch metaphysische) Vision gibt.

KELEMAN: Dem stimme ich zu. Für mich ist die Idee der Entwicklung der Kontext meiner Arbeit. Der Körper ist Teil eines fortlaufenden Prozesses. Ich bin nicht der Ansicht, daß unsere zivilisatorische Entwicklung uns verkrüppelt habe. Wir mußten die industrielle Revolution durchlaufen, eine Periode, in der wir unsere kognitiven und manipulierenden Kräfte überentwickelt haben. Gewiß hat der Zivilisationsprozeß Narben bei uns zurückgelassen; unsere Körper sind bis zu einem gewissen Grade gepanzert und der Lust abgestorben. Ich glaube jedoch nicht, daß die kognitiven Kontrollfunktionen des Menschen stärker sind als seine Lebensfunktionen. Wir entfalten und entwickeln uns. Alles ist im Fluß. Früher war der Mensch schwer gepanzert, heute weniger stark. Sehen Sie sich die Muskulatur der Affen an. Der Cro-Magnon-Mensch war kein Kandidat für Sensitivity-Gruppen. Der Mensch scheint immer aufrechter, dünnhäutiger und biegsamer zu werden. Wir haben eine Sexualität entwickelt, die nicht an die Jahreszeiten gebunden ist, und damit die Fähigkeit zur Erneuerung – das heißt, ein unbekanntes Potential. Weil wir erfinderisch sind und der Schmerz des Unbekannten so groß ist, haben wir einen großen Teil unseres Lebens ritualisiert und strukturiert. Aber das ist nur ein vorübergehender Prozeß. Wir haben heute einen viel weiteren Spielraum möglicher Empfindungen und Verhaltensweisen als unsere Urahnen. Deshalb, behaupte ich, ist es an der Zeit, zu einer flexibleren Sicht vom Menschen überzugehen und einzusehen, daß die Erde sich im Übergang befindet.

KEEN: Freud, Reich, Marcuse und Brown werden alle von der romantischen Vision beherrscht, die Zivilisation sei Quelle aller Unzufriedenheit und Verdrängung. Sie sehnen sich alle nach dem edlen Wilden, nach dem nicht verhemmten Körper des Primitiven zurück.

KELEMAN: Sie alle scheinen eine merkwürdige Vorstellung von der Erbsünde zu haben, als sei das Böse nicht auf die Schlange im Garten, sondern auf die Maschine in der Stadt zurückzuführen. Wenn Reich das Ideal hochhält, die Gesellschaft müsse revolutioniert werden, um dem Menschen wieder seine natürlichen Wurzeln zurückzugeben, kümmert es ihn gar nicht, was durch die Wechselbeziehung zur Welt und das zum Vorschein gekommene größere Freiheitspotential aus dem Menschen geworden ist. Er glaubt nicht daran, daß der Mensch Zivilisation hervorbringt, um immer menschlicher zu werden.

KEEN: Gerne möchte ich diese Theorie in die Praxis übersetzen. Wie beeinflußt Ihre evolutionäre Vision die therapeutische Arbeit?

KELEMAN: Ich betrachte die Aggression nicht auf so traditionelle Weise wie Reich oder Lowen. Ich gehe nicht von der Voraussetzung aus, daß es einen einzig richtigen Weg gibt, die Welt zu erfassen, oder ein einzig richtiges Modell sexueller Ausdrucksweise. Konnte der Mensch einer primitiven Kultur nicht ein bißchen töten, vergewaltigen und aggressiv sein, so war er unfähig zu überleben. Das hat sich aber alles geändert. Zivilisation hat es einigen unter uns gestattet, Künstler und Poeten zu werden, sich unserer Existenz auf sehr sanfte Weise zu vergewissern. Demzufolge ist das Bemühen, einen idealen männlichen oder weiblichen Körper zu konstruieren, bloß heimliche Orthodoxie.

Deshalb lehne ich die einzelne Idealfigur ab, wie sie von der Alexander-Methode oder in der Arbeit Ida Rolfs vorgestellt wird. Wenn wir behaupten, das männliche Becken habe sich in eindringlicher Weise vorzuschieben, sonst fehle es ihm an maskuliner Aggressivität und sexueller Lust, befinden wir uns in einer neuen Art von Chauvinismus. Sie berücksichtigt nicht die individuellen Verschiedenheiten von Körpertypen und Lebensweisen. Wenn ich einen Menschen ansehe, frage ich: »Auf welche Weise wollen Sie in dieser Welt lebendig sein, und welche an Sie gestellten Forderungen verbieten es Ihnen, der Mensch zu sein, der Sie sein möchten?«

KEEN: Heißt dies, Sie schaffen alle Vorstellungen von »Männlichkeit« und »Weiblichkeit« ab?

KELEMAN: Mich interessiert mehr, wie ein bestimmter Mensch seine Sexualität zum Ausdruck bringen möchte. Kommt ein Mann zu mir und erzählt mir, er möchte auf eine besondere Weise mit sanften Beckenbewegungen lieben, fühle sich dabei aber nicht männlich genug, so frage ich ihn, was er mit »sich nicht männlich genug fühlen« denn meinte. »Nun, ich stoße nicht kräftig genug, ich bin nicht aggressiv; ich liege nicht genügend oben; ich beherrsche die Frau nicht.«

Ich behaupte, das ist alles völlig verrückt und ergibt sich aus irgendeinem stereotypen Ideal von Männlichkeit.

Lassen Sie es mich anders ausdrücken: Reich und Lowen sehen das, was Jung die introvertierte Persönlichkeit genannt hat, überhaupt nicht vor. Manche Menschen lassen die Welt lieber auf sich zukommen und sind nicht so schrecklich aggressiv. Ihr sexueller Lebensstil spiegelt diese Wahl wider. Was soll's?

Menschen sind so verschieden. Es gibt gotisch anmutende Körper, andere scheinen Bildern von Rembrandt oder El Greco entsprungen zu sein. Ich nehme diese Verschiedenheiten ernst. Manche Menschen machen heftige, analytisch durchdringende Bewegungen in der Welt; ihre Energie funktioniert stoßartig und zieht sich dann wieder zurück. Andere bevorzugen Berührungen, die sanft und gleichmäßig sind; ihre wellenartige Energie steigt und fällt allmählich. Manche Menschen bedürfen deutlicher Grenzen; andere sind weicher und unbestimmter.

KEEN: Wie verhilft die Therapie einem Menschen zu Individualität und Freiheit?

KELEMAN: Da gibt es zwei wesentliche Komponenten einer guten Therapie. Zuerst einmal muß ein Mensch in Erfahrung bringen, in welcher Weise sein Charakterpanzer die eigene Individualität mit Beschlag belegt, ihr aber auch Ausdruck verleiht. Der Charakterpanzer ist das Körper-Karma, jene Art von Verrenkung, die das Selbst sich ausgesucht hat, um sich in der Welt zu behaupten. Schnürt ein Mensch zum Beispiel seinen Unterleib derart ab, daß er oder sie nur in beschränktem Umfang sexuelle Empfindungen haben, so hütet dieser Vorgang die Integrität des Organismus. Sagt man »nein« zum Selbst, so ist dies zuweilen die einzige Art und Weise »ja« zu sagen. Indem ich mich nicht ausliefere, behalte ich die Kontrolle über mein Leben. Erfährt man Schmerz und Spannung bei chronischen Muskelverkrampfungen, so muß man wissen, daß diese seelischen und körperlichen Abwehrmechanismen in der Kindheit ihre Funktion hatten und notwendig waren. Sie sind Ausdruck der vom Organismus gewählten Form des Daseins. Blockaden werden jedoch nicht einfach dadurch überwunden, daß man sie erfährt und ihren Ursprung einsieht. Eine Person beginnt, die Welt anders zu erfahren. Sobald der Charakterpanzer allmählich aufbricht, bringen Schwingungen, Zuckungen und einströmende Empfindung ein neues Gewahrwerden von Leben in bislang abgestorbene Bereiche des Körpers. Das ist erregend, aber auch beängstigend. Man muß sich Zeit lassen, um diese größere Lebendigkeit auszuhalten.

KEEN: Aber brauchen wir nicht etwas mehr als Selbsterkenntnis und das Ausprobieren neuer Empfindungen?

KELEMAN: Ganz gewiß. Es hat immer ein Tabu gegenüber der Selbsterkenntnis gegeben – iß nicht die Frucht vom Baum der Erkenntnis von Gut und Böse. Die traditionelle Therapie versuchte, dieses Tabu zu überwinden, indem sie dem Rat des Sokrates Folge leistete: »Erkenne dich selbst.« Doch man hat nicht gewagt, das tiefer liegende Tabu des »sei du selbst« zu durchbrechen. Selbsterkenntnis gestattet, unseren biologischen Organismus aus sicherer Distanz zu beobachten, aber das Tätigsein verlangt, daß wir über das Bekannte hinausgehen. Wenn Sie sich selbst kennenlernen möchten, müssen Sie stillsitzen, wollen Sie aber Sie selbst sein, müssen Sie sich bewegen.

KEEN: Wenn Selbsterkenntnis in Erleuchtung mündet, muß jedes Tun zwangsläufig zu Verfinsterung führen. In der westlichen Kultur haben wir die Suche nach Wissen und Macht derartig idealisiert, daß es uns schwer fällt einzugestehen, Mensch sein bedeute, unaufhörlich im dunkeln herumzutappen. Man hat uns dazu abgerichtet, nach Licht und Klarheit zu suchen, und wir können einfach nicht verstehen, weshalb unser Verstand uns in der Welt nicht heimisch werden läßt.

KELEMAN: Eine der wesentlichen Aufgaben von Therapie besteht darin, einem Menschen dabei zu helfen, mit der Hilflosigkeit des menschlichen Daseins fertig zu werden. Ich glaube, daß eben jenes Hilflos-vor-dieser-Hilflosigkeit-Stehen der eigentliche Grund für alle Neurosen ist. Da wir in Entwicklung begriffene Organismen sind, stehen wir immerzu vor Situationen, in denen wir buchstäblich nicht wissen, was zu tun ist. Ein Kind weiß, daß es aus einer emotional unerträglichen Situation herauskommen muß. Es weiß jedoch nicht wie. In der Therapie fällt es einem Menschen unter Umständen schwer, freiwerdende Energien und Gefühle zu verspüren, weil er nicht weiß, was er mit ihnen anfangen soll, wenn alte, programmierte Verhaltensweisen zerbrechen. Lernen, mit der Hilflosigkeit fertigzuwerden, ist ein Prozeß, bei dem man die Hilfe anderer annehmen muß. In einer solchen Beziehung teilt der Therapeut sein eigenes Gefühl von Hilflosigkeit mit und zeigt, daß ihm daran liegt, Wege der Überwindung ausfindig zu machen. Wenn ich mit einem Menschen arbeite, hoffe ich, ihm das eigene Wahrnehmungsvermögen für seine Situation und die Fähigkeit zurückzugeben, freier mit seinem Organismus umzugehen. Ich möchte ihm helfen, daß er in seinem Körper eine auf sich selbstverweisende Grundlage für seine Identität entdeckt, so daß er seine Hilflosigkeit überwinden kann. Gute Therapie konfrontiert einen Menschen jedoch immer mit dem Unbekannten und mit der Notwendigkeit, sein Verhalten zu erneuern. Es ist eine Sache, das Auftreten spontanen Verhaltens zuzulassen, aber es ist eine andere Sache, es sich zu eigen zu machen und es zu entwickeln. Das Leben ist sehr freigiebig. Es gibt die Spontaneität und sagt dann: »Nun entwickle sie mal.« Es setzt die Samen ein, aber wir müssen die Gärtner sein.

KEEN: Wie würden Sie die Ziele der Bioenergetik definieren?

KELEMAN: Mein Ziel ist die Verkörperung oder Selbst-Gestaltung. *Jeder* Organismus durchläuft bestimmte Stadien. Das *Leben* gerät von einem Stadium universalen Einsseins über ein Stadium der Expansion in ein Stadium, in dem Grenzen zur Bewahrung von Energie errichtet werden, und von da aus in ein Stadium, in dem die Grenzen niedergerissen werden und die Energie wieder in das universale Sammelbecken zurückfließt. Dies ist der Tod, symbolisch oder real. Unsere Selbsterkenntnis schafft Grenzen, die uns definieren. Sie sind der Behälter für unsere Energie. Aber wenn wir handeln oder wenn die Welt an uns handelt, reißen wir diese Grenzen nieder und dehnen den Bereich unseres Daseins aus. Bis zum tatsächlichen Tod reißen wir immerzu Grenzen ein und errichten neue. Ich möchte, daß ein Mensch sich mit allen Aspekten seines biologischen Prozesses zu identifizieren lernt: mit Gefühl, Empfinden, Denken und Handeln. Wenn ein Organismus flexibel, anmutig und mit sich vertraut sein soll, dann braucht er beides – Zurückhaltung und Ausdruck, Spannung und Entspannung. Meiner Meinung nach haben Therapien wie die Urschrei-Therapie eine zu beschränkte Betrachtungsweise. Gesteigertes Empfindungsvermögen ist zwar eine gute Kompensation für einen überentwickelten Verstand, aber Denken und Handeln sind wichtige Aspekte des gesunden Organismus.

KEEN: Ihr Idealmensch muß sehr flexibel sein.

KELEMAN: Und auch ein bißchen hungrig. Solange wir am Leben sind, können wir damit rechnen, daß wir unvollkommen und unsicher sind. Wir müssen die Illusion aufgeben, jemals irgendwo ankommen zu können. In der hebräischen Haftorah steht ein Satz, den ich sehr gern habe: »Und der Mensch ist ein Versprechen, er ist noch nicht.« Wir sind unabgegrenzte Organismen, und so können wir niemals zum Stillstand kommen.

KEEN: Ich glaube, Religionen wie Therapien lassen sich definieren gemäß ihrer Antwort auf die Frage: »Was sollen wir mit der Sehnsucht, der Leere, dem Hunger und der Nichtigkeit anfangen, die den Kern menschlicher Erfahrung umgeben?« Der Buddha hat die große Entdeckung gemacht, daß Begierde die Wurzel allen Elends und die Ausmerzung von Begierde der Weg ist, der zum Glück, zum Nirwana führt. Augustin glaubte, unersättliche Begierde – Konkupiszenz – könne gestillt werden, wenn sie ihren eigentlichen Gegenstand finde: Gott. Die Daseinstherapie unterscheidet zwischen neurotischer und ontologischer Angst und glaubt, nur so etwas wie Entschlossenheit zum Sinn könne die letztere lindern. Die zur Zeit wahrscheinlich populärste Weise, sich mit der verstörenden Erkenntnis der Unvollständigkeit des Lebens auseinanderzusetzen, heißt Jack Daniels, Haschisch, oder, wenn das fehlt, Librium. Ich meine, wir produzieren dieses

Problem selbst, indem wir die Sehnsucht nach Vollkommenheit für anomal oder abwegig halten. Wir schämen uns unseres metaphysischen Hungers.

KELEMAN: Unzufriedenheit ist ein Strukturmoment des lebendigen Organismus. Daß jede Befriedigung Unzufriedenheit nach sich zieht, ist eines der Gesetze energetischen Wirkens. Jeder tiefe Kontakt verlangt nach mehr Kontakt; je mehr ein Mensch Erfahrungen zu machen, in Besitz zu nehmen vermag, desto mehr möchte er. Nehmen wir an, ein Mann und eine Frau heiraten. Sobald sie ihre Grundbedürfnisse befriedigt haben, stellt sich ein neues Verlangen nach mehr Kontakt, mehr Leben, mehr Interaktion, mehr Geselligkeit ein. Und damit beginnen die Schwierigkeiten. Indem ich mit Erfolg Kontakt aufnehme und einen Teil meiner selbst zufriedenstelle, lege ich die Keime meiner eigenen Unzufriedenheit, habe ich doch meine Grenzen ausgeweitet und vermag nun, mehr zu erfahren und mehr zu sein.

KEEN: Geistige Gesundheit ist demnach das empfindliche Gleichgewicht zwischen dem Bedürfnis, unsere Energien innerhalb der selbstgewählten Grenzen zu bewahren, und dem Bedürfnis, sich über die Grenzen von Wissen und Gewißheit hinaus Ausdruck zu verschaffen. Wie definieren Sie Reife in der Sexualität? Welche Mischung aus Zurückhaltung und expansivem Ausdruck schafft die größtmögliche sexuelle Befriedigung?

KELEMAN: Ich glaube, Sexualität ist stets in Entwicklung begriffen. Was gesund ist, hängt davon ab, an welcher Stelle des Lebensprozesses der Mensch sich gerade befindet. Manche Leute können sexuell außerordentlich aktiv und doch unfähig sein, ihre Sexualität der Liebe oder ihrem übrigen Leben einzufügen. Reife in der Sexualität heißt, die sexuelle Ausdrucksweise mit den Bedürfnissen des jeweiligen Lebensalters in Einklang zu bringen, wohl wissend, daß sich dies ändert.

KEEN: Glauben Sie, daß uns die »sexuelle Revolution« in irgendeiner Weise einem reiferen Sexualverhalten näher gebracht hat? Oder ist sie eine neue Form der repressiven Orthodoxie, die unter Freiheit nur die Häufigkeit und Abwechslung sexueller Episoden versteht?

KELEMAN: Wie die meisten Revolutionen war sie notwendig, aber übertrieben. Sie zerstörte das lebensferne Ideal, es könne nur eine richtige Weise des Geschlechtsverkehrs geben (Einheitsposition, Einehe). Sie bot den Leuten Gelegenheit, alles auszuprobieren, ihre Lust auszuleben und gegen die sexuellen Ideale und Verhaltensmuster ihrer Eltern zu rebellieren. Und weshalb sollten die Leute nicht alles tun, wonach ihnen der Sinn steht, von der Einehe bis hin zu einem Leben mit zweihundert Liebhabern. Ich glaube jedoch nicht, daß jede Form sexuellen Verhaltens reif genannt werden kann. Im Zuge des Reifungsprozesses der Person wird die sexuelle Erregung zu etwas Sekundärem. Die sich vertiefenden Gefühle werden für das Sexualleben bestimmend. Zur Entwicklung dieser Gefühle gehört aber eine gewisse Zurückhaltung der sexuellen Erregung.

Meine Erfahrung sagt mir, daß ich erst dann innerlich befriedigt bin, wenn die Beziehung zum geliebten Menschen dauerhaft wird. Die Fähigkeit, in meinen Empfindungen zu verharren, und sie nicht als etwas zu betrachten, das es loszuwerden gilt, weckt ein Gefühl der Erwartung, das Verlangen nach größtmöglicher Erfüllung. Verzicht und Zurückhaltung sind in sich selbst eine Lust, wenn sie diese Vertiefung der Gefühle bedeuten. Selbst Charles Lamb begriff »die Ekstase der Zucht.« Ich glaube, Erregungen sind zu hüten und zu hegen, damit sie zu reifen Gefühlen heranwachsen können.

KEEN: Rigoroser Moralismus und Romantizismus haben, verbunden mit Sex, aber auch das entgegengesetzte Problem heraufbeschworen. Manche Menschen haben tiefe Gefühle, halten ihre Erregung zurück, lieben, können sich aber sexuell gar nicht äußern. Sexualität und Zärtlichkeit zusammenzubringen ist gar nicht so einfach. Verwenden Sie für übermäßig ausdrucksfreudige oder übermäßig verhaltene Menschen verschiedene therapeutische Techniken?

KELEMAN: Handelt jemand zwanghaft, sobald er in Erregung gerät, so bringe ich ihn dazu, seine Bewegungen zu verlangsamen. Nicht das Becken bewegen. Nicht aktiv sein. Tief durchatmen und die Erregung sich auswachsen und zum Gefühl reifen lassen. Indem Gefühle sich auszubilden beginnen, wacht die Angst auf und mit ihr schmerzliche wie begeisternde Kindheitserinnerungen. Wenn ein Mensch sich dieser Angst stellt, lernt er, Gefühle der Wärme zuzulassen.

Ist ein Mensch tiefer Gefühle fähig, aber in seinen sexuellen Ausdrucksmöglichkeiten gehemmt, so fordere ich ihn auf, sexuelle Bewegungen mit dem Becken zu machen. Ich ermutige zu Bewegung, Ausdruck, Aktivität, Selbstbehauptung. Oder ich rate ihm, zärtliche Gefühle und sanfte Berührungen zuzulassen. Wächst dann die Erregung, beschäftigen wir uns mit den Ängsten, welche die Verschmelzung von Geschlechtlichkeit und Liebe verbieten.

KEEN: Ihre Sicht von Reife, sexueller und anderer, scheint vom Menschen beides zugleich zu verlangen – daß er sein Selbst beherrscht und sich ihm unterwirft.

KELEMAN: Ich halte nichts von jenem rhetorischen Gerede, sei es dem der sinnlichen Erweckungsbewegung oder dem der Gestalttherapie, daß wir »den Verstand verlieren und zu Sinnen kommen« müßten. Diese Haltung beruht auf dem Mythos der Unschuld: Nichts anderes hätten wir zu tun, als uns der Erfahrung zu überlassen, alles gehen zu lassen und in dem aufzugehen, was ohnehin geschieht. Das Tun bleibt außer acht. Wir sind Teilnehmer an dem unausgesetzten Drama des Lebens.

KEEN: Ich nehme an, Sie weisen den Einfluß östlicher Spiritualität zurück, die uns auffordert, das Ich sterben und die Illusion von der Individualität fahren zu lassen, mit dem Einen zu verschmelzen.

KELEMAN: Ich halte all dieses Zeug für gefährlich und irreführend. Sehen Sie, ein kosmisches Wesen zu werden und in Einheit zu versinken ist sehr einfach. Wir werden als kosmische Wesen geboren. Wenn man den Schoß der Mutter verläßt, ist man in Berührung mit dem universalen, kosmischen Leben. Aber Individualität hat man kaum. Der Prozeß des Anerkennens und des sich Aneignens der eigenen Verkörperung verlangt, daß man bejaht, was man ist. Sie müssen gewissermaßen dem Universalen den Rücken zukehren, um Ihr Recht als menschliches Wesen beanspruchen zu können. Und wer sich weigert, Individuum zu werden, ist eine Schande für Gott oder für den kosmischen Prozeß, weil er sich mit Gottes Angelegenheiten und nicht mit seinen eigenen beschäftigt. Er leugnet den Sinn des Geborenwerdens. Die Tatsache, daß man geboren wird, ist bereits eine inkarnatorische Absichtserklärung. Sie enthält das »Nein« zum kosmischen Leben, zu einem polymorph perversen Leben, einem Leben ohne Begrenzungen oder Limitationen. Einer meiner Lehrer, Karlfried Graf Dürckheim hat mir eine sehr einprägsame Lektion erteilt: daß wir das Ich niemals töten können, sondern lediglich feststellen, daß es in einem viel größeren Gehäuse lebt, als wir dachten. Die eigentlich religiöse Bestätigung ist in der Bestätigung unseres Selbst enthalten.

KEEN: Einer der stärksten Gründe, den Menschen kosmisch zu definieren, ist der, daß man der Todesangst mit der Behauptung begegnet, nur das Ich des Menschen sterbe, sein Wesen hingegen sei unsterblich. Wenn mein Wesen sich wieder inkarniert, brauche ich mich um Begrenztheit, Tragik und Tod nicht zu kümmern. Wenn ich aber mit diesem historischen Körper aus Fleisch und Blut identifiziert bin, ist es nicht immer leicht, den Mut aufzubringen, mich mit meiner Angst vor der Gebrechlichkeit des Lebens und vor dem unausweichlichen Tode zu befassen. Norman O. Brown, die Leute der Scientology-Bewegung, die Arica-Schule sowie die meisten Anhänger der immer größer werdenden Schule der transpersonalen Psychologie reden symbolisch vom Tod – nämlich vom Tod des Ich. Über den tatsächlichen Tod sprechen sie nicht eben viel, und doch ist das Grab die Realität am Ende des Weges.

KELEMAN: Wenn der Mensch ein organischer Prozeß ist, dann gehört der Tod als Beendigung dieses Prozesses zu dessen Definition. Die Fragen nach dem Sinn des Lebens und nach dem Sinn des Todes lassen sich nicht trennen. Sterben wie Sexualität sind wesenhafte Ausdrucksweisen des Organismus. Wir wählen uns unseren Lebensstil und den Stil unseres Sterbens.

KEEN: Welche Zusammenhänge sehen Sie zwischen Sexualverhalten und der Weise des Sterbens?

KELEMAN: Ich arbeite an einem Buch über den Tod, in dem ich mich mit zwei Persönlichkeitstypen beschäftige: dem sich ausbreitenden und dem bei sich selbst verweilenden Typ. Sie entsprechen in groben Zügen dem extravertierten und dem introvertierten Typ, deren Repräsentanten Lyndon B. Johnson und Harry S. Truman sein könnten. Der eine greift nach der Welt und braucht ständig Bestätigung. Er drängt immerfort nach außen und breitet sich aus; in seinem Sexualverhalten neigt er zu Aggressivität und beansprucht die Vorherrschaft. Solche Menschen sterben an einer eruptiven Krankheit, wie einem Herzanfall. Der bei sich selbst verweilende Typ errichtet sehr scharfe Grenzen und läßt die Welt an sich herankommen. Er braucht wenig Bestätigung durch andere Menschen. Er genießt seine Empfindungen und macht keine Überwältigungsversuche. Normalerweise stirbt er an einer degenerativen Krankheit. Er stirbt Schritt um Schritt, wird immer härter und dünner, bis er dahinschwindet. Oft fördert der sich ausbreitende Charakter seinen Tod: Der Arzt sagt ihm, der Zustand seines Herzens sei bedenklich, dennoch führt er sein gehetztes Leben weiter; oder er beschleunigt den nahen Tod durch Selbstmord oder durch Selbstaufgabe. Der bei sich selbst verweilende Typ versucht, Zoll um Zoll zu überleben: Schon aus Widerborstigkeit hält er ewig aus und kapituliert jedesmal nur ein bißchen.

KEEN: Das Sterben wird uns durch Überlegungen erschwert, wie, wann und wo ein Mensch anständig sterben darf. Die moderne Medizin nimmt dem Menschen oft die Würde der letzten Entscheidung.

KELEMAN: Unsere Kultur wird eben von dem Mythos beherrscht, man könne mit allem fertig werden. Wir leben vom Mythos des Helden, und folglich erwartet man von uns, daß wir tapfer sterben, allein, klaglos, ohne anderen Menschen zur Last zu fallen. Man erwartet, daß wir unsere tiefsten Gefühle verleugnen, daß wir uns für den Erfolg aufopfern und das angenehme körperliche Leben zugunsten »höherer« Ideale vernachlässigen. Wenige Menschen erkennen, daß sie das Recht auf eine eigene Mythologie haben, daß sie nicht gezwungen sind, dem Mythos ihrer Kultur zu leben. Wir müssen nicht unbedingt die heldischen Eroberer des Lebens sein, ebensogut können wir Entdecker, Experimentatoren oder Liebende sein.

KEEN: Es zeigt sich, daß unsere Mythen in einer innigen Beziehung zum Leben unseres Körpers stehen. Unser Empfinden und unsere Erfahrung sind geprägt von unserem Selbstverständnis.

KELEMAN: Die dominierende Rolle des Heldenmythos in unserer Kultur läßt sich direkt in physiologische Termini übersetzen. Es handelt sich hier nämlich um die einseitige Entwicklung eines bestimmten Systems. Innerhalb des menschlichen Organismus gibt es ein Streß-System und ein Lust-System. Das Streß-System bereitet uns auf Notfälle, auf Tätigkeit und Aktivität vor, indem es die Angst verstärkt, den Atemzyklus abkürzt und zu einer Anspannung der Muskeln führt. Das Lust-System beruht weitgehend auf den entgegengesetzten physiologischen Mustern: Weichheit, Pulsieren, entspannte Muskulatur, gleitender Atem. Schon im Augenblick der Geburt werden wir von unserer Kultur darauf vorbereitet, weitgehend in Streß-Situationen zu leben. Das Kind wird aus dem Mutterleib ausgestoßen und braucht den körperlichen Kontakt zur Mutter, wenn der Schock der Geburt gelindert werden soll. Aber wir nehmen es und versetzen es abrupt in einen unangemessenen Zustand. Es kommt hinunter in einen Saal, wo man es beobachten kann und wo es pünktlich gefüttert wird. Dies ist der erste Streß. Das Atemverhalten findet so niemals wieder in den Lust-Zustand zurück. Folglich bleibt dem Kind nichts anderes übrig, als sich Geltung zu verschaffen, in Konkurrenz zu treten, zu kämpfen und Aggression zu entfalten. Dies ist die vorherrschende nervliche Verfassung in unserer Kultur.

Keen: Aber es gibt doch immer einen entgegengesetzten Mythos. In Amerika war er immer schon stark und wird gegenwärtig noch stärker: der Mythos der ewigen Kindheit, der Unschuld; der Mythos von der Möglichkeit, in immerwährender Annehmlichkeit zu leben. Bei Huck Finn, Billy Budd, bei den Blumenkindern, bis hin zu den Vertretern von »Bewußtsein III«, taucht das unterschwellige Leitmotiv auf, Amerika sei das neue Eden und wir seien die guten alten Adams und Evas. Mitten in einer entarteten Umwelt, angesichts einer chaotischen und korrupten Regierung und des schmutzigsten Krieges, den wir je geführt haben, gibt es eine große Gruppe von amerikanischen Intellektuellen, die über die zukünftigen Probleme eines Lebens in Utopia reden. Sie nehmen an, daß einst die Befriedigung unserer Bedürfnisse durch eine Zentralregierung gewährleistet werde. Das größte soziale Problem wird dann darin bestehen, mit dem bedrohlichen Überschuß an Freizeit fertig zu werden.

Keleman: Das ist die Reaktion auf die übermäßige Betonung des Heldenmythos und auf die sich daraus ergebenden Stress-Muster. Viele Menschen unseres Kulturkreises suchen heute nach Wegen, das Streß-Syndrom zu durchbrechen und entspannter und angenehmer zu leben. Für die meisten Leute ist dies das Motiv, sich in eine Therapie zu begeben, und es erklärt auch den Reiz, den neue spirituelle Gruppen, wie Arica oder die Transzendentale Meditation, ausüben.

Keen: Sie betonen das Genießen, die Bodenständigkeit, das Zu-sich-Kommen des Körpers in einem selbstgewählten Lebensstil. All dem scheint ein mystisches Element innezuwohnen, aber es geht dabei doch mehr um ein Hinabsteigen ins Fleisch als um ein Transzendieren der Grenzen des Körpers. Diese Haltung steht D. H. Lawrence näher als Plotin.

Keleman: Wenn wir lernen, mehr Angenehmes zuzulassen,

dann sehen wir die Welt mit anderen Augen, als wenn wir überanstrengt sind, denn dann ist sie offener und freundlicher. Zeit wird zu etwas anderem; das analytische Moment tritt in den Hintergrund, und die intuitiven und rezeptiven Modi dominieren. Und auf einmal hat die Welt Räume. Sie ist nicht so durchstrukturiert wie die eines Paranoiden. Da ist Raum für das Überraschende, Neuartige, für das Entzücken. Man kann die Welt von verschiedenen Ebenen aus betrachten: Da gibt es die Zeitabfolge und in Zeit einbrechende Ereignisse.

KEEN: Sehen Sie eine Zeit kommen, in der es eine echte Politik des Leibes geben wird?

KELEMAN: Gegenwärtig bezieht Politik sich auf das ökonomische Überleben. Das körperliche Leben ist diesem Wert untergeordnet. Wir leben immer noch gemäß dem Mythos: »Ohne Arbeit kein Brot.« Wenn man sich keine Disziplin auferlegt und die Pein dieser Disziplin nicht erträgt, hat man keinen Anspruch auf irgendwelche Annehmlichkeiten. Historisch gesehen, sind wir jedoch bereits über das Stadium hinaus, in dem man Zähne und Klauen zeigen mußte. Wir brauchen uns nicht mehr nach der Ethik des bloßen Überlebens zu richten. Die Politik wird sich ändern, wenn die Erkenntnis zunimmt, daß das Selbstverständnis des Menschen sich mitten in einem radikalen Wandel befindet. In der Vergangenheit war die Macht das Hauptanliegen. Macht hieß Überleben. Derjenige, der zuerst den Knüppel aufhob, um eine andere Kreatur damit zu schlagen, übte Macht aus. Derjenige aber, der als erster imstande war, Spannung auszuhalten und den richtigen Augenblick abzupassen, um zuzuschlagen, besaß mehr Macht. Ich glaube, diese Analyse trifft auch auf Machtausübung im Bereich der Sexualität zu. Später dann beruhte Machtausübung in der Fähigkeit, Belohnungen vorzuenthalten, eine Aufgabe zu Ende zu führen und die Umgebung zu kontrollieren.

Auf der Suche nach Macht wurde der Mensch sich jedoch allmählich selber fremd. Reich war gefesselt von dieser Marxschen Erkenntnis. Er begriff, daß Machtbesessenheit zu Ausbeutung führt und den Menschen von den Quellen seiner Lust abschneidet. Ökonomische und sexuelle Ausbeutung gehen Hand in Hand.

KEEN: Wenn man zurückblickt, so lag das Motiv für die Explosion der Neuen Linken während der sechziger Jahre in dem Wunsch nach einem erotischeren Staatskörper. Es fehlte jedoch die tragende Kraft. Die Erregung war da, aber die dazugehörige Selbstbeherrschung fehlte.

KELEMAN: Eine neue Politik wird sich wohl erst dann herauskristallisieren, wenn die Regierungen Annehmlichkeiten bieten müssen, anstatt Macht zu zeigen. Die Politik der Neuen Linken ist fehlgeschlagen, weil die Radikalen den Körper nicht achteten. Mit ihren Säureanschlägen, ihren Kommunen und ihrem Sexualverhalten haben sie den lebendigen Körper mißachtet.

KEEN: Was geschah denn mit dieser Revolution?

KELEMAN: Sie ist aufs Land zurückgegangen, um ihren Körper, gesunde Nahrung, Körpertherapien und bindende Beziehungen wiederzuentdecken. Ursprünglich bestand die Polarität in starrer Disziplin und hedonistischem Chaos. Diesen Alternativen aber stellen wir uns bereits. Nun erhebt sich die Frage, wie ein Leben aussehen soll, das den gesamten Organismus zufriedenstellt, und wie man die Politik gestalten soll, damit sie diesem Bedürfnis nach Ganzheit entspricht.

KEEN: Vielleicht wird diese neue Politik, so wie einige der neuen Therapien, aus dem Bemühen entstehen, die Lust und nicht den Konflikt zu verstärken.

KELEMAN: Dieser Wandel hat sogar die Naturwissenschaften ergriffen. Einer meiner Freunde am Salk Institute hat mir erzählt, daß es anstelle einer Biologie, die sich auf die Physik beruft, bald eine Physik geben werde, die auf der Biologie aufbaut. Wir nähern uns einer Zeit, in der die Erforschung des Universums wie die Politik dadurch bestimmt wird, daß wir uns als lebendige Geschöpfe verstehen. Dann werden wir nicht mehr versuchen, uns als Objekte in einer Welt aus Objekten zu verstehen. Ich glaube, diese Veränderungen werden allmählich auch zu einer neuen politischen Struktur führen, die in stärkerem Maße auf einer ganzheitlichen Sicht der menschlichen Bedürfnisse beruht.

KEEN: Wenn wir alt genug werden, erleben wir vielleicht einmal einen Präsidentschaftskandidaten mit dem Wahlkampfprogramm: »Alle Lust dem Volke!«

Heldentum des Alltags
Ein Gespräch mit Ernest Becker

Nachdruck aus der Zeitschrift *PSYCHOLOGY TODAY*
April 1974

Eine kurze Weile stand Ernest Becker im Rampenlicht. Danach trat er aus irgendeinem Grund wieder ins unverdiente Dunkel. Von 1965 bis 1967 war er *der* Professor in Berkeley. In einer Zeit größten politischen Unheils und revolutionärer Gefühle war er der akademische Superstar für eine Generation von Studenten, die nur leidenschaftlichen Denkern Gehör schenkte. Der Gastprofessor für Soziologie und Anthropologie stand vor überfüllten Hörsälen. Bewußt dramatisch (einmal hielt er seine Vorlesung innerhalb des Bühnenbilds für *King Lear*) deckte er die unter der Normalität verborgene Pathologie auf. Und indem er die Scheinwerfer ein wenig schwenkte, verwandelte er die Szene und zeigte, wie menschlich der Wahnsinn sein kann.

Unter der Maske der Persönlichkeit, unter der charakterlichen Fassade lauern die Angst vor dem Tod und das ungeheure Erschrecken vor der Welt. Wen wundert es, daß wir uns in Spitzfindigkeiten und Abwehrmechanismen retten? Lieber finden wir uns mit unseren Perversionen ab, als in den Abgrund des Absurden zu stürzen. Mit kühnen Strichen hat Becker die Daseinsverfassung des Menschen umrissen. Er wollte zeigen, wie heldenhaft wir sein müßten, um mit der Wahrheit zu leben.

In seinem Denken folgte Becker dem politischen Stil der sechziger Jahre nicht. Er predigte nicht Revolution. Aber die Studenten liebten seine weit ausholenden und feurigen Gedankengänge, seine Bereitschaft, über die Grenzen des Faches hinaus zu denken. Die Ordinarien der jeweiligen Fakultäten waren keineswegs so begeistert. Manche sahen in seiner Beliebtheit den schlagenden Beweis für seine Oberflächlichkeit. Als keine Fakultät das Geld aufbringen konnte, Beckers Vertrag zu erneuern, wurden 2000 Studenten bei der Verwaltung vorstellig, damit man ihn behalte. Nachdem die Verwaltung ausführlich erklärt hatte, weshalb sie in fakultative Belange nicht eingreifen könne, nahm die studentische Selbstverwaltung in Berkeley die Sache selber in die Hand und stellte 13000 Dollar aus dem Studentenfonds für Becker bereit.

Becker nahm jedoch das Angebot der Studenten nicht an, sondern ging auf die andere Seite der Bucht an die San Francisco State University. Aber die Schmalspur-Apokalypse jener Schule mit ihren politischen Tumulten – Hayakawa war damals in aller Munde – machte es ihm schwer, bei seinem sorgsamen Gelehrtentum zu bleiben, das stets die Grundlage seines intellektuellen Theaters gewesen war. So ging er 1969, damals vierundvierzig Jahre alt, an die Simon Fraser University in Vancouver und wurde Professor an der Fakultät für Politische Wissenschaften, Soziologie und Anthropologie.

Seine Entwicklung zum Allgemeinwissenschaftler vollzog sich allmählich. Nach dem Zweiten Weltkrieg lebte Becker einige Jahre in Europa und war an der U.S.Botschaft in Paris tätig. Indessen konnte seinem Verlangen, etwas Sinnvolles zu tun, der diplomatische Dienst nicht genügen. Die ihn bedrängende Frage – »Warum handeln die Menschen, wie sie handeln?« – brachte ihn an die Universität nach Syracuse zurück, an der er 1960 als Kultur- und Sozialanthropologe promovierte. Dabei erwachte sein Interesse an der Parallelität von Zen und Psychoanalyse, und er begann, einen existenziellen Zugang zu den psychologischen Fragen zu suchen. Statt die Aufmerksamkeit auf die Symptome oder eine ausführliche innerpsychische Erklärung der Phänomene wie Fetischismus oder Paranoia zu richten, stellte er beharrlich die zugrunde liegende Frage: Warum unterdrücken wir freiwillig uns selbst, warum überlassen wir uns verstümmelnden Abwehrhandlungen? Beckers weitgespannte Vision hat eine Fülle von Büchern und Artikeln hervorgebracht, die zeigen, wie notwendig es ist, psychologisches Wissen auf kritische Probleme wie persönliche Freiheit und gesellschaftliche Moral anzuwenden. Stets galt sein zentrales Interesse den Überschneidungen von wissenschaftlicher Theorie und theologischem Bild des Menschen. Die Titel seiner Bücher zeigen, worauf er es beharrlich abgesehen hatte:

Zen: A Rational Critique (Norton, 1961)
(Zen: Eine rationale Kritik)
The Birth and Death of Meaning (Free Press, 1967)
(Geburt und Tod des Sinns)
The Revolution in Psychiatry (Free Press, 1967)
(Revolution in der Psychiatrie)
Beyond Alienation (Braziller, 1968)
(Jenseits der Selbstentfremdung)
The Structure of Evil (Braziller, 1968)
(Die Struktur des Bösen)

Angel in Armor (Braziller, 1969)
(Engel in Waffen)
The Lost Science of Man (Braziller, 1971)
(Die verlorene Wissenschaft vom Menschen)
The Denial of Death (Free Press, 1973)
(*Dynamik des Todes. Die Überwindung der Todesfurcht, Ursprung der Kultur,* Olten/Freiburg i. Br., 1976)

Vor einem Jahr hatte *Angel in Armor* bei den Herausgebern von PSYCHOLOGY TODAY eine Welle der Begeisterung ausgelöst, und wir setzten Beckers Namen auf die Liste künftiger Gesprächspartner. Dann erschien Anfang Dezember ein neues Buch, *Dynamik des Todes,* und die Begeisterung wuchs. Am 6. Dezember rief ich bei ihm zu Hause in Vancouver an, um zu fragen, ob er zur Tonbandaufnahme eines Gesprächs bereit sei. Seine Frau Marie berichtete mir, gerade sei er ins Krankenhaus eingeliefert worden. Er befinde sich im Endstadium einer Krebserkrankung. Tags darauf rief sie an und teilte mit, sofern ich kommen könnte, solange er noch bei Kräften und klarem Bewußtsein sei, würde Ernest dieses Gespräch doch sehr gern führen. Eilig und zitternd begab ich mich nach Vancouver, wohl wissend, daß nur eines noch vermessener wäre, als in die Privatsphäre eines Sterbenden einzudringen – nämlich dieser seiner Einladung nicht zu folgen.

Unser Gespräch kam langsam in Gang. Ich stellte Suggestivfragen, und Becker antwortete. Manchmal kamen mir innere Einwände, aber ich hatte nicht das Herz, auf diese kritischen Punkte einzugehen. Die Stunden ließen uns einander näherkommen, und unsere Unterhaltung wurde entschiedener. Es war klar, daß Bekker weder intellektuelle Schonung forderte noch gewährte. Die Nähe des Unausdenkbaren diente ihm nicht als Vorwand für mangelhaftes Denken oder mildere Auseinandersetzung. Als unser Gespräch das Stadium des »liebevollen Zweikampfes«, wie es bei Jaspers heißt, erreichte, kam wieder Farbe in Beckers Gesicht und für zwei Stunden war der Tod nicht mehr anwesend. Dann wurde es Zeit für mich zu gehen. Wir teilten uns einen Pappbecher Arznei-Sherry, den die Krankenschwester Ernest auf den Nachttisch gestellt hatte. Ich verließ ihn. Ich hatte etwas über Tapferkeit gelernt, das ich nicht vergessen werde.

Ernest Becker: Sie erwischen mich in extremis. Dies ist die Probe auf alles, was ich über den Tod geschrieben habe. Nun habe ich Gelegenheit zu zeigen, wie man stirbt: Die Haltung, die man einnimmt; ob man auf würdevolle, männliche Weise stirbt; mit welchen Gedanken man den Tod umgibt; wie man sein Sterben annimmt.

Sam Keen: Sie können diesem Gespräch die gewünschte Richtung geben. Aber mich interessiert der Zusammenhang zwischen Ihrem Leben und Ihrem Werk. Und ich würde gern über die Arbeit sprechen, die Sie nicht haben zu Ende führen können.

Becker: Das ist leicht genug. In meiner Arbeit ist es mir hauptsächlich darum gegangen, wissenschaftliche und religiöse Perspektiven miteinander zu verschmelzen. Ich möchte aufzeigen, daß ein wissenschaftlich genaues Bild der menschlichen Daseinsverfassung exakt übereinstimmt mit dem religiösen Verständnis der menschlichen Natur. Daran hat Paul Tillich gearbeitet. Doch weil er von der Theologie her an die Frage herantrat, kam er damit nicht weiter. Das Problem muß nämlich von der Wissenschaft angegangen werden. Und wenn ich mir in stillen Stunden vergnügt die Hände reiben und sagen darf: »Das hast du wirklich geschafft« – dann deswegen, weil ich die Wissenschaft vom Menschen zur Fusion mit der Theologie gebracht habe.

Keen: Wie haben Sie das angestellt?

Becker: Indem ich gezeigt habe, daß die Psychologie unsere Illusionen hinsichtlich der Autonomie zerstört und damit die Frage aufwirft, welches die eigentliche Quelle der Macht für das menschliche Leben ist. Freud, Wilhelm Reich und besonders Otto Rank weisen nach, daß wir Charakter und Kultur zu dem Zweck aufbauen, uns vor der verheerenden Erkenntnis unserer Hilflosigkeit abzuschirmen und dem Entsetzen angesichts des unausweichlich bevorstehenden Todes zu entgehen. Jeder von uns macht sich eine Persönlichkeit zurecht, einen Lebensstil oder, wie Reich sagt, einen Charakterpanzer in dem vergeblichen Bemühen, das fundamentale Faktum unserer Animalität zu leugnen. Wir wollen nicht zugeben, daß wir allein dastehen. Also identifizieren wir uns mit einer mächtigeren Person, mit einer Fahne oder mit dem Umfang unseres Bankkontos. Und dieses Bild von der menschlichen Daseinsverfassung stimmt mit der traditionellen Aussage der Theologie überein: Der Mensch ist ein Geschöpf, dessen Natur darin besteht, seine Geschöpflichkeit zu leugnen.

KEEN: Und wenn die Halbgötter gehen, kommen die Götter? Wenn wir unsere vermeintliche Kontrolle aufgeben, entdecken wir dann, daß wir von Kräften gelebt werden, über die wir keine Kontrolle ausüben können? Schleiermacher hat gesagt, die menschliche Daseinsverfassung zeichne sich durch absolute Abhängigkeit oder Kontingenz aus.

BECKER: Ganz richtig. Ich betrachte meine Arbeit auch als eine Fortführung der Frankfurter Schule, besonders der Arbeit Max Horkheimers. Horkheimer sagt, der Mensch sei ein eigenwilliges Geschöpf, das auf dem Planeten ausgesetzt worden sei. Er ruft die Menschheit auf, sich zu Gemeinschaften der Ausgesetzten zusammenzuschließen. Das ist ein herrlicher Gedanke. Ich habe ihn weiterführen wollen, um die Implikationen der wissenschaftlichen Betrachtungsweise der Kreatürlichkeit aufzuzeigen.

KEEN: Welche Implikationen?

BECKER: Dies führt uns zu dem Problem des Bösen. Eines der Dinge, die ich leider nicht mehr werde zu Ende bringen können, ist ein Buch über die Natur des Bösen. Zwar habe ich ein Buch mit dem Titel *The Structure of Evil* (Die Struktur des Bösen) geschrieben, aber darin habe ich nicht viel von dem Bösen gesprochen. Als ich krank wurde, arbeitete ich an einem Buch, in dem ich zeigen möchte, daß alles vom Menschen verursachte Böse auf dem Versuch beruht, seine Geschöpflichkeit zu leugnen, seine Bedeutungslosigkeit zu überwinden. All die Raketenwaffen, all die Bomben, all die menschlichen Bauwerke sind Versuche, der Ewigkeit zu trotzen. Der Mensch proklamiert, er sei kein Geschöpf, er sei etwas Besonderes.

Die Suche nach einem Sündenbock entstammt demselben Bedürfnis, etwas Besonderes sein zu wollen. »Jeder braucht seinen Juden«, hat Arthur Miller gesagt. Jeder von uns braucht einen Juden oder einen Nigger, jemanden, dem man einen Fußtritt versetzen kann, damit das Gefühl der Besonderheit aufkommt. Wir möchten einen Feind haben, den wir degradieren, den wir erniedrigen können, damit wir uns über den Status des Geschöpfseins zu erheben vermögen. Der Gedanke, daß die Dynamik des Bösen fundamental auf die Verleugnung der Geschöpflichkeit zurückzuführen sei, ist meines Erachtens eine großartige Voraussetzung. Das heißt, wenn man den Gedanken der Geschöpflichkeit akzeptiert, braucht man sich eben nicht mehr ständig zu beteuern, daß man etwas Besonderes ist.

KEEN: Aber in Ihren Schriften betonen Sie doch, wie notwendig es sei, daß wir an unsere Besonderheit glauben. Sie behaupten, um Menschen zu sein, müßten wir alle Helden sein.

BECKER: Das ist richtig. Aber es geht doch darum, *wie* wir Helden sind. Der Mensch ist ein Tier, das etwas gegen seine Kurzlebigkeit unternehmen muß. Er will überleben und sagen können: »Seht her, ich habe etwas zum Leben beigetragen. Ich habe dem Leben zum Fortschritt verholfen. Ich habe den Tod besiegt. Ich habe der Welt Reinheit gebracht.« Das aber führt zu einer Illusion.

Otto Rank hat dies sehr gut zum Ausdruck gebracht, als er sagte, die Dynamik des Bösen sei der Versuch, die Welt anders zu machen, als sie ist; sie zu etwas zu machen, was sie nicht sein kann – nämlich zu einem Ort, an dem es keinen Zufall, nichts Unreines, keinen Tod gibt.

Kultformen, wie etwa der Nazismus, sind deswegen so populär, weil sie dem Bedürfnis nach einer heldischen Rolle entspringen. Nie geht es den Leuten so gut, wie wenn sie das Gefühl haben, daß sie der Welt Reinheit und Gutes bringen und Beschränkung und Zufall besiegen.

KEEN: Glauben Sie, daß irgendeine der gegenwärtigen politischen Krisen darauf zurückzuführen ist, daß uns die heldischen Ideale fehlen? Ganz gleich, was in Wirklichkeit mit der Kennedy-Administration los gewesen ist, sie hat jedenfalls eine Art Camelot-Haltung und ein neues Heldenbild hervorgebracht. Nixon dagegen hat uns Glanzlosigkeit und kurzhaarige Klempner beschert.

BECKER: Nun ja, Amerika sucht wirklich angestrengt nach Helden, nicht wahr? Es ist eine der Tragödien dieses Landes, daß es nicht imstande war, Heroischem Ausdruck zu verleihen. Der letzte heroische Krieg war der Zweite Weltkrieg. Damals haben wir gegen den Tod und gegen das Böse gekämpft. Aber Vietnam war mit Sicherheit kein Kampf gegen das Böse. Es ist ein furchtbares Problem, und ich behaupte nicht, es lösen zu können. Wie lebt man ein heroisches Leben?

Die Gesellschaft muß es irgendwie bewerkstelligen, daß ihre Bürger sich als Helden fühlen können. Es ist dies eine der großen Herausforderungen des zwanzigsten Jahrhunderts. Hin und wieder begegnet uns einmal etwas Heldenhaftes, das sich konstruktiv auswirkt – das CCC (Civilian Conservation Corps) der dreißiger Jahre, die Kameradschaft in einem gerechten Krieg, die Bürgerrechtsbewegungen. Dabei hatten die Menschen das Gefühl, der Welt ein gewisses Maß an Reinheit und Gerechtigkeit zu bringen. Wie vermittelt man den Leuten aber das Gefühl, daß die Gesellschaft auf einer heldischen Ordnung beruhe, ohne irgendeine andere Gesellschaft zu zerstören oder, wie im Falle der Nazis, Sündenböcke zu suchen?

KEEN: Ihrem Verständnis von Gesellschaft zufolge scheint es sich da um ein »Catch 22«-Problem zu handeln. Wenn die große Masse sich hinter dem Charakterpanzer verkriecht, der sie davor bewahrt, die Schrecken der Existenz und damit die Notwendigkeit eines heldenhaften Lebens zu sehen, dann müssen die heroischen Vorbilder für die Masse per definitionem unbewußt sein. Ist Heldentum nicht ein elitärer Gedanke? In dem Buch *Der Heros in tausend Gestalten* sagt Joseph Campbell, daß nicht jeder Mensch den Weg des Helden beschreite.

BECKER: Ich verwende den Begriff Heldentum in einem breiteren Sinne. Held sein heißt das, was erhebend im Leben ist und das Dasein lohnend erscheinen läßt, zu hinterlassen. Es kann durchaus heldenhaft sein, einen schönen Schrank zu machen oder Versorger einer Familie zu sein. Für den Durchschnittsmenschen ist das womöglich heroisch genug. In Erzählungen und Theaterstükken macht man sich über die Menschen früherer Generationen lustig, wenn sie sagten: »Ich habe doch stets für euch gesorgt. Ihr habt immer etwas zu essen gehabt.« Aber genau dies sind die Heldentaten des Durchschnittsmenschen. Man sollte sie nicht geringschätzen. Die amerikanische Form des Heldentums besteht vermutlich (ich habe mir noch keine Gedanken darüber gemacht) darin, daß man sein gutes Auskommen hat, ein guter Brotverdiener ist und nicht der Wohlfahrt zur Last fällt.

KEEN: Der Selbstversorger als Held.

BECKER: Ja. Aber ich glaube nicht, daß man ohne irgendeinen transzendenten Bezug in einem wirklich erhebenden Sinne Held sein kann – etwa ein Held für Gott oder für die schöpferischen Kräfte des Universums. Die erhabenste Art von Heldentum vermittelt das Gefühl, daß man für irgendeinen Zweck gelebt hat, der über einen selbst hinausreicht. Deshalb gibt die Religion dem Einzelnen eine Daseinsberechtigung, die ihm durch nichts anderes zuteil wird.

KEEN: Dabei fällt mir eine bezaubernde Bemerkung von Hannah Arendt ein: Heimkehrer aus dem trojanischen Krieg hätten die griechische Polis gegründet, weil sie einen Ort brauchten, um ihre Geschichten zu erzählen, denn nur in der Erzählung konnten sie Unsterblichkeit erlangen. Man habe die Demokratie geschaffen, um in der Welt einen sicheren Bereich fürs Geschichtenerzählen zu gewinnen.

BECKER: In primitiven Kulturen war der Stamm eine heroische Einheit, weil die Stammesangehörigen, zusammen mit den Geistern ihrer Ahnen, eine Zuhörerschaft bildeten. Der Stamm sicherte und mehrte das Leben. Er wandte sich an die toten Ahnen und sagte: »Seht nur, wie gut wir unsere Sache machen. Wir hüten die Schreine und geben euch zu essen.« Bei einigen Steppenindianern besaß jeder Mensch einen Schutzgeist, einen persönlichen Bezug zur Gottheit, der ihm half, auf Erden ein Held zu sein. Das erklärt wohl zum Teil auch den Adel und die Würde auf den Gesichtern mancher Indianer, die wir auf Photographien sehen; sie wußten um ihren Beitrag zum kosmischen Leben.

KEEN: Wahrscheinlich ist es für den modernen Menschen viel schwerer, ein Held zu sein. In den Stammeskulturen hatte Heldentum etwas mit den immer wiederkehrenden archetypischen Mustern zu tun; man trat in die Fußstapfen der ursprünglichen Helden. Es wurde vom Helden gar nicht erwartet, daß er etwas Neues tat. Wir haben die Vergangenheit abgeschüttelt und erkennen die überlieferten Vorbilder nicht an. So lebt der moderne Held in ständiger Angst, etwas Neues tun zu müssen, etwas, das noch nie vorher vollbracht wurde. Nur das Neuartige rechtfertigt uns. Deshalb ist der moderne Mann (und seit der Emanzipation auch die moderne Frau) wohl auch so ängstlich und unzufrieden. Immerzu versuchen wir, unsere Einzigartigkeit unter Beweis zu stellen.

BECKER: Ja, das stimmt. Tillich kommt zu dem Schluß, der moderne Mensch müsse, um heroisch zu sein, das Nicht-sein in der Form des Absurden in sich aufnehmen und negieren.

KEEN: Im Buddhismus und in der östlichen Philosophie ist man noch mehr davon fasziniert, die Leere zu umfangen. Der Held ist derjenige, der die Begierde nach Existenz überwinden und sich dem Nichts anvertrauen kann.

BECKER: Ich habe so das Gefühl, daß im Buddhismus eine gewisse Durchtriebenheit am Werk ist: Da man das, was man gern möchte, in dieser Welt nicht bekommen kann, entsagt man ihr ganz und gar; weil man den Tod nicht vernichten kann, wirft man sich ihm in die Arme. Andauernd reden sie davon, wie man vom Rad des Karma herunterkommt, aber insgeheim in der Hoffnung, doch weiterfahren zu können. Mir hat der Buddhismus nie zugesagt, weil er überhaupt nicht erklären kann, weshalb wir eigentlich da sind. Uns Abendländer interessieren die Warums, die Gründe.

Hier sind wir alle Eier, ungelegte Eier. Wir schlüpfen auf diesem Planeten aus und unsere Hauptaufgabe im Leben besteht darin zu verleugnen, daß wir Eier sind. Wir möchten dagegen vorbringen, daß es tiefere Gründe für unser Hiersein gibt und wir haben versucht, diese Gründe ausfindig zu machen. Eine Antwort gibt es nicht. Aber den Grund muß es geben. Und mir scheint, als versuche der Buddhismus niemals die Frage, warum wir hier sind, zu beantworten. Warum werden Eier auf diesem Planeten in der Form von Embryos ausgebrütet? Das scheint mir die eigentliche Frage zu sein, die uns alle peinigt.

KEEN: Sie müssen es mir sagen, wenn Sie müde werden. Ich kann kommen und gehen, wie Ihre Kraft es erlaubt.

BECKER: Nun, ich weiß nicht, welchen Verlauf meine Krankheit nimmt, deshalb möchte ich das Gespräch lieber bald zu Ende führen. Diese Müdigkeit tut nicht sehr weh.

Ich möchte gern über einige Befürchtungen sprechen, die mich angesichts meiner früheren Arbeiten befallen. Einer der größten Mängel ist, daß ich versucht habe, Ideen an die Ereignisse der sechziger Jahre anzupassen, um relevant zu sein. Unlängst versuchte ich, ein empirisches Bild des Menschen aufzuzeigen, ohne Rücksicht auf unsere Bedürfnisse und Wünsche. Mit der Frankfurter Schule bin ich heute der Meinung, daß die einzige ehrliche Praxis die Theorie ist. Im Durcheinander unserer Welt kann ein Intellektueller ehrlicherweise nichts anderes tun, als ein Bild dessen auszuarbeiten, was Menschsein bedeutet. Der Mensch ist das Tier, das sich einen Spiegel vorhält. Tut er dies rückhaltlos ehrlich, ist schon viel erreicht. Einfach zu laufen, gehetzt zu werden, ohne sich ein Bild zu machen, ohne sich selbst vorzuhalten, was man ist – das macht ein Geschöpf uninteressant.

KEEN: Mag sein. Hegel behauptet immerhin das Gegenteil: Nicht die Selbsterkenntnis, vielmehr die Blindheit lasse den Menschen den Zwecken des Absoluten Geistes dienstbar sein. Die

List des Geistes ist es ja gerade, die einseitigen Leidenschaften des Menschen für die Ziele des ganzen Kosmos einzusetzen. Und irgendwie ist unsere Unkenntnis uns selbst gegenüber notwendig für dieses Drama.

BECKER: Vielleicht hat Hegel doch recht. Wir sind hier, um uns zu verbrauchen, zu verzehren. Dennoch ist es Aufgabe des Denkers, sich nicht blind treiben zu lassen. Er muß den Menschen einen Spiegel vorhalten. Das soll nicht heißen, daß jedermann sich mit solchen Überlegungen abgeben muß. In seiner Studie über den Primitiven unterscheidet Paul Radkin zwischen dem Denker und dem Mann der Tat. Der Schamane ist ein Denker, und jeder weiß, daß er ein komischer Kauz und kein Vorbild für die anderen Stammesmitglieder ist. Aber der Denker von heute bildet sich ein, es sei Aufgabe eines jeden, Einsicht und Selbstverwirklichung zu erlangen.

KEEN: Der Mensch ist also nur in beschränktem Maße dazu berufen, über seine charakterliche Veranlagung hinauszugehen. Hat der gewöhnliche Mensch nur innerhalb seines Charakterpanzers Spielraum für ein heldenhaftes Leben?

BECKER: So ist es. Nur wenige Menschen können ohne Verdrängungen, ohne Begrenzungen leben. Wenn man weiß, wie schwer es ist, seiner selbst gewahr zu werden und wie riskant und beängstigend, den Charakterpanzer loszuwerden, dann kann man dies nicht allen Menschen empfehlen. Fritz Perls hat gesagt, zu sterben und wiedergeboren zu werden sei nicht leicht. Das ist *die* Untertreibung des Jahres. Ich kann mir nicht vorstellen, was manch einer der Menschen, die ich kenne, ohne seinen Charakterpanzer anfangen sollte. Für die meisten Leute ist geistige Gesundheit Kontrolle von Zwängen: Die Energien werden kanalisiert und in eine bestimmte, abgesteckte Richtung gelenkt. Auch diejenigen, die zur Selbstverwirklichung gelangt sind, leben noch sehr zwanghaft, nicht wahr? Sie müssen noch ein Buch schreiben, noch etwas erledigen, sie müssen wachsen, sich vervollkommnen. Sie wirken nicht gerade verführerisch. Vom Durchschnittsmenschen unterscheiden sie sich lediglich dadurch, daß sie um ihre Zwänge wissen. Sehen Sie nur, hier ist der Beweis: Ich liege sterbend in einem Krankenhausbett und investiere meine ganze Kraft in dieses Interview – als ob es darauf ankäme. Stimmt's? Dabei halte ich mich für einen Menschen, der sich selbst verwirklicht hat, schließlich habe ich meinen Ödipuskomplex durchschaut und meinen Charakterpanzer durchbrochen. Als Geschöpf muß ich meine Energien jedoch auf eine vorgeschriebene Bahn konzentrieren.

KEEN: Ist es Zufall, daß das Problem des Todes Sie fasziniert hat, daß Sie *Die Dynamik des Todes* geschrieben haben und dann krank geworden sind? War diese Faszination eine Art Vorahnung?

BECKER: Nein. Das Buch war ja schon ein Jahr vor meiner Erkrankung fertig. Der Gedanke von der Verleugnung des Todes ergab sich aus den logischen Imperativen meiner übrigen Arbeit. Ich stellte fest, daß er alles andere in sich einschloß. Vor allem durch die Arbeiten Otto Ranks wurde mir klar, daß Lebensangst und Todesangst die eigentlichen Triebfedern menschlicher Aktivität sind.

He, Krankenschwester, lebe ich noch?

KRANKENSCHWESTER: Sie leben noch.

BECKER: Das Mädchen pflegt mich großartig. Eine so ausgezeichnete Pflege . . . Es ist erstaunlich.

KRANKENSCHWESTER: Brauchen Sie irgend etwas?

BECKER: Ich würde gern ein bißchen Eis lutschen.

KRANKENSCHWESTER: In Ordnung.

KEEN: Irgendwann einmal möchte ich Ihnen ein paar kritische Fragen stellen. Fühlen Sie sich im Augenblick kräftig genug, oder soll ich bis heute Nachmittag warten?

BECKER: Ich bin gut bei Kräften. Meine Mutter (die Traubenzuckerinfusion) tut ihre Wirkung.

KEEN: O.K. Es geht los. Mir scheint, es gelingt Ihnen ausgezeichnet, den verlorengegangenen Realismus der tragischen Lebensvision wieder zu beleben, aber ich stelle eine gewisse Verzerrung Ihrer Perspektive fest. Rudolf Otto hat gesagt, das Heilige – zu dessen Phänomenbestand auch das Leben im »Rohzustand« gehört – zeichne sich durch dreierlei aus: es sei Geheimnis; es sei erschreckend oder ehrfurchtgebietend; es sei faszinierend und begehrenswert. Sie scheinen das Moment des Erschreckenden überzubetonen und den Reiz des Lebens unterzubewerten. Das Leben wie die Sexualität sind gleichermaßen schrecklich und begehrenswert.

BECKER: Nun, das stimmt, das haben Sie sehr gut gesagt und ich habe nichts dagegen einzuwenden. Aber wenn man an einer Arbeit sitzt, versucht man immer auf irgendeine Weise herrschenden Tendenzen zu widersprechen. Meine Arbeit hat stets einen Hang zum Ikonoklasmus gehabt. Wenn ich das Erschreckende betone, dann nur, weil ich zu vergnügten Robotern spreche. Ich glaube, es gibt zu viele vergnügte Roboter auf der Welt, die nur von fröhlichen und schönen Dingen reden. Ich habe es als meine Aufgabe angesehen, von dem Entsetzlichen zu reden. Es gibt das Böse in der Welt. Durch die Berichte über die Nürnberger Prozesse haben wir erfahren, was alles in den Todeslagern geschehen ist. Danach kann man die Welt nicht mehr mit natürlichem Optimismus betrachten. Wir sind unter anderem deshalb auf diesem Planeten, um abgeschlachtet zu werden. Und die Tragödie schlägt so plötzlich zu. Dies gilt es zu erkennen, auch wenn wir uns gegen dieses Wissen abschirmen. Unser Charakterpanzer soll uns ja vor der Erkenntnis bewahren, daß das Entsetzliche unverhofft eintreten kann. Die Menschen sind wirklich gebrechlich und ohne Halt. Das ist die Wahrheit. Da ist eine schöne Zeile aus dem »Pfandleiher«, wo der Hauptdarsteller sagt: »Ich konnte doch nichts tun. Ich konnte doch nichts tun.« Wir versuchen alles, um der Erkenntnis zu entgehen, daß wir ohnmächtig sind. Dazu errichten wir riesige Kontrollgebäude. In Rußland wird zum Beispiel nicht über Katastrophen wie Flugzeugabstürze berichtet. Im Paradies sollte dergleichen ja abgeschafft worden sein.

KEEN: Das ist wie beim *Christian Science Monitor* – da hat man Katastrophen fest im Griff.

BECKER: Nun, darin besteht die Kontrollfunktion des Charakterpanzers, der so lebensnotwendig für den Menschen ist. Ich weiß nicht, was die Leute tun würden, wenn Sie mit dem Wissen um die Plötzlichkeit der Katastrophe leben müßten. Sie können sich einfach nicht damit quälen, daß jedes beliebige Auto ihr Kind auf dem Schulweg überfahren könnte. Dennoch wäre es möglich. Der Mensch ist von Natur aus ein verrücktes Tier; er muß ein verrücktes Leben führen, weil er weiß, daß er sterben muß.

KEEN: Noch eine kritische Frage. Sie sagen, der Mensch lebe auf zwei Ebenen: Er sei Tier und Schöpfer von Symbolen; folglich lebe er sowohl in einer Welt der Tatsachen wie in einer Welt der Illusionen; und unser Charakterpanzer errichte die illusionären Gebäude, die uns vor der bedrohlichen Erkenntnis der nackten Tatsachen schützen. Aber mir scheint, Sie verfallen in die alte positivistische Unterscheidung von Faktum und Interpretation oder Gegebenheit und Bedeutung. Ich bezweifle, daß es so etwas wie die Welt der nackten Tatsachen gibt, die wir dann mit einer Schicht aus symbolischen Interpretationen überziehen. Tillich hat immer wieder eingeschärft: »Sagen Sie nie, *nur* ein Symbol.« Symbolische Erkenntnis ist die höchste Form der Erkenntnis, die wir haben. Um mit Kierkegaard zu sprechen: Wo stehst Du, Ernest Becker, ein geschichtliches Einzelwesen, daß Du eine so sichere Scheidung zwischen Tatsache und Illusion durchführen kannst?

BECKER: Ja, ich verstehe. Das ist eine sehr gute Frage. Ich weiß nicht recht, was ich darauf antworten soll. Sie behaupten, daß die symbolische Transzendenz des Todes womöglich ebenso wahr ist, wie die Tatsache des Todes.

KEEN: Richtig. Aber lassen Sie es mich noch ein wenig ausführen. Unsere Art, die Welt zu denken, ist im Grunde zwiefältig. Wir können von einer rechts- oder linksorientierten Hirntätigkeit sprechen oder von dionysischen und apollinischen oder von primären und sekundären Denkvorgängen. Wenn wir uns an die apollinische oder rationalistische Denkweise halten, so ist die Zeit linear, und wir alle sind wie einzelne Atome, die im Tod verlöschen. Im Unbewußten gibt es jedoch keine geraden Linien, keine Zeit und keinen Tod.

BECKER: Ich sehe, was Sie meinen. Ich muß wohl zugestehen, daß die Transzendenz des Todes – symbolisch gesehen oder vom gesamten Universum her – etwas sehr Reales sein kann. Aber als Philosoph versuche ich, das Bewußtsein des modernen Menschen anzusprechen, der im großen und ganzen nicht in einem dionysischen Universum lebt und nicht viel von der Transzendenz der Zeit erfährt. Ich rede zu demjenigen, der nicht unter einem Baldachin aus Symbolen Schutz suchen kann und deshalb voller Angst ist.

KEEN: Aber die Erfahrung, daß wir in der Zeit gefangen, daß wir Opfer der Zeit sind, hat vielleicht eher soziologische als philosophische Voraussetzungen. Sie ist womöglich mehr ein Ausdruck unserer Haltung der Gesellschaft als unserer Haltung dem Universum gegenüber. In den meisten vortechnischen Kulturen war der Tod nicht so problematisch wie heute. In manchen Kulturen betrachtete man den Tod wie den Übergang vom Winter zum Frühling, zur Wiederauferstehung der Erde.

BECKER: Das ist richtig. Manche Völker glaubten, der Tod sei die endgültige rituelle Beförderung, der eigentliche Übergangsritus, durch den der Mensch den höchsten Individuationsgrad erlange. Aber wir haben diesen Glauben nicht mehr.

KEEN: Aber wir müssen uns doch fragen, weshalb wir diesen Glauben nicht mehr haben. Sind wir intellektuell invalide oder haben wir bloß die Fertigkeit verloren, mit etwas anderem als der linken Großhirnhälfte zu denken? Die neuen Untersuchungen über außersinnliche Wahrnehmung, Psychokinese und psychisches Heilen haben gezeigt, daß die orthodoxen Modelle von Geist und Wirklichkeit, von denen man seit dem 19. Jahrhundert meinte, sie seien über jeden Zweifel erhaben, nicht mehr adäquat sind. Wenn der Geist kein isolierter Hirnmechanismus innerhalb einer Körpermaschine ist, wenn es so etwas wie ein Bewußtseinsfeld oder ein Bewußtseinsreservoir gibt (die Metaphern sind ein Notbehelf), dann werden Hypothesen wie Reinkarnation oder Überleben des Bewußtseins interessanter.

BECKER: Ich muß gestehen, daß ich mehr in die apollinische Richtung tendiere. Ich kann mich nicht in diejenigen hineinversetzen, die sich mit außersinnlichen Erfahrungen und dergleichen abgeben. Ich will mich offen halten, aber in der Welt, wie ich sie sehe und erfahre, kommunizieren die Menschen nicht. In Wirklichkeit sind die Menschen in Geist und Körper voneinander getrennt. Kinder und Eltern verstehen einander nicht. Man muß zwanzig Jahre lang verheiratet sein, um endlich mit seinem Ehepartner kommunizieren zu können. In einem erschreckenden Maße lebt jeder in seiner kleinen Kabinenwelt. Sagen wir's mal so, Sam: Jegliche Art von Idealismus und Hoffnungsfreudigkeit macht mich mißtrauisch. Für mich zeigen Werke wie Samuel Becketts *Endspiel* das wahre Bild der menschlichen Verfassung – deren schreckliche, hoffnungslose Isoliertheit. Mit dem Gerede von linkem Hirn und rechtem Hirn klammert man sich meiner Meinung nach lediglich an Strohhalme.

KEEN: Ihre eigene Lebensphilosophie scheint eine stoische Form von Heldentum zu sein.

BECKER: Ja, ich möchte nur hinzufügen, daß ich an Gott glaube.

KEEN: Und um zu diesem Vertrauen zu gelangen, müssen Sie alle Illusionen zerstören?

BECKER: Richtig. Die fundamentale, wissenschaftlich-kritische Aufgabe besteht darin, jede Art von Trost, die keine empirische Grundlage hat, abzuweisen. Wir brauchen ein ungetrübtes Bild der menschlichen Daseinsverfassung, ohne falsche Tröstungen.

KEEN: Ich neige zu einer vielfältigeren Betrachtungsweise. An manchen Tagen fungiere ich weitgehend als denkendes Wesen; an anderen Tagen bin ich hauptsächlich ein mitleidendes Wesen. Und an wenigen glücklichen Tagen lebe ich fast völlig in Empfindungen. Aus welcher Art von Erfahrung soll ich die Anhaltspunkte für eine Interpretation der Welt nehmen? An den harten Tagen bin ich Stoiker und weiß, daß ich mutig und rückhaltlos in das frostige Lächeln auf dem Antlitz der Wahrheit blicken muß. An jenen milden Tagen aber, wenn ich für alles um mich herum durchlässig bin, scheint alles möglich, und ich weiß, daß der mutigere Weg der vertrauensvoller und aufrichtiger Zuwendung zum Unbekannten ist.

BECKER: Ich glaube, das ist gut und echt, aber es stellt bereits eine Stufe von etwas Erreichtem dar. Man gelangt erst dann zu Freude, Hoffnung und Vertrauen, wenn man durch die Verlorenheit hindurchgegangen ist. Diese drei Dinge sind Höhepunkte der Persönlichkeitsentwicklung, sie müssen kultiviert werden. Aber es kommt mir unehrlich vor, wenn die Leute von Freude und Glück reden und dabei wie Marionetten an den Fäden ihres Ödipuskomplexes herumzappeln, bar jeder Selbsterkenntnis, nur reagierende, gehetzte Kreaturen. Ich sehe mir immer Billy Graham an, denn um diese Art von reflexiver Fröhlichkeit ist etwas Gespenstisches, das ich mir nicht erklären kann. Die ganze Angelegenheit hat alle Charakteristika rigoroser Programmierung, sie ist wie ein Skinnerkäfig. Und auf diesem Niveau spreche ich nicht gern über Glauben und Freude. Aber wenn ich Sie höre, möchte ich anfangen, über eine höhere menschliche Errungenschaft zu sprechen, wo der Intellekt zurückgelassen wird und gefühlsmäßige und andere Arten der Erfahrung ins Spiel kommen. Ich habe in meinen Schriften wohl einen intellektuellen Hausputz veranstaltet, um Platz zu schaffen für höhere Tugenden.

KEEN: Wie sieht die Welt in jenem Augenblick aus, in dem Ihr Geist in den Raum eintritt, wo Sie sagen können: »Ich bin Stoiker, aber ich glaube an Gott?« Wie sehen Sie sich selbst?

BECKER: Nun, es stellt sich wohl das Gefühl ein, endlich die Bürde der Lebensverantwortung los zu werden, sie wieder dahin zu stellen, wohin sie gehört, sie an Denjenigen oder Dasjenige zurückzugeben, der oder das mich ausgebrütet hat. Ich vertraue voller Erleichterung darauf, daß Eier nicht umsonst ausgebrütet werden. Jenseits von Zufall und Kontingenz, von Schrecken und

Tod gibt es einen erlösenden Sinn – nicht unbedingt Erlösung im Sinne persönlicher Unsterblichkeit oder dergleichen, sondern Erlösung, die alles in irgendeiner Weise wieder gut macht. Und das ist genug.

KEEN: Ich merke, wie sehr ich Sie mir heute morgen vom Leibe gehalten habe. Meine Haltung war die perfekte Illustration für Ihre These von der Verleugnung des Todes. Ich wollte Sie in eine Kategorie einsperren, von der ich mich ausgenommen fühlte – nämlich die des Sterbens. Das ist zwar menschlich, aber sehr töricht, denn es hält mich davon ab, Ihnen einige Fragen zu stellen, an denen mir liegt. Sie haben wie sonst keiner der mir bekannten Philosophen über den Tod nachgedacht. Und jetzt betreiben Sie sozusagen empirische Forschungen.

BECKER: Es tut nur weh, wenn ich lache.

KEEN: Ich möchte Sie fragen, was Sie nun, da Sie der Erfahrung näher sind, noch hinzufügen können.

BECKER: Ich verstehe, was Sie meinen. Du meine Güte, ich weiß es nicht. Ich kann nichts sagen, was nicht andere auch schon über Sterben und Tod gesagt hätten. Avery Weisman und Elisabeth Kübler-Ross haben mit sterbenden Patienten gearbeitet. Es macht das Sterben leichter, wenn man die Welt zu irgend einer religiösen Dimension hin transzendieren kann. Ich möchte sagen, am wichtigsten ist es zu wissen, daß es da jenseits der Absurdität des eigenen Lebens, jenseits der menschlichen Betrachtungsweise des Faktum ungeheurer schöpferischer Energien im Kosmos gibt; sie benutzen uns für irgendwelche uns unbekannte Zwecke. Wie sehr man auch mißbraucht werden mag, für göttliche Zwecke gebraucht zu werden tröstet. Ich denke an Calvin, der gesagt hat: »Herr, Du schlägst mich wund, aber da Du es bist, ist es recht getan.« Ich glaube, man übergibt einfach das eigene Leben, dessen Sinn, Wert und Ende – oder sollte es doch versuchen. Das ist für mich das Wichtigste gewesen. Ich denke, für einen säkularisierten Menschen ist es schwer zu sterben.

KEEN: Ist diese transzendente Dimension, seit Sie krank geworden sind, Ihnen näher gekommen, oder waren Sie ihr durch irgendeine religiöse Tradition immer schon verbunden?

BECKER: Ich komme aus einem jüdischen Haus, bin jedoch viele Jahre hindurch Atheist gewesen. Ich glaube, mehr als alles andere war die Geburt meines ersten Kindes das Wunder, das mich zum Gedanken an Gott erwachen ließ. Ich sah, wie aus der

Leere plötzlich etwas auftauchte, sah, wie großartig es war, wie unerwartet und wie sehr all unserer Kenntnis und Kraft überlegen. Doch fühle ich mich der Religion nicht näher, weil ich nun sterbe. Ich möchte dabei blieben, daß mein Erwachen zum Göttlichen etwas mit dem Verlust des Charakterpanzers zu tun hat. Indem es aufwächst, schlüpft das Kind durch die Erschaffung des Charakterpanzers in Masken der Furcht und der Angst. Da sich das Kind machtlos und sehr verletzlich fühlt, verstärkt es seine Macht dadurch, daß es sich an eine andere Energiequelle anschließt. Ich sehe das wie einen elektrischen Stromkreislauf vor mir. Vater, Mutter oder die jeweilige Kulturideologie werden zur unbewußten Energiequelle für das Kind. Wir alle leben von abgeleiteten Energien. Wir sind restlos abhängig von anderen Leuten. Beim Zusammenbruch der Persönlichkeitsstruktur wird es der Person offenbar, daß sie gar nicht sie selber ist.

KEEN: Wir alle sind Besessene. Mit vierzig bietet sich uns vielleicht die Chance, die Eltern hinauszuwerfen, die wir innerlich mit uns herumschleppen, und eigenständige Entscheidungen zu treffen.

BECKER: Mag sein. Es ist ein faszinierendes Phänomen. Denn die fundamentale Irreführung der gesellschaftlichen Wirklichkeit ist ja die Annahme, daß es Personen, unabhängige, entscheidungsfähige Zentren auf zwei Beinen gebe. Das menschliche Tier hat jedoch keine Kraft, und in dieser Unfähigkeit, auf den eigenen Füßen stehen zu können, liegt einer der tragischsten Aspekte des Lebens. Durchbricht man schließlich seinen Charakterpanzer, so entdeckt man die eigene Verwundbarkeit. Dann wird es unmöglich, ohne massive Angst zu leben, es sei denn, man fände eine neue Energiequelle. Und damit wären wir beim Gottesgedanken.

KEEN: Das ist aber nur eine Seite der Angelegenheit. Wenn die Abwehrmechanismen der Persönlichkeit zum Erliegen kommen, ist zwar mehr Angst da, aber automatisch steht auch mehr Energie, mehr Eros für die Auseinandersetzungen mit der Welt zur Verfügung, weil man weniger davon zum Durchhalten braucht. Daraus ergibt sich ein Überfluß, ein Nettozuwachs an Freude.

BECKER: Ja, bestimmt. Die schöpferischen Energien nehmen dann zu.

KEEN: Ich möchte jetzt auf einen anderen Kurs gehen. In der Zeit vor Hiob wurde Krankheit als Gottesgericht verstanden.

War man krank, so hielt man dies für einen Beweis, daß man sich in einem Zustand der Sünde befand. Mit der Einführung naturalistischer Krankheitstheorie trennte man das Leiden von der Schuld. Mit der psychosomatischen Medizin haben wir heute Hiobs Tröster ans Krankenbett zurückgebracht, sprechen wir wieder von den Parallelen zwischen Lebens- und Krankheitsstil. Die grausamste Frage, die, wenn auch unausgesprochen, angesichts von Kranksein immer gegenwärtig ist, lautet: Warum bist du krank? Oder schlimmer noch: Warum hast du dir das angetan? Gerne würde ich wissen, wie Sie über die Beziehung von Lebensstil und Krankheit denken.

BECKER: Ich glaube, es gehört zu den tiefen tragischen Paradoxa, daß wir so viel über Krankheit und psychosomatische Erkrankung herausgefunden haben und doch so wenig ändern können. Ich komme auf das zurück, was ich Ihnen heute morgen sagte: Wir sind gelenkte Geschöpfe. Nehmen wir einmal an, wir fänden heraus, ein bestimmter Lebensstil führe zu Herzanfällen oder zu Krebs. Meiner Meinung nach müßte man an diese Sache dennoch auf mikroskopischem, das heißt, auf psychochemischem Wege herangehen, denn die Leute können eben ihren Charakter nicht ändern. So wissen wir auch, daß Eltern Schizophrenien bei ihren Kindern hervorrufen können. Wir wissen von double-binds und dergleichen, doch können wir uns immer noch keine Gesellschaften vorstellen, in denen Kinder ihren Müttern weggenommen werden. Es gibt keinen Weg, eine Gesellschaft so zu programmieren, daß die Menschen nicht hoffnungslos von anderen Menschen abhängig sind. Und dies führt zu Depressionen, wenn man betrogen oder im Stich gelassen wird. Dann muß man heilend, biochemisch vorgehen, indem man den Leuten Injektionen gibt, damit sie sich nicht mehr so elend fühlen oder doch zumindest die Symptome gelindert werden.

KEEN: In bestimmter Weise kommt mir Ihr Denken ausnehmend maskulin vor – was verzeihlich ist, denn Sie sind ja ein Mann. Doch wenn Sie vom Streben des Menschen sprechen, sich selbst genug zu sein, frage ich mich, ob Sie da nicht weit mehr eine männliche als die menschliche Daseinsverfassung beschreiben und ob sie nicht durch die rationale, maskuline Leistungszivilisation, in der wir leben, überbetont wird. Wie würde sich Ihre philosophische Perspektive, wenn Sie eine Frau wären, von Ihrer jetzigen unterscheiden?

BECKER: Das ist so eine Frage – ich weiß es nicht. Mit Sicherheit sind Heldentum, Suche nach Sündenböcken, das Ausweichen vor dem Tode und dieser vergebliche Versuch, aus dem Planeten etwas zu machen, was er nicht ist, gleichermaßen männliche wie weibliche Merkmale.

KEEN: Aber traditionell haben Frauen ihren Unsterblichkeitsdrang eher durchs Kinderkriegen als durch die Erzeugung von Kunstwerken befriedigt. Die Männer müssen ex nihilo etwas schaffen, während die Frauen den Ausweg biologischer Reproduktion haben. Die Kreativität der Männer führt wohl unvermeidlich zu der kurzlebigen Welt der Symbole. Die Unersättlichkeit der Männer ist weit größer als die der Frauen. Wir errichten ein Gebäude oder schreiben ein Buch und müssen dann diesen Vorgang wiederholen, um uns erneut zu beweisen, daß wir kreativ sind.

BECKER: Verglichen mit einem Kind ist ein Buch doch ein sehr dürftiges Phänomen, nicht wahr? Und ein flüchtiges Heldentum verglichen mit einem Baby.

Ich weiß nicht, wie das mit meiner Arbeit ist. Ich glaube es ist eine Menge Weibliches darin enthalten, weil ich vieles erst empfinden mußte, ehe ich es aufschreiben konnte. Was nun aber den Drang zum Heldentum betrifft, so glaube ich, daß Männer ehrgeiziger sind als Frauen. Das ganze Drama der Geschichte besteht darin, daß Männer danach trachten, ihre Vorzüglichkeit zu bestätigen. Ein Krieg nach dem anderen ist aus den Bemühungen des Mannes entstanden, diese Welt zu etwas zu machen, was sie nicht sein kann. Und sehen Sie sich nur die Anstrengung an, mit der wir uns symbolischen Beschäftigungen hingeben. Können Sie sich einen weiblichen Bobby Fisher vorstellen mit dieser phantastischen, energischen Hingegebenheit an ein symbolisches Spiel – an das Schach?

KEEN: Wenn Sie den Auftrag bekämen, im Zusammenhang mit diesem Gespräch ein symbolisches Portrait von Ernest Becker zu zeichnen, wie würde es aussehen?

BECKER: Wenn ich ein symbolisches Portrait zeichnen sollte? Vielleicht ist es aufschlußreich, daß ich jedes Mal ins Stocken gerate, wenn Sie mir eine persönliche Frage stellen. Wenn ich arbeite, steht meine Persönlichkeit zurück. Das einzig Besondere, was ich als Person, glaube ich, erreicht habe, ist eine ungewöhnlich tiefgreifende Selbstanalyse.

KEEN: Waren Sie nie in psychoanalytischer Behandlung?

BECKER: Nein, aber das ist eine lange Geschichte. Ich hoffte, sie einmal aufschreiben zu können, weil ich sie für wichtig halte.

KEEN: Warum erzählen Sie mir nichts von Ihrer Selbstanalyse?

BECKER: Lassen Sie mich erst noch etwas zu dem anderen sagen. Wäre ich gezwungen, ein Selbstportrait zu malen, dann würde ich an die Reihe von Selbstportraits bei Rembrandt denken, denen man ansieht, wie er gealtert ist und wie das Leben sein Gesicht gezeichnet hat. Da wäre zunächst der junge Mann, und jedes weitere Selbstportrait würde deutlich machen, wie sein Gesicht durch die Erfahrungen des Lebens, durch Enttäuschungen geprägt wird. Es würde sich zeigen, daß Reife die Ent-Täuschung zur Weisheit ist. Doch wenn ich zu wählen hätte, wäre es mir lieber, meine Gedanken würden ohne ein begleitendes Portrait dargestellt. Ich wende mich gegen jeden Persönlichkeitskult. Die Gesichter von Schauspielern oder Gurus kann ich nicht ausstehen. Ich erhebe Einspruch dagegen, daß man ein Bild von sich als Antwort zur Sache ausgibt, als sei man derjenige, der schon alles herausbekommen werde. Ich habe nie vergessen, was Sokrates gesagt hat. Er behauptete, offensichtlich sei er doch ein besserer Lehrer als die Stoiker, weil er so häßlich sei. Während die Stoiker die Leute auf Grund ihres guten Aussehens für sich gewönnen, so argumentierte er, müsse derjenige, den seine Lehre überzeuge, durch diese Lehre selbst gewonnen worden sein. Nicht die Persönlichkeit des Denkers, sondern die Kraft der intellektuellen Idee sollte überzeugen. Und da ist doch etwas falsch an einem Gesicht, wenn es vorgibt, hinter ihm stehe eine unabhängige Person, was nur sehr selten der Fall ist.

KEEN: Und die Selbstanalyse?

BECKER: Die war ein großes Ereignis in meinem Leben. Sie dauerte einige Jahre lang. Etwa Mitte dreißig begann ich, große Angst zu verspüren, und ich wollte herausfinden weshalb. Also nahm ich Papier und Bleistift mit, wenn ich zu Bett ging. Mitten in der Nacht, wenn ich von einem eindrucksvollen Traum erwachte, schrieb ich ihn nieder und notierte mir, welche Empfindungen an bestimmten Stellen des Traumes auftraten. Allmählich gaben mir diese Traumbotschaften, mein Unbewußtes, Auskunft über das, was mich bedrückte, – nämlich daß ich aus zweiter Hand lebte. Meine Energie war nicht die meine, ja, sie war eigentlich gar nicht mehr vorhanden. Wenn man von Psychoanalyse spricht, so bedeutet dies wohl, daß ein Mensch auf den Mangel an Unabhängigkeit, auf seine Bedingtheit, auf seine Ängste hingewiesen wird, daß ihm klar gemacht wird, wo seine eigentliche Energiequelle liegt. Um aus dem Dilemma, das mir meine Selbstanalyse vor Augen geführt hatte, herauszukommen, begann ich, andere Dimensionen der Wirklichkeit zu erforschen, theologische Dimensionen zum Beispiel.

KEEN: Wie hat die theologische Perspektive die Art und Weise, in der Sie den Menschen sehen, verändert?

BECKER: Nun, ich war zum Beispiel einmal ein großer Bewunderer Erich Fromms. Inzwischen glaube ich aber, daß er es sich zu leicht macht. Er ist zu optimistisch hinsichtlich der Möglichkeiten von Freiheit und des in einem menschlichen Leben Erreichbaren. Nach meinem Gefühl spielt sich auf diesem Planeten womöglich ein ganz anderes Drama ab als das, was wir zu sehen glauben. Jahrelang hatte ich, wie Fromm und nahezu alle anderen, das Empfinden, dieser Planet sei die Bühne für die zukünftige Apotheose des Menschen. Heute habe ich das Gefühl, hier ereignet sich etwas, das überhaupt nichts mit unseren Wünschen zu tun hat, vielleicht auch nichts mit unserer Apotheose oder einem Zuwachs unseres Glücks. Ich habe den starken Verdacht, daß die Menschheit auf diesem Planeten möglicherweise nicht viel zu erreichen vermag. Das bringt uns zu dem Gedanken zurück, die Menschheit sei alleingelassen worden und Gott abwesend. Die einzig sinnvolle Art des Dialogs ist, daß der Mensch einen abwesenden Gott fragt: »Warum sind wir hier?« Ich vermute, um mit Tillich zu sprechen, ich wechsle damit von der horizontalen zur vertikalen Dimension: Ich denke, eine Person hat sich eher an Gott als an die Zukunft der Menschheit zu wenden. Es wäre doch komisch, nicht wahr, wenn Jerusalem Athen besiegen würde?

KEEN: Die leidenschaftlichste Aussage, die ich in den Jahren meines Studiums bei Tillich gehört habe, war, daß die wirklich prophetischen Denker des modernen Zeitalters diejenigen seien, die ihr Leben lang den Großinquisitor bekämpfen. Es scheint, daß die Visionen von einer Apotheose, von idealen Staaten und Utopien, in denen es keine Unterdrückung gibt, unvermeidlich zu den Fünfjahresplänen und zu blutigsten politischen Säuberungen führten.

BECKER: Das ist doch großartig an Amerika, mag manches bei uns auch nicht in Ordnung sein, wir haben niemals den Weg eingeschlagen, für ein utopisches Ideal Menschen zu opfern.

KEEN: Die Griechen wußten schon Bescheid, wenn sie sagten, die Hoffnung sei die letzte der Plagen aus der Büchse der Pandora. Anscheinend muß die Enttäuschung dem Vertrauen vorausgehen.

BECKER: Und der Sinn für Freude wird erst nach viel Trübsal erreicht, wenn im franziskanischen Sinne alle Aktivität aufhört: dann hört man einen Vogel singen. Aber dazu kommt man erst allmählich und nicht durch eine Reihe von Gruppensitzungen oder durch ein paar Urschreie. Der allerhöchste Gipfel des Glaubens ist Freude, weil man versteht, daß dies Gottes Welt ist. Wenn alles in Seinen Händen ruht, woher nehmen wir uns das Recht, traurig zu sein – diese Sünde der Traurigkeit? Doch das ist sehr schwer zu leben.

Meiner Meinung nach ist es Aufgabe der Wissenschaft vom Menschen, die realen Bedingungen auf diesem Planeten aufzuzeigen. Solange wir uns selber belügen, uns falschen Hoffnungen hingeben, können wir nichts erreichen. Ich weiß nicht, wohin wir geraten – ich halte aber die Wahrheit für einen Wert, einen Letztwert, und falsche Hoffnung ist eine große Verführerin. Mir hat immer Nikos Kazantzakis' Satz gefallen: »Hoffnung ist eine Hure mit brandigen Schenkeln.« Ich glaube, daß wir zur Wahrheit gelangen können, zur Wahrheit unserer Daseinsverfassung. Und wenn wir zu ihr gelangen, wird sie sinnvoll sein. Diese Leidenschaft für die Wahrheit hat mich am Leben erhalten.

KEEN: Gibt es noch andere Dinge, über die Sie gern sprechen möchten?

BECKER: Uns bleibt nichts mehr zu sagen, nicht wahr? Auf nicht ganz geheure Weise haben wir alles besprochen. Sie haben mir ein paar Fragen gestellt, die mich wirklich in Verlegenheit versetzt und über das normale Maß hinaus zum Nachdenken gebracht haben. Es überrascht mich in der Tat, wie gut ich Ihnen antworten konnte, denn ich bin sehr müde gewesen. Doch diesbezüglich funktioniert der Geist eben ein bißchen besser als der Körper. Er hat eine Bereitschaft eigener Art.

Mir tut es leid, daß ich eine solche Plage für Sie gewesen bin. Wissen Sie, mich erinnert das ein bißchen an den Völkerkundler und jenen sterbenden Indianer, von dem er die letzten Namen aufs Tonband bekommen möchte, bevor der Indianer seinen Geist aufgibt; die Zeit fehlt. Solch ein Interview haben Sie noch nie gemacht, nicht wahr?

KEEN: Nein. Als ich aber den Vorschlag dazu gemacht hatte und Sie zusagten, mußte es stattfinden. Und es ist ein großer Augenblick in meinem Leben gewesen.

BECKER: Es tut mir leid, daß ich es wohl nicht mehr lesen werde. Ist doch komisch, fünfzehn Jahre lang habe ich wie besessen gearbeitet, um diese Gedanken zu entwickeln. Ein Buch nach dem anderen habe ich ins Leere fallen lassen und immer weiter gemacht in einer Art Zuversicht, das Zeug sei gut. Und erst jetzt, in den letzten Jahren, fangen die Leute an, sich für meine Arbeiten zu interessieren.

Da ich hier nun sitze und mit Ihnen spreche, steigt Wehmut in mir auf bei dem Gedanken, daß ich nicht mehr dasein werde, um diese Dinge zu sehen. Die Kreatur ist es, die mehr erfahren möchte – noch zehn Jahre, noch fünf, noch vier, noch drei. Ich denke mir, nun, alle diese Dinge gehen weiter, und ich werde nicht daran teilnehmen. Ich sage nicht, daß ich sie nicht sehen werde, daß es keine anderen Dimensionen der Existenz gibt, aber aus diesem Spiel bin ich dann ausgeschieden. Und das macht mich sehr wehmütig.

KEEN: Ich hoffe, daß es mir einmal genauso geht. Ich glaube, noch schlimmer wäre, keine Wehmut zu fühlen. So viele Menschen sind schon am Ende, bevor sie sterben. Sie wollen nichts mehr. Sie sind leer.

BECKER: Das stimmt.

KEEN: Ich weiß, daß ich nichts mehr fürchte, als schon vor dem Ende meine Lebendigkeit zu verlieren.

BECKER: Nun, sofern Sie ein wirklich lebendiger Mensch sind, sehe ich nicht, wie das möglich sein soll. Die Erfahrung muß Sie mehr und mehr anziehen. Es gibt immer noch mehr zu entdecken.

KEEN: Ich sollte jetzt wohl gehen.

BECKER: Wieviel Uhr ist es?

KEEN: Viertel nach sechs.

Ernest Becker starb am 7. März, 10 Uhr 45.

Sein Buch *Die Dynamik des Todes* erhielt den Pulitzer-Preis für Sachbücher (*The New Times,* 7. Mai 1974).

Die synthetische Vision
Ein Gespräch mit Roberto Assagioli

Nachdruck aus der Zeitschrift *PSYCHOLOGY TODAY*
Dezember 1974

Als Freud vor mehr als einem halben Jahrhundert in Wien die Psychoanalyse schuf, entwickelte der Arzt Roberto Assagioli in Italien die Psychosynthesis. Bis vor kurzem war seine Arbeit innerhalb wie außerhalb Italiens nur wenig bekannt. Im letzten Jahrzehnt sind jedoch überall in der Welt Institute für Psychosynthesis entstanden, und Assagiolis Bücher wurden in viele Sprachen übersetzt.

Seine Überlegungen werden sehr unterschiedlich bewertet. Manche glauben, er habe den Willen in die Psychoanalyse zurückgebracht, einen lebensfähigen Begriff des transpersonalen Selbst und eine therapeutische Technik entwickelt, die im Rahmen moderner Psychologie ein Höchstmaß an Weisheit widerspiegele. Mike Murphy und Stuart Miller von Esalen sehen in der Psychosynthesis die umfassende Vision, die wahrscheinlich zu einer Verbindung von humanistischer, transpersonaler und wissenschaftlich fundierter Psychologie führt. Andere sehen in Assagiolis Idee des Willens einen Rückfall ins viktorianische Zeitalter, in seinem transpersonalen Selbst eine kaum verhohlene Anleihe bei der idealistischen Theologie und in seinen Techniken einen eklektischen Mischmasch.

Die ansteckende Mäßigung. Bei der ersten Lektüre fand ich das *Handbuch für Psychosynthesis* (Aurum Verlag) und *The Act of Will* (Der Willensakt) weitschweifig, schwerfällig und einschläfernd. Assagiolis Analysen waren so ausgeglichen, seine Diagramme so allumfassend und seine Lösungen derart global, daß alles in einer Atmosphäre der Mäßigung unterging. Mag die gemäße Mitte des Aristoteles zur Reife führen, zu einer dramatischen Prosa verhilft sie nicht. Die Vision »einer vollständigen, harmonischen Entwicklung menschlicher Persönlichkeit« und die »Eliminierung aller Konflikte und Hindernisse, welche dieser Entwicklung im Wege stehen könnten«, wirken bestenfalls optimistisch und schlimmstenfalls naiv.

Und was soll man von einem Psychotherapeuten halten, der seine besten Einsichten und Techniken einem guten Dutzend anderer miteinander konkurrierender Spielarten der Psychologie entlehnt? Die amerikanische Therapeutenszene hat uns mit den psychologischen Feldzügen vertraut gemacht, mit den regelmäßigen Ausfällen gegen die Bastionen des »Bei-euch-stimmt-es-nicht«, mit dem Gezänk zwischen den Mitgliedern der Amerikanischen Psychologischen Gesellschaft und der Gesellschaft für Humanistische Psychologie. (Ist Berührungstherapie richtig?) Was ist humaner, Schocktherapie oder mit dem Patienten schlafen zu gehen?) Ausgewogenheit und Harmonie wirken fade neben Urschreien, »M. und Ms.«* und freier ($) Assoziation. Ich fragte mich, was ein aristokratischer Gentleman mit seiner Sanftmut uns aggressiven Typen wohl zu sagen habe. Psychosynthesis, das hörte sich großartig und methodisch an, klang aber auch ein wenig hochtrabend. Sollte Psychotherapie nicht bescheidener sein? Vielleicht sollte man lieber die großen Visionen meiden und sachlicher Auseinandersetzung die Ehre geben. So hatte ich meine Zweifel hinsichtlich der Psychosynthesis, aber die Alternativen waren noch weniger verheißungsvoll.

Die unsichtbare Glorie. Einige Woche später, Flug über den Atlantik – und mir fiel es schwer, kritisch und objektiv zu bleiben. Die Renaissance quillt in Florenz aus jedem Stück Boden, das nicht von Fiats und Touristen besetzt ist. Michelangelos *David* offenbart die klassische Proportion. Botticellis *Venus* steigt noch immer aus dem Meer mit mandelförmigen grünen Augen (gleicht sie nicht der kleinen Verkäuferin auf dem Ponte Vecchio?). *Il Duomo,* ein Denkmal unsichtbarer Glorie, einst das Herz der Stadt. Bevor ich das Institut für Psychosynthesis, Via San Domenico No. 16, betrat, war ich also bereits anfällig für jegliche Hoffnung, majestätische Psychologie möge dem modernen Geist Beistand gewähren.

Assagiolis Büro: Ein kleiner Raum in seiner Wohnung über dem Institut. Zwei Wände voller Bücher: Ralph Waldo Emerson, Hermann Graf Keyserling, Abraham Maslow, C. G. Jung, anscheinend seine Leitsterne. Auf dem zweituntersten Regal Jonathan Livingston Seagull eingezwängt zwischen Rollo May und Erik Erikson. Ein alter Schreibtisch voll mit allerlei Gerät und Papieren (Talismane des Schamanen): Frische Schnittblumen (wie die Tigerlilien, die ich aus Tennessee kenne); ein Barometer; eine Uhr; ein Küchenwecker; Tabellen; ein Fähnchen der Vereinten Nationen; ein Himmelsglobus; zwei Täfelchen mit den

* »M. & Ms.« eine emanzipierte Schreibweise für Mr. & Mrs. die im unklaren läßt, ob es sich um ein »Fräulein« oder um eine »Frau« handelt. Anm. d. Übers.

Worten *Energie* und *Guter Wille.* Die einst weißen Wände sind nun vergilbt wie alte Knochen. In einer Ecke des Zimmers ein zweisitziges viktorianisches Sofa.

Assagioli erhebt sich zu meiner Begrüßung. Er ist alt, feinknochig und zart gebaut. Die Lebendigkeit und Vergnüglichkeit seines Gesichts verleihen seiner Erscheinung jedoch eine gewisse Stärke, der Spitzbart und der lachsfarbene Samtrock einen Hauch Autorität der alten Welt.

ROBERTO ASSAGIOLI: Ich muß Sie bitten, mir Ihre Fragen aufzuschreiben, denn Sie wissen ja, ich höre nichts.

SAM KEEN: (*Das wird eine seltsame Unterhaltung werden. Nun muß ich zwei nebeneinanderher laufende Gespräche führen, eines mit dem Tonband und eines mit Assagioli. Damit mir der Sinn seiner Antworten nicht entgeht, habe ich meine schriftlich formulierten Fragen aufs Tonband zu diktieren. Außerdem muß ich meine eigenen Überlegungen, darüber hinausgehende Fragen, Zweifel und gelegentlich auftauchende Stimmen auf Band nehmen. Nuancen einzufangen wird schwerfallen, denn er kann ja nur auf spezifische Fragen antworten. Aber schließlich sind die meisten Menschen taub für das Metagespräch, für die Gedanken, die hinter den Worten stehen. An jedem Dialog sind vier Parteien beteiligt, zwei von ihnen schweigen.*)

Welches sind die Hauptunterschiede zwischen Psychosynthesis und Psychoanalyse?

ASSAGIOLI: Wir messen dem höheren Unbewußten und der Entwicklung des transpersonalen Selbst größere Bedeutung bei. In einem seiner Briefe hat Freud gesagt, ihn interessiere nur das Kellergeschoß des Menschen. Die Psychosynthesis interessiert sich für das ganze Gebäude. Wir versuchen einen Fahrstuhl einzubauen, der es dem Menschen gestattet, zu jeder Etage seiner Persönlichkeit zu gelangen. Uns geht es um die Synthese aller Bereiche der Person. Das heißt, Psychosynthesis ist ganzheitlich, alles einschließend und umfassend. Sie ist nicht gegen die Psychoanalyse, nicht einmal gegen die Verhaltensmodifikation. Sie besteht lediglich darauf, daß unser Bedürfnis nach Sinn, nach höheren Werten, nach einem geistigen Leben ebenso real ist wie die biologischen und gesellschaftlichen Bedürfnisse. Wir bestreiten, daß es isolierte menschliche Probleme gibt. Nehmen Sie zum Beispiel den Sex: Es gibt keinen Sex »an sich«. Sex ist mit jeder anderen Funktion verbunden. Sogenannte sexuelle Probleme werden oft durch Machtkämpfe zwischen zwei Menschen hervorgerufen und lassen sich nur lösen, wenn man die komplexen Interaktionen zwischen den beiden entflechten kann.

Keen: Ihre bisherigen Erläuterungen sind weitgehend theoretischer Natur. Unterscheidet Ihre therapeutische Technik sich überhaupt von der Psychoanalyse? (*Wer die Rhetorik der Logotherapie und der Daseinsanalyse kennengelernt hat, für den hat es stets einen Schock bedeutet, daß sie keine erkennbaren Neuerungen in die therapeutische Praxis eingeführt haben – möglicherweise ein Anzeichen dafür, daß sie sich praktisch nicht unterscheiden.*)

Assagioli: Die Psychosynthesis verwendet mehr Übungen und Techniken als sich hier aufzählen lassen. Wir haben systematische Übungen zur Entwicklung jeder Funktion der Persönlichkeit. Zu Beginn erforschen wir alle bewußten und unbewußten Aspekte der Persönlichkeit, indem wir die Patienten Autobiographien schreiben, Tagebuch führen, Fragebögen ausfüllen und alle möglichen Arten von projektiven Tests machen lassen (TAT, spontanes Zeichnen, etc.). Im Verlauf der Therapie wenden wir Entspannungsübungen, Musik, Kunst, rhythmisches Atmen, mentale Konzentration, Veranschaulichung, schöpferische Imagination, visuelle Symbole, Worte und Meditation an. Doch ich möchte betonen, daß keine dieser Techniken automatisch verwendbar ist, denn jeder Mensch ist anders.

Keen: Ist die Psychosynthesis eine Weiterentwicklung der Psychoanalyse?

Assagioli: Ja. 1910 war Freud in Italien noch ein Unbekannter. Mein Dissertationsgremium zögerte zwar, ließ mich aber schließlich doch meine Doktorarbeit über die Psychoanalyse machen. Ich ging nach Zürich zu Eugen Bleuler, der das Krankheitsbild der Schizophrenie als erster beschrieben hat. Nach meiner Rückkehr führte ich in Italien psychoanalytische Behandlungen durch, stieß aber bald auf die Grenzen dieser Behandlungsmethode.

Keen: Wie standen Sie zu Freund und Jung?

Assagioli: Ich bin Freud nie begegnet, habe aber mit ihm korrespondiert. Und seinerseits schrieb er einmal an Jung, er hoffe, daß ich die Sache der Psychoanalyse in Italien fördern werde. Doch ich bin bald abtrünnig geworden. Zu Jung hatte ich eine herzlichere Beziehung. Im Laufe der Jahre sind wir oft zusammengekommen und haben herrliche Gespräche geführt. Von allen modernen Therapeuten steht Jung in Theorie und Praxis der Psychosynthesis am nächsten.

KEEN: Worin bestehen die Ähnlichkeiten und worin die Unterschiede?

ASSAGIOLI: In der therapeutischen Praxis sind wir beide uns einig in der Ablehnung des »Pathologismus«, der Konzentration auf morbide Manifestationen und Symptome einer angenommenen psychischen »Krankheit«. Wir sehen den Menschen als einen von Grund auf gesunden Organismus, dessen Funktionen zeitweise gestört sein können. Die Natur versucht stets, die Harmonie wiederherzustellen, und innerhalb der Psyche dominiert das synthetische Prinzip. Unversöhnliche Gegensätze gibt es nicht. Aufgabe der Therapie ist es, dem einzelnen bei der Verwandlung seiner Persönlichkeit und bei der Integration offensichtlicher Widersprüche zu helfen. Sowohl Jung wie ich haben immer wieder betont, wie notwendig es für einen Menschen ist, seine höheren psychischen Funktionen, die spirituelle Dimension, zu entwikkeln.

Vielleicht läßt sich der Unterschied zwischen uns am besten anhand eines Diagramms der psychischen Funktionen erklären. Jung unterscheidet vier Funktionen: Empfinden, Gefühl, Denken und Intuition. Die Psychosynthesis behauptet nun, daß diese vier Funktionen Jungs keine vollständige Beschreibung des psychischen Erlebens ermöglichen. Unsere Betrachtungsweise läßt sich dem folgenden Diagramm (S. 218) entnehmen. Wir sind der Meinung, daß die Phantasie oder Einbildungskraft eine Funktion für sich darstellen. Dann gibt es eine Gruppe von Funktionen, die uns zum Agieren in der Außenwelt nötigen. Die Triebe gehören dazu, Neigungen, Impulse, Begierden und die Hoffnungen. Und damit kommen wir zu einer der Grundlagen der Psychosynthesis: Es besteht ein fundamentaler Unterschied zwischen Trieben, Impulsen, Begierden und dem Willen. Treten doch im menschlichen Dasein häufig Konflikte zwischen Begierde und Willen auf. Und wir räumen dem Willen einen zentralen Ort im Herzen des Selbstbewußtseins oder des Ich ein.

KEEN: (*Vorsicht – gefährlicher Boden – immer wenn die Begierde dem Willen entgegengesetzt wird, kommt es zu einem tragischen Konflikt, der nur durch die Intervention des starken Mannes*

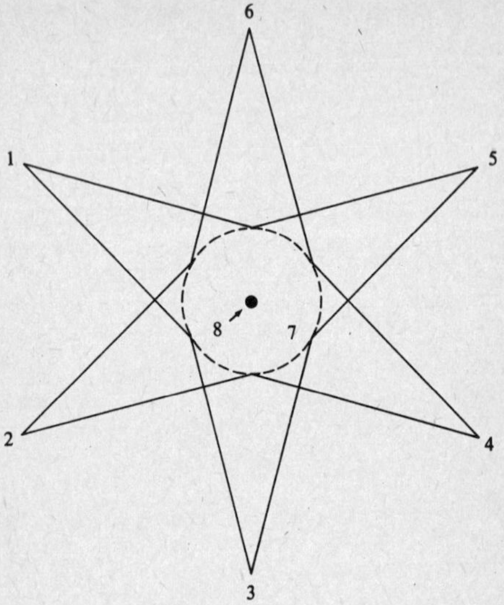

1. Empfindung; 2. Emotion-Gefühl; 3. Phantasie; 4. Impuls-Verlangen; 5. Denken; 6. Intuition; 7. Wille; 8. Mittelpunkt: »Ich« oder Ego.

gelöst werden kann. Mir kommt der Verdacht, im Samthandschuh der Synthese verbirgt sich die eiserne Faust der Willenskraft.) Weshalb stellen Sie den Willen ins Zentrum des Ich? Plädieren Sie für eine neue Form des Voluntarismus? Sollen wir eine neue Lesart des Descartes einführen: »Ich will, also bin ich?«

ASSAGIOLI: Ich glaube, der Wille ist das Aschenputtel der modernen Psychologie. Er ist in die Küche verbannt worden. Die Vorstellung der viktorianischen Zeit, durch die Willenskraft sei jedes Hindernis zu überwinden, wurde durch Freuds Entdeckung der unbewußten Motivation zerstört. Doch unglücklicherweise hat dies in der modernen Psychologie zu einer deterministischen Betrachtung des Menschen geführt, der nun als Bündel konkurrierender, von keiner Mitte gelenkter Kräfte vorgestellt wird. Dem widerspricht die unmittelbare Erfahrung jedes Menschen von sich selbst. An irgendeinem Punkt, vielleicht in einer Krise, wenn Gefahr droht, wacht der einzelne auf, indem er seinen Willen entdeckt. Diese Offenbarung, daß Wille und Selbst innig zusammenhängen, vermag das ganze Selbst- und Weltverständnis eines Menschen zu verändern. Er erkennt, daß er ein lebendiges Wesen ist, ein Handelnder, in dessen Macht es steht zu wählen, Bezüge herzustellen, eine Veränderung der Verhältnisse, sowohl der eigenen Persönlichkeit wie der anderer, zu bewirken. Und dieses Gewahrwerden verhilft zu einem Gefühl von Ganzheit, Sicherheit und Freude. Indem die moderne Psychologie die zentrale Stellung des Willens außer acht läßt, leugnet sie, daß es eine unmittelbare Selbst-Erfahrung gibt. Mit der Gewißheit, daß ich einen eigenen Willen habe, tritt die Erkenntnis der innigen Verbindung von Willen und Selbst ein. Dies ist die existenzielle Erfahrung des unvermittelten Gewahrwerdens reinen Selbst-Bewußtseins. Dieses Selbst-Bewußtsein unterscheidet den Menschen vom Tier. Das Menschenwesen ist sich seiner selbst bewußt und weiß zugleich, daß es sich seiner selbst bewußt ist. So können wir die Wichtigkeit des Selbstbewußtseins, die Einheit von Willen und Sein (im Gegensatz zu Descartes) folgendermaßen zum Ausdruck bringen: »Ich bin mir des Seins und des Willens bewußt« – oder: »Ich bin ein wollendes Selbst.«

KEEN: (*Ich glaube, er hat das Kartenhaus des Determinismus zum Einsturz gebracht, in dem die »wissenschaftliche« Psychologie gelebt hat, seit Ursache und Wirkung den Thron bestiegen haben. Mein Gott, er versucht, uns die Verantwortung für unsere Identität zuzuschieben!*)

ASSAGIOLI: Meiner Ansicht nach sind die meisten Diskussionen über die Identität fehlgegangen, weil die akademischen Psychologen sich nicht die Mühe machen, entsprechende Experimente durchzuführen. Sie jagen Ratten durch Irrgärten, aber sie gehen nicht in das inwärtige Laboratorium, um die Erfahrung des eigenen Willens zu prüfen. Etwas respektlos könnte man sie jenen Theologen vergleichen, die sich weigerten, durch Galileis Teleskop zu schauen, einfach weil sie Angst hatten, ihre Weltanschauung könnte ins Wanken geraten. Sie vernachlässigen die Introspektion und damit das beste Laboratorium, das der Psychologe besitzt.

KEEN: Können Sie den Willen näher beschreiben?

ASSAGIOLI: Nein. Er läßt sich nicht beschreiben. Er ist eine Sache der unmittelbaren Erfahrung, genauso wie die unmittelbare

Erfahrung von rot oder blau. Können Sie mir sagen, wie das ist, wenn man blau erfährt?

KEEN: (*Das Allerheiligste ist immer leer. Im Herzen jedes gedanklichen Systems liegt das Unsagbare. Frage den Rationalisten, wie man einen klaren und deutlich ausgeprägten Gedanken zu Gesicht bekommt; oder einen Freudianer, wie man einen Ödipuskomplex ausfindig macht; oder einen Positivisten, wie man das Verifikations-Prinzip verifiziert – die Antwort ist stets ein Stammeln, das verlegenes Schweigen überdecken soll. Der Ausgangspunkt liegt immer in geheimnisvollem Dunkel: das Subjekt ist stets dasjenige, was von den Prädikaten nicht ausgeschöpft ist; die Sprache führt uns nur zu dem Punkt, an dem das Schweigen beginnt.*) Nun, wenn auch nur ungefähr, blau ist kühl wie fließendes Wasser und sehr verschieden von rot, das wie Zimt oder wie die Sonne ist. Wenn Sie vom Willen sprechen, ist das so etwas wie die Entschlossenheit, die das preußische Rückgrat aufrecht hält, oder etwas wie die warmen Säfte in Henri Bergsons *élan vital*?

ASSAGIOLI: Nein, der *élan vital* ist meines Erachtens der eigentliche Libidobegriff ohne die spezifische sexuelle Nebenbedeutung, die Freud ihm gegeben hat. *Elan vital,* das ist die Dynamik, die Kraft, die Energie, die dem Leben zugrunde liegt. Der Wille ist in höherem Maße als die Lebenskraft ein ausrichtendes, wegweisendes Agens der Persönlichkeit.

KEEN: Das setzt aber voraus, daß es so etwas wie *den* Willen, eine einzige richtungsweisende Kraft, gibt. Vom Hl. Paulus bis zum Hl. Sigmund Freud ist die Menschheit doch durch die Erfahrung des gespaltenen Willens gequält worden. ». . . doch das Gute, das ich will, tue ich nicht.« Auch der Wille zum Leben steht dem Willen zum Tode gegenüber. Wie vereinen Sie diese einander widerstrebenden Willensimpulse?

ASSAGIOLI: Sicherlich, das stimmt. Das Selbst ist in sich vielfältig, aber der Wille ist wesentlich die Aktivität des Selbst, die über dieser Vielfalt steht. Er dirigiert und reguliert die anderen Funktionen der Persönlichkeit und stellt zwischen ihnen einen schöpferischen Ausgleich her. Ich glaube nicht, daß es im Menschen ein fundamentales Gespaltensein, einen unversöhnlichen Konflikt gibt. Ich glaube auch nicht, daß es einen Willen zum Tode gibt, der dem Willen zum Leben entgegensteht. Was man da so unbestimmt als »Willensspaltung« bezeichnet, ist in Wirklichkeit der Konflikt zwischen dem eigentlichen Willen und einer Vielzahl von Trieben, Zwängen, Begierden und Wünschen. Dies ist eine universale Erfahrung. In jedem normalen Individuum gibt es Konflikte. Ohne sie brauchte es gar keine Psychoanalyse oder Psychosynthesis zu geben! Jede Wahl bringt irgendeinen Konflikt mit sich: Ob man nun zu Hause bleiben und lesen oder einen Spaziergang machen soll – beides zugleich kann man nicht tun. Der neurotische Konflikt ist der verzweifelte Versuch, zwei nicht zu vereinbarende Dinge gleichzeitig haben zu wollen. Doch beim normalen Menschen kann der Wille den Konflikt abschwächen oder gar aufheben, indem er eine Hierarchie der Bedürfnisse anerkennt und für eine angemessene Befriedigung aller Bedürfnisse sorgt. Der zentrale Wille teilt den anderen Bereichen der Persönlichkeit ihre Aufgaben zu. Lassen Sie mich eine Analogie benutzen, die für mein Denken von zentrale Bedeutung ist: Der Wille gleicht dem Dirigenten des Orchesters. Er ist nicht rechthaberisch, sondern vielmehr der demütige Diener des Komponisten und der Partitur.

KEEN: (*Mir kommt es vor, als hörte ich weibliche Stimmen: »Philosophie und Psychologie sind im Westen immer verfeinerte Formen des Männergesprächs gewesen, zu denen gewöhnlich die Zigarre nach dem Abendessen und heimlicher Chauvinismus gehörten. Was ist mit der weiblichen Perspektive? Wird da die Verfassung der männlichen oder die der menschlichen Psyche beschrieben?«*) Verrät es nicht eine ausgesprochen männliche Perspektive, wenn der Wille ins Zentrum des Selbst gestellt wird? Traditionell gesprochen werden Leitung, Kontrolle, Selbstbehauptung und Aggressivität für männliche Attribute gehalten. Das Weibliche ist angeblich mehr das Einladende, Nährende und Fließende. Sehen Sie eine wesenhaft »feminine« Komponente im Selbst? Oder im Willen? Und wie wägen Sie die maskulinen und femininen Elemente im Selbst gegeneinander ab?

ASSAGIOLI: Der Wille ist nicht nur rechthaberisch, aggressiv und herrisch. Es gibt auch den anerkennenden Willen, den einwilligenden Willen, den sich hingebenden Willen. Man könnte vielleicht sagen, es gibt einen femininen Gegenpart zum Willen – das willentliche Sich-Ausliefern, das freudige Annehmen der anderen Funktionen der Persönlichkeit.

Ich kann dasselbe auch noch anders erklären: Im Herzen des Selbst befinden sich ein aktives und ein passives Element, ein Handelnder und ein Zuschauender. Selbst-Bewußtsein läßt uns zu Zeugen – zu lauteren, objektiven, liebevollen Zeugen all dessen werden, was innen und außen geschieht. In diesem Sinne ist das Selbst keine dynamische Kraft an sich, sondern ein Zeugenstand, ein Zuschauer, ein Beobachter, der das Vorüberfließende betrachtet. Doch da gibt es noch einen anderen Teil des inneren Selbst – den Wollenden oder Richtung-Gebenden, der aktiv eingreift, um die verschiedenen Funktionen und Energien der Persönlichkeit zu orchestrieren, um Verpflichtungen einzugehen und zur Aktivität in der Außenwelt anzureizen. Im Zentrum des Selbst besteht also eine Einheit von maskulin und feminin, von Wille und Liebe, von Aktion und Betrachtung.

KEEN: (*Also mehr ein Sowohl / Als-auch statt Entweder / Oder. Was sonst getrennt gehalten wird, fügt das synthetische Prinzip lustig zusammen. Die Philosophie des Ostens weist dem Menschenwesen die Position im Zeitlosen, als Beobachter, an. Die Philosophie des Westens sieht – seitdem es die Technik gibt – die Würde des Menschen vor allem in der Fähigkeit, die Welt zu beherrschen, zu handeln. Assagioli vermählt Ost und West. Gehen solche Mischehen gut – oder kommen dabei nur philosophische Bastarde heraus?*) Wie erzieht die Psychosynthesis die Leute zu dieser olympischen Haltung kraftvoller Gelassenheit?

ASSAGIOLI: Die Techniken haben stets der jeweiligen Situation zu entsprechen, man kann also schwerlich verallgemeinern. Immerhin können wir über zwei Grundtechniken sprechen: Über die Aufhebung der Identifikation und über die Ausbildung des Willens.

Ich möchte mit einem psychologischen Grundprinzip beginnen. Alles, womit unser Selbst sich identifiziert, hat Macht über uns. All das, womit wir uns nicht mehr identifizieren, wird von uns beherrscht und kontrolliert. Der übliche Fehler, den wir alle begehen, besteht darin, daß wir uns mit irgendeinem *Bewußtseins-Inhalt* statt mit dem Bewußtsein selber identifizieren. Manche Menschen kommen über ihre Gefühle zur Identität, andere durch ihre Gedanken, wieder andere mit Hilfe ihrer gesellschaftlichen Rollen. Doch diese Identifizierung mit einem Teil der Persönlichkeit zerstört die Freiheit, die sich aus der Erfahrung des reinen »Ich« ergibt.

KEEN: Wir identifizieren uns mehr mit dem Prädikat als mit dem Subjekt.

ASSAGIOLI: Das ist richtig. Oft wird ein Mensch seiner Funktion oder seiner Rolle, mit der er sich identifiziert hat, durch eine Lebenskrise beraubt: Der Körper eines Athleten wird verstümmelt, die Geliebte macht sich mit einem wandernden Poeten davon, ein passionierter Arbeiter muß sich pensionieren lassen. Die Aufhebung der Identifikationen wird einem da aufgezwungen, und eine Lösung ist nur in einem Prozeß von Tod und Wiedergeburt zu finden, durch den der Mensch in eine größere Identität eintritt. Dieser Prozeß kann jedoch bewußt gefördert werden.

Die Einübung des Aufhebens der Identifikation und des Sich-Identifizierens führt zur Vergegenwärtigung und Bestätigung dessen, daß ich einen Körper *habe,* aber *nicht* mein Körper *bin;* daß ich Gefühle *habe,* aber *nicht* meine Gefühle *bin;* daß ich einen Beruf *habe,* aber *nicht* mein Beruf *bin* . . . etc. Systematische Introspektion kann dazu beitragen, alle auf einen Teil bezogenen Selbstidentifizierungen aufzuheben.

KEEN: Diese Technik ähnelt der buddhistischen Vippissana-Meditation, in der lediglich beobachtet wird, wie Gedanken, Empfindungen und Bilder vorüberziehen.

ASSAGIOLI: Ja, und das bestätigt nur, daß der Beobachter sich von dem, was er beobachtet, unterscheidet. Demgemäß ist die natürliche Stufe, die der Aufhebung einer Identifikation folgt, eine neue Identifizierung des Selbst: Ich erkenne und bin damit einverstanden, daß »ich ein Zentrum reinen Selbstbewußtseins bin. Ich bin ein Zentrum des Willens, imstande zu herrschen, zu lenken und mich aller mir eigenen physiologischen Abläufe wie meines physischen Körpers zu bedienen.« Ziel dieser Übungen ist es, zu lernen, Identifizierungen jederzeit aufheben zu können, das Selbst von jeder übermächtig werdenden Emotion oder Person, jedem Gedanken oder jeder Rolle abzulösen und den Gesichtspunkt des gelassenen Beobachters einzunehmen.

KEEN: (*Vorsicht: Die Praxis der Aufhebung von Identifikationen bringt womöglich einen Menschen hervor, der viel Licht, aber wenig Feuer hat. Liebe verstößt gegen die Regeln und ist deshalb immer blind oder einäugig. Einer Frau, einer Ortschaft, einer Arbeit widme ich ein Unmaß an Aufmerksamkeit. Tiefe Zuneigung hat immer etwas von Fetischismus an sich. Leidenschaft macht einseitig. Und manchmal stoßen wir am schnellsten zum Kern der Dinge vor, wenn wir uns Kräften, Begierden und Impulsen überlassen, die wir nicht verstehen, d. h. nicht transzendieren können. Ist Leidenschaft mit Psychosynthesis vereinbar? Norman O.*

Brown: »Wir alle sind Bruchstücke. Wir sind gebrochen.« In der christlichen Tradition ergibt sich die Heilung durch das Annehmen unseres Zerbrochenseins und nicht aus dem Zusammenfügen unserer Bruchstücke zu einem vollkommenen Ganzen. Das Ideal der Ganzheit – die Verwirklichung des vollen menschlichen Potentials, das Transzendieren der Widersprüche, das Erreichen der Erleuchtung – verwirrt mich. Doch ich vermute, es ist ein weltlicher Ersatz für das Königreich Gottes, das immer morgen kommen sollte. Vielleicht sind Einseitigkeit und Tragik unumgängliche Momente der menschlichen Daseinsverfassung. Vielleicht. Aber ich bin es mir schuldig, meine Zweifel in Zweifel zu ziehen. Mein Widerstand gegen den Gedanken eines Lebens jenseits des Konflikts ist möglicherweise die Art, in der mein Ich sich an die Widersprüche klammert. Wäre ich noch ich selbst, wenn ich glückselig synthetisiert wäre?) Ich sehe, wie Sie zu der reinen Erfahrung des Selbst als Beobachter gelangen, aber wie können Sie behaupten, der Wille sei imstande, alle anderen Funktionen der Psyche zu regieren und zu lenken? Oft scheint es doch, als sei der Wille nicht einmal fähig, infantile Triebe zu bändigen. Zuweilen ist er ein ohnmächtiger Gefangener, der von einem kindischen Tyrannen beherrscht wird. Wenn Depression einsetzt, Zorn aufschäumt oder sexuelle Begierde hochsteigt, scheint es mit der Kraft des Willens nicht weit her zu sein – er gleicht einem altersschwachen Vater mehr als dem männlichen Verwalter der Persönlichkeit.

ASSAGIOLI: Wie jede andere Funktion der Person kann der Wille systematisch entwickelt und gestärkt werden. Ist er schwach, kann er auf ähnliche Weise durch regelmäßige Übung trainiert werden wie Muskeln durch Gymnastik. Und wenn ein Mensch mit einem schwachen Willen anfängt, entfaltet er möglicherweise durch das simple Wunder der Überkompensation eine Stärke des Willens, welche das normale Maß übersteigt. Jeder hat genügend Willen, um mehr davon zu entwickeln.

KEEN: (*Wenn davon geredet wird, Willenskraft zu entwickeln, tauchen immer zwei gegensätzliche Bilder vor mir auf: 1. Der Self-made-man – Horatio Alger, Dale Carnegie und »Wie bekomme ich ein kraftvolles Ich in 30 Tagen«; ich wittere Oberflächlichkeit. 2. Das Opfer. Neurose ist innere Passivität. Depression ist erlernte Hilflosigkeit. Ohne starken Willen bleibt der Mensch Opfer. Vielleicht. Die Ambivalenz des Willensbegriffs, vielmehr seine Vernachlässigung in der modernen Psychologie spiegeln sich in der Verlegenheit angesichts der Begierde nach Macht wieder. Der Drang nach Macht hat sich veräußerlicht und auf Wissenschaft und Technik, auf Politik und Kriegführung verlagert. Warum nicht die Entwicklung innerer Macht zu einem öffentlichen Ziel erklären?*) Welche anderen Techniken entwickeln Sie zur Entwicklung der Willenskraft?

ASSAGIOLI: Lassen Sie mich eines klarstellen: Psychosynthese beschäftigt sich nicht in erster Linie damit, die Willenskraft zu entwickeln. Stärke ist eine notwendige, jedoch keine ausreichende Voraussetzung des Willens. Ebenso notwendig ist es, einen geschickten Willen und einen guten Willen zu entwickeln. Wir haben viele Techniken, um jede dieser Qualitäten hervorzurufen. In *The Act of Will* beschäftige ich mich ausführlich mit ihnen. Eine dieser Techniken besteht darin, das »ideale Modell« anschaulich werden zu lassen. Stellen Sie sich so lebhaft wie möglich vor, wie anders Ihr Leben wäre, wenn Sie einen starken Willen besäßen. Betrachten Sie sich als jemanden, der innere und äußere Beherrschung erlangt hat. Außerdem empfehlen wir, zur Stärkung der Selbstdisziplin jeden Tag ein paar »unnütze Übungen« zu machen. So kann man sich vornehmen, zehn Minuten lang auf einem Stuhl zu stehen oder einen Kilometer zu laufen oder sein heftiges Temperament zu zügeln. Schwieriger ist es, einen geschickten Willen zu entwickeln. Befindet der Wille sich in direktem Gegensatz zu starken Gefühlen oder Trieben, so wird er überwältigt. Deshalb müssen wir eine Strategie entwerfen, die uns ans gewünschte Ziel bringt. Nehmen Sie zum Beispiel einen Menschen mit einem zwanghaften Verlangen, der diesen Zwang los werden möchte. Je mehr er sich auf den Zwang konzentriert, desto stärker wird er. Aber er kann ihm seine Aufmerksamkeit auch vorenthalten und ihn durch ein neues Interesse ersetzen. Er vermag einen wohltätigen »Zwang« zu kultivieren, sich neue Bilder vor Augen zu halten, was wahrscheinlich dazu führt, daß die vom Bild suggerierte Wirklichkeit hervorgerufen wird. Dies ergibt sich aus einem bekannten psychologischen Gesetz: Einbildungen oder vorgestellte Bilder und Gedanken tendieren dazu, die körperlichen Bedingungen und die äußeren Ereignisse herbeizuführen, die ihnen entsprechen. Oder wie William James gesagt hat: »Jedem Bild wohnt ein bewegendes Element inne.« Eine sehr einfache Technik ist die Verwendung von Karten, auf die beschwörende Worte gedruckt sind – wie: Ruhe, Geduld,

Glück, Energie, Guter Wille. Werden diese Karten überall im Zimmer aufgestellt, lösen sie Einstellungen aus und rufen die Eigenschaft wach, die sie symbolisieren. In ähnlicher Weise verwende ich auch Kunstwerke. So ist Fra Angelicos *Verklärung* zum Beispiel ein sichtbares Symbol für die Verwandlung der Persönlichkeit, die eintritt, wenn eine Person in Berührung mit dem transpersonalen Selbst gerät.

Keen: (*Ist das einfältig oder der wohlüberlegte Einsatz der automatischen Reaktionen von Körper und Geist? Ich bin nicht sicher. Zugegeben: An einem Abend habe ich das Täfelchen mit dem Wort GLORIE in meinem Hotelzimmer aufgestellt und auf Ergebnisse gewartet. Am nächsten Morgen erwachte ich in zerwühlten, muffigen Laken zu strahlendem Sonnenschein, Kirchenglokken und einem goldenen Tag mit Florentiner Kaffee, Leonardo da Vinci und – ganz gewiß – Glorie. Aber wir wissen doch alle, daß solche Stimmungen der Macht der Suggestion zuzuschreiben sind, nicht wahr?*)

Guter Wille scheint mehr zur Religion als in die Psychotherapie zu gehören. Kann der Wille nicht gesund sein, ohne gut zu sein?

Assagioli: Nein. Der Mensch steht immer im sozialen Kontext. Er stellt keine isolierte Einheit dar. Je mehr Konflikte – desto mehr Energie wird vergeudet. Sofern wir überhaupt zu tiefem Frieden gelangen, beruht er auf der Harmonisierung der einzelnen Willensstrebungen. Selbstverfangenheit zerstört von Grund auf dieses Zusammenwirken, ohne das ein Mensch kein erfülltes Leben in Gemeinschaft führen kann. Warum sollen wir im *Guten Willen* nur eine entbehrliche Tugend sehen, eine Angelegenheit allein für fromme Leute? Ja, ich gehe noch einen Schritt weiter: Dieses Prinzip trifft genauso auf die Beziehungen des Einzelnen zur Natur und zum Universum zu. Kein Mensch kann so überheblich sein zu meinen, er stehe nicht in Beziehung zum Universum. Ob es ihm nun paßt oder nicht, er ist als Mensch Teil des universalen Willens und irgendwie muß er sich einstimmen und bereitwillig an den Rhythmen universalen Lebens teilnehmen. Diese Harmonisierung und Vereinigung von Individuum und universalem Willen – die Identifizierung mit dem Tao bei den Chinesen, das Annehmen des Schicksals bei den Stoikern oder des göttlichen Willens bei den Christen – bleibt – wenn auch selten verwirklicht eines der höchsten menschlichen Ziele.

Keen: Ehe Maslow begann, von Metabedürfnissen zu sprechen,

sah sich die Psychologie durch alles, was nach Metaphysik oder Religion aussah, in Verlegenheit versetzt. Heute scheinen Mystik und Medizin sich zusammenzutun. Führt ein gesundes Selbstbewußtsein notwendigerweise zu einer religiösen Beziehung?

ASSAGIOLI: Nicht unbedingt. Man kann das, was ich personale Psychosynthesis nenne, erreichen, indem man das untere und das mittlere Unbewußte verstehen lernt. Sobald die psychischen Grundbedürfnisse jedoch gestillt sind und eine gewisse Gesundheit eingetreten ist, breiten sich bei manchen Menschen Langeweile und ein Gefühl von Sinnlosigkeit aus. Sie fangen an, nach einer höheren Bestimmung des Lebens zu suchen. Jung hat darauf hingewiesen, daß es einigen Menschen durchaus genügt, normal und angepaßt zu sein, daß aber andere einen Hunger nach Transzendenz haben. Es gibt eine neue »vierte Kraft« in der Psychologie, die jene Bedürfnisse und Sehnsüchte ausfindig zu machen sucht, die über bloße Selbstverwirklichung und humanistische Psychologie hinausgehen.

KEEN: Zu Freuds Zeiten hat es eine weitreichende kulturelle Verschwörung gegeben zur Unterdrückung der Libido; man wollte sie zwingen, unbewußt zu bleiben. Würden Sie sagen, daß heutzutage eine ähnliche Konspiration den religiösen Impuls unterdrücken möchte? Wie sich die viktorianische Gesellschaft der Erektion und aller anderer als Herzzuckungen schämte, scheinen wir uns des Appetits auf Sinn zu schämen.

ASSAGIOLI: Viele Menschen scheinen sich freiwillig einer spirituellen Leukotomie unterzogen zu haben, der Unterdrückung des Erhabenen, einer vollständigen Verleugnung des transpersonalen Selbst. Die Folge ist, daß vielen das höhere Unbewußte buchstäblich unbekannt bleibt. Viel hat die Psychologie zur Aneignung eines solchen degradierten Selbst-Bildes beigetragen, indem sie argumentierte, alle religiösen und spirituellen Impulse seien lediglich Sublimationen sexueller Triebe. Diese Form von Reduktions-Ideologie läßt die Tatsache außer acht, daß viele der besonders schöpferischen Menschen in der Geschichte von Erfahrungen transpersonaler Art berichtet haben. Was berechtigt uns zu behaupten, die geistigen Triebe seien weniger real, begründend und grundlegend als die sexuellen oder die aggressiven?

KEEN: Warum sollten Menschen das Erhabene unterdrücken? Was ist so bedrohlich am Paradies?

ASSAGIOLI: Das ist nicht mysteriöser als die Verdrängung sexueller Ekstase. Wir fürchten das Erhabene, weil es unbekannt ist, und weil wir, wenn wir den höheren Werten Wirklichkeit zubilligen, verpflichtet sind, edler zu handeln. Güte, Zusammenarbeit, der Verlust der Selbstverfangenheit und die Verantwortung für spirituelles Wachstum gehen zusammen mit der Anerkenntnis des höheren Selbst.

KEEN: Welcher Natur ist dieses transpersonale Selbst? Sprechen Sie von einer Wesenheit, die von dem Selbst, das wir unmittelbar in der Selbstwahrnehmung erfahren, getrennt ist?

ASSAGIOLI: Lieber Freund, wie das transpersonale Selbst ist, das kann ich Ihnen nicht sagen. Maslow hat in seinem Buch über Daseins-Psychologie, *The Psychology of Being,* das transpersonale Selbst und die Natur der höchsten Erfahrung zu charakterisieren versucht. Die unmittelbare Erfahrung des transpersonalen Selbst ist selten und die Vereinigung mit ihm sehr selten. Doch viele Menschen wissen durch das höhere Unbewußte oder das Überbewußtsein von ihm. Einige Auswirkungen kann ich beschreiben. Spontan manifestiert es sich in den schöpferischen Werken großer universaler Genies wie Platon, Dante, Einstein. Andere kommen ihm durch das Gebet oder die Meditation nahe. Oder sie verspüren vielleicht einen Anruf, eine gewisse Anziehungskraft von seiten irgendeiner höheren Macht. Die Sprache reicht nie aus, um über transpersonale oder geistige Erfahrungen zu sprechen. Jeder Ausdruck ist in hohem Maße symbolisch, und eine Vielzahl von Symbolen ist verwendet worden: Erleuchtung, Läuterung, Abstieg in die Unterwelt der Psyche, Erwachen, Transmutation, psychospirituelle Alchemie, Wiedergeburt und Befreiung.

KEEN: Ich nehme an, in der Psychosynthesis verfügen Sie über Techniken, die ein Bewußtsein des transpersonalen Selbst entwickeln.

ASSAGIOLI: Ja. Eine bewährte Technik ist die des inneren Dialogs. Stellen Sie sich einen sehr weisen Mann vor, der alle Ihre Probleme zu beantworten weiß. Wenn Sie ein Interview mit diesem Mann machen könnten, was würde der Ihnen erzählen? Dies ist Ihr innerer Lehrer . . .

KEEN: (*Ich fürchte, mein innerer Guru ist vielleicht senil. Er scheint widersprüchlichen Rat zu erteilen: Nimm's nicht so schwer – arbeite mehr; wage alles – bleibe, wo du bist; riskiere die Geistes-*

krankheit – kultiviere die geistige Gesundheit. Er kann sich nie entscheiden, ob er sich auf die Seite von Dionysos oder von Apollo schlagen soll.)

ASSAGIOLI: ... wenn Sie auf Antwort lauschen, kommt sie Ihnen vielleicht unversehens durch einen Dritten zu oder wird Ihnen durch ein Buch, das Sie gerade lesen, oder durch die Entwicklung der Umstände erteilt. Auch die Ausübung von Meditation ist gut. Zuweilen schlage ich den Patienten vor, Briefe zu schreiben.

KEEN: An das transpersonale Selbst?

ASSAGIOLI: Ja. »Liebes Transpersonales Selbst ...« Versuchen Sie es einmal und geben Sie acht, was passiert.

KEEN: An welche Adresse schicke ich den Brief ab?

ASSAGIOLI: An dieselbe Adresse, der Sie die zornigen Briefe zugehen lassen, in denen Sie einer Geliebten oder einem Feind erzählen, was alles Sie an ihnen nicht ausstehen können.

KEEN: Ich werde mir nicht klar darüber, ob die Techniken der Psychosynthesis nun naiv oder brillant sind. Sie kommen mir häufig ein wenig einfältig vor. (*Sollte ich zugeben, daß ich nach der gestrigen Sitzung und seiner »simplifizierenden« Analyse der Neurose als Unfähigkeit, sich zu entscheiden, für alle Zeit aufgehört habe, Zigaretten zu rauchen?*) Es gibt eine alte Überlieferung, die Weisheit und Narretei miteinander verbindet. Ist der Weise einfältig? Ist die Simplifizierung, die mit dem Alter einsetzt, Weisheit oder Müdigkeit? Und ist Psychosynthesis eine moderne Form der Schule der Weisheit? Was ist der Unterschied zwischen einem Weisen und einem Narren?

ASSAGIOLI: Weisheit ist heutzutage noch weniger modern als der Wille. Der ursprüngliche Begriff der Weisheit hat wenig mit Narrheit zu tun. Natürlich führt die Weisheit zu einer höheren Einfachheit des Geistes, dies ist jedoch keine Einfältigkeit. Das chinesische Zeichen für Weisheit ist eine Kombination aus den Zeichen für Wind und für Blitz. Der Weise ist also nicht derjenige, der müde lächelt, sondern einer, der sich ebensowenig einfangen läßt wie der Wind und der, wenn es nötig ist, dreinschlägt wie der Blitz. Weisheit ist mit Intuition verbunden [weshalb man sie als Frau gesehen hat – die Sophia] und mit der ganzheitlichen Sicht der Dinge. Und so verbindet sie sich der transpersonalen Perspektive. Sie ist fähig, mit den Gegensätzen zu spielen und eine Synthese herzustellen. Vermutlich dient das Alter dazu, sich einige der Perspektiven anzueignen, deren es bedarf, um Harmonie zwischen den scheinbaren Widersprüchen eintreten zu lassen.

KEEN: William Blake hat einmal gesagt: »Der Weg des Exzesses führt zum Palast der Weisheit.« Sollte die Jugend nicht eher eine Zeit der Maßlosigkeit sein als des Strebens nach vorzeitiger Ausgeglichenheit?

ASSAGIOLI: Das ist amüsant.

KEEN: Und da ist noch ein Zitat [ich glaube, von dem schottischen Philosophen McNab], das paßt dazu: »In der zweiten Hälfte des Lebens ist Weisheit eine Tugend, in der ersten jedoch langweilig.« Sollte die Psychosynthesis nicht den über Vierzigjährigen vorbehalten bleiben?

ASSAGIOLI: Sie werden verzeihen, wenn ich keine pauschale Antwort gebe. Die einzelnen Menschen sind verschieden. Manche junge Leute sind psychologisch gesehen reif und manche Erwachsenen psychologisch gesehen kindisch. Vor einer transpersonalen Psychosynthesis muß eine personale Psychosynthesis stattfinden, zu der die Leute jedoch zu verschiedenen Lebensaltern bereit sind.

KEEN: Wo sind nun die Grenzen der Psychosynthesis? Wenn Sie ein Kritiker Ihres eigenen Systems wären, was würden Sie kritisieren?

ASSAGIOLI: Eigentlich wäre das Ihre Aufgabe. Aber ich will es tun, es macht Spaß. Ich will auf paradoxe Art antworten. Die Grenze der Psychosynthesis besteht darin, daß sie keine Grenzen kennt. Sie ist zu extensiv, zu allumfassend. Ihre Schwäche ist, daß sie zu viel akzeptiert. Sie sieht zu viele Seiten zu gleicher Zeit und das ist von Nachteil.

KEEN: (*Jetzt kommt mein üblicher »Selbsterkenntnis-Test«, bei dem die meisten »berühmten« Leute im Schnitt eine Drei-minus bekommen. Assagioli gebe ich eine glatte Eins. Er nimmt noch die Netzhaut im eigenen Auge wahr.*)

Hannah Arendt sagt, Vergebung sei der Schlüssel zum eigenen Handeln und zur Freiheit. Ohne Vergebung wird das Leben vom Wiederholungszwang beherrscht, vom endlosen Kreislauf aus Groll und Vergeltung. Doch nur wenige Psychotherapeuten stellen das in Rechnung. Einige, wie Janov, scheinen Zorn und Ressentiments gegen die Eltern und gegen die Gesellschaft geradezu zu schüren, weil sie die Quelle des ersten Schmerzes sind. Erzählen Sie mir, was die Psychosynthesis über Vergebung und zu Verantwortung und Dankbarkeit zu sagen hat.

ASSAGIOLI: In der Psychosynthesis betonen wir die Verantwortung des Einzelnen. Ganz gleich, was einem Menschen widerfahren ist, er muß hier und jetzt die Verantwortung übernehmen und seine Persönlichkeit im gewünschten Sinn verändern. Er darf nicht seinen Eltern oder der Gesellschaft die Schuld geben. Ich bin gegen viele Dinge in der modernen Gesellschaft – in diesem Sinn bin ich ein Revolutionär –, aber wir müssen sie von innen her verändern, weil es unsere Gesellschaft ist. Den Menschen gegenüber, durch die Sie verletzt worden sind, empfehle ich Verständnis und Mitleid. Wahrscheinlich ist der Schaden gar nicht so groß, wie Sie sich einbilden. Selbstverständlich sind wir durch die Vergangenheit bedingt, doch es steht in unserer Macht, sie nicht anzuerkennen, sondern auf und davon zu gehen, uns zu ändern. Der Schaden, den Eltern ihren Kindern zufügen, ist meistens aus Unwissenheit und nicht aus Bosheit entstanden; deshalb ist es befreiend, denen zu vergeben, die es nicht besser gewußt haben, anstatt Groll und Selbstmitleid mit sich herumzuschleppen. Diese Vergebung fällt zudem leichter, wenn man mit wirklichem menschlichen Leiden in Berührung kommt. Ich würde für die Erziehung junger Menschen zum Beispiel vorschlagen, daß sie jede Woche Krankenhäuser, Irrenanstalten und Slums besuchen, damit sie in unmittelbaren Kontakt zum menschlichen Elend kommen, ohne daß Theorien, Statistiken oder politische Ideologien dazwischentreten.

KEEN: Seit dem Verfall der Religion im Westen und dem Verlust der Übergangsriten – der Geburts- und Sterbe-Rituale – ist der Psychologie die Aufgabe zugefallen, den Menschen in ihren Übergangskrisen zu helfen, mit den Grenzsituationen fertig zu werden. Wie verhalten Sie sich dem Tod gegenüber? Sie sind jetzt fünfundachtzig Jahre alt – wie sehen Sie ihm entgegen?

ASSAGIOLI: Mir kommt der Tod erst einmal wie ein Urlaub vor. Es gibt viele Hypothesen über den Tod, und der Gedanke der Reinkarnation scheint mir von allen am vernünftigsten zu sein. Ich weiß zwar nicht unmittelbar, was Reinkarnation ist, aber ich befinde mich mit meinem Glauben in guter Gesellschaft mit Hunderten von Millionen Menschen im Osten, mit dem Buddha und vielen anderen im Westen. Tod ist ein normaler Bestandteil des biologischen Kreislaufes. Mein Körper stirbt und nicht alles an mir. Deswegen mache ich mir keine großen Gedanken. Vielleicht sterbe ich heute Abend, aber ich würde auch gern noch einige Jahre annehmen, um die Arbeit zu tun, an der mir liegt und die, so denke ich, anderen nützlich sein kann. Ich bin, wie die Franzosen sagen, *disponible,* ich stehe zur Verfügung. Außerdem helfen der Humor und ein gewisser Sinn für Proportion. Ich bin ein Einzelner, auf einem kleinen Planeten eines kleinen Sonnensystems in einer der Galaxien.

KEEN: (*Weiß man, wodurch die Gültigkeit einer Weltanschauung bewiesen wird, wodurch die therapeutischen Möglichkeiten, die sich aus ihr ergeben? Jede Form der Therapie kennt dramatische Erfolge und ebenso dramatische Mißerfolge. Als Beweis für die Psychosynthesis notiere ich ein Argument ad hominem: Während Assagioli vom Tod spricht, verändern sich weder der Tonfall noch die Intensität seiner Stimme. Noch immer spielt das Licht in seinen dunklen Augen, und wie stets ist sein Mund zu einem Lächeln bereit.*)

Roberto Assagioli ist am 23. August 1974 gestorben, reich an erfüllten Jahren.

suhrkamp taschenbücher

st 527 Jochen Schimmang, Der schöne Vogel Phönix
Erinnerungen eines Dreißigjährigen
300 Seiten
Der autobiographische Bericht eines Dreißigjährigen, der die Spätphase der antiautoritären Bewegung, Studium, Kaderarbeit für eine K-Gruppe und den Bruch mit dieser Gruppe, Schwierigkeiten beim Übergang ins Berufsleben, Hoffnungen, Desillusionierung und Depressivität dieser Jahre durchaus repräsentativ, also nachvollziehbar, zum Wiedererkennen und Sichunterscheiden, verfolgt, mitgemacht, erlebt hat.

st 528 Junker/Link, Ein Mann ohne Klasse
Roman
512 Seiten
Neugierig, wach, witzig, eitel, sehr beredet ist dieser »Mann ohne Klasse«, ein energischer Macher, souverän, aber zugleich der wuchernden Vielfalt seines Lebens ausgeliefert, sie frißt ihn auf: die Lebenssituation der siebziger Jahre im Roman.

st 529 Helmut Degner, Graugrün und Kastanienbraun
Aufzeichnungen eines Neurotikers
294 Seiten
Zwischen den Aufenthalten in der Psychiatrie hat der Neurotiker sich acht Jahre lang in seiner Wohnung verkrochen. Er hat Angst und Angst vor der Angst. Eines Tages hat er begonnen, sich aus dieser Angst und aus den zwanghaften Erinnerungen an leidvolle Erfahrungen herauszuschreiben. Er nimmt freieren Kontakt zu Marion

und zu anderen Menschen auf. »Graugrün und kastanienbraun sind nicht mehr nur die Augen und das Haar des Mädchens – das ist für mich das Leben: grau, aber immer auch ein wenig grün, und wenn es schön ist, kastanienbraun.«

st 530 Wolfgang Koeppen, Reisen nach Frankreich
176 Seiten
Die *Reisen nach Frankreich* führen vom äußersten Norden bis nach Marseille und Nizza. Aber bei allen Städten Frankreichs in der Provinz, die Koeppen besucht, spürt er die große Sehnsucht, die nach Paris gerichtet ist. So schließt auch wie selbstverständlich ein großes Paris-Kapitel dieses Buch, das 1961 erstmals erschien, ab.

st 531 Hermann Lenz, Der russische Regenbogen
Roman
176 Seiten
Die junge Russin Tamara wird 1944 als Kriegsgefangene nach Ostpreußen geschafft, von dort flieht sie nach Italien, gelangt aber nur in das Zwangslager einer süddeutschen Stadt. Ihr moralischer Halt sind ihr Haß und das Gift, das sie in der Jacke versteckt hat. Von den Amerikanern befreit, gibt sie ein Fest, das Opfer und ehemalige Feinde vereint.

st 532 Christiane Rochefort, Frühling für Anfänger
Roman
ca. 240 Seiten
Christoph Ronin, sechzehn Jahre, dreht eines Abends durch. Aus der Beschirmtheit durch den häuslichen Fernsehapparat geht er weg und seiner eigenen Wege. Seine Stationen sind Pommes-frites-Buden, Flipperlokale, eine Bibliothek, drei Betten und ein Parkplatz. Der März im Paris des Jahres 1967 wird zum Vorboten des Pariser Mais 1968.

st 534 Stanisław Lem, Der futurologische Kongreß
Aus Ijon Tichys Erinnerungen
Aus dem Polnischen von I. Zimmermann-Göllheim
Phantastische Bibliothek Band 29
144 Seiten
Im Zeitalter der Psychemie werden alle Sinneswahrnehmungen durch chemische Mittel beeinflußt, die die ganze

menschliche Existenz durchdringen, so daß es keine Wirklichkeit mehr gibt, die nicht chemisch manipuliert wäre. Lem betreibt ein Spiel mit der Sprache und imaginiert beiläufig eine Futurologie, die die Zukunft anhand der Umformungsmöglichkeiten der Sprache erforscht.

st 535 Herbert W. Franke, Sirius Transit
Phantastische Bibliothek Band 30
176 Seiten
Ein neuentdeckter, erdähnlicher Planet und eine Firma, die die Besiedlung organisiert: die SIRIUS TRANSIT. Für Barry Griffin bedeutet der neue Planet die Erfüllung alter Träume und Sehnsüchte, und er hofft, daß der ältere Bruder, der Leiter der SIRIUS TRANSIT, ihm einen Job bei den Erschließungsarbeiten verschaffen kann. Schließlich gelingt es Barry, das Geheimnis der SIRIUS TRANSIT aufzuklären, aber er verirrt sich in diesem System perfekter technischer Illusion, in dem die Unterschiede zwischen Wirklichkeit und Täuschung verfließen.

st 558 Erica Pedretti
Harmloses, bitte
80 Seiten
An den Bildern, die Erica Pedretti in anschaulicher Deutlichkeit entwirft, läßt sich der Übergang von der Deskription einer idyllischen Landschaft, des heilen Lebens zur angedeuteten Tragödie erkennen. Dieses Modell ist in einer gegenständlichen Sprache erzählt, die modernste Erzähltechniken ebenso wie den einfachen Satz aufnimmt. So erweist sich der Text als spiegelndes Glatteis, auf dem der, der Harmloses erwartet, zu Fall kommt.

st 559 Ralf Dahrendorf
Lebenschancen
Anläufe zur sozialen und politischen Theorie
238 Seiten
Dieser Band ist ein Versuch, den Begriff der Lebenschancen als Schlüsselbegriff zum Verständnis sozialer Prozesse zu etablieren und in den Zusammenhang geschichtsphilosophischer Erwägungen zur Frage des Fortschritts, sozialwissenschaftlicher Analysen des Endes der Modernität und politisch-theoretischer Überlegungen zum Liberalismus zu stellen.

Alphabetisches Gesamtverzeichnis der suhrkamp taschenbücher